계보도

남신   여신

───── 부부 또는 연인 관계

───── 부모와 자식 관계

〈신들의 계보도〉

〈로키의 계보도〉

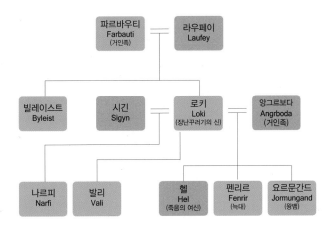

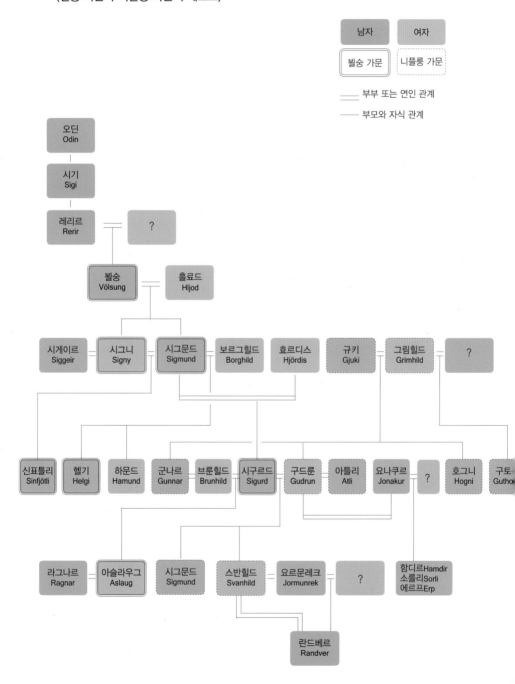

〈뵐숭 가문과 니플룽 가문의 계보도〉

남자 여자

뵐숭 가문 니플룽 가문

—— 부부 또는 연인 관계
—— 부모와 자식 관계

일러두기

1. 외국 인명, 지명 등은 주로 외래어표기법에 맞춰 표기했으나, 경우에 따라 통용되는 표기에 따랐다.
2. 북유럽 신화는 게르만 민족의 신화로, 독일, 노르웨이, 덴마크, 스웨덴, 아이슬란드 등 여러 나라가 공유한 전설이기 때문에, 단어가 여러 나라 말로 조금씩 다르게 표기된다. 따라서 이 책에서는 공용어라고 할 수 있는 영어식 알파벳으로 원어를 표기하되, 필요할 때마다 여러 나라의 말을 혼용했다.
3. 작품 크기는 세로×가로순이다.
4. '채색: 지식서재'로 따로 표시한 작품들은 흑백 원작에 색채를 입힌 것이다. 원작자의 다른 컬러 작품과 이 책의 전체 분위기를 염두에 두고 채색 작업을 했다.
5. 이 책에 실린 도판 중 일부는 저작권자를 찾지 못해 사용 허가를 받지 못했다. 저작권자를 확인하는 대로 사용 허가 절차를 밟을 예정이다.

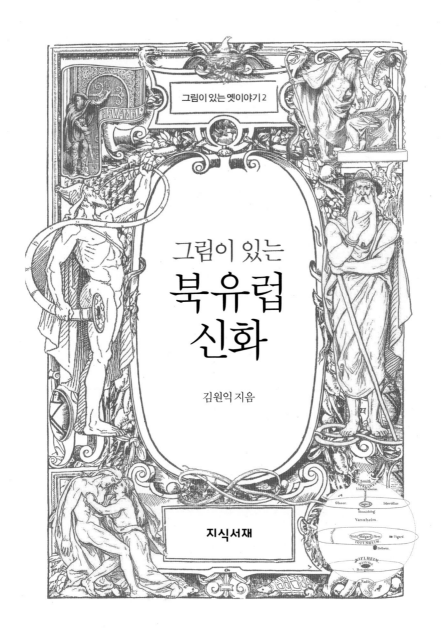

그림이 있는 옛이야기 2

그림이 있는
북유럽
신화

김원익 지음

지식서재

차례

세계 창조 이야기

판테온의 12주신

신들의 모험 이야기

빛의 화신 발데르와
어둠의 화신 로키

세상을 몰락시킨 전쟁,
라그나뢰크

뵐숭 가문과
니플룽 가문의 비극

들어가며

세계적인 신화학자 조지프 캠벨Joseph Campbell은 신화를 알에서 갓 깨어난 햇병아리의 행동으로 설명한다. 알에서 갓 깨어난 햇병아리에게 나무로 만든 매의 모형을 보여 주었더니 금세 은신처를 찾아 몸을 숨겼다. 하지만 참새의 모형을 보여 주었더니 미동도 하지 않았다. 캠벨에 의하면 알에서 갓 깨어나서 어미 닭으로부터 아무것도 배운 적이 없는 햇병아리가 매의 모형에 대해 보인 반응은 햇병아리가 가진 집단 무의식의 소산이다. 인류의 집단 무의식은 바로 신화다.

모든 것은 인간과 통한다. 이 세상에서 일어나는 모든 일의 중심에는 인간이 있다. 신화도 결국 인간의 이야기다. 신화는 고대 인간의 이야기일 뿐 아니라 바로 지금 여기를 살아가고 있는 우리의 이야기다. 그래서 캠벨은 이렇게 말한다. "신화는 나에게 절망의 위기 혹은 기쁨의 순간에, 실패 혹은 성공의 순간에 내가 어떻게 행동해야 할 것인가를 가르쳐 줍니다. 신화는 내가 지금 어디에 있는가를 가르쳐 줍니다."

신화를 연구하는 방법은 크게 3가지로 나눌 수 있다. 첫 번째는 다른 나라의 신화를 자국의 독자들에게 소개하는 것이다. 두 번째는 신화를 학문적으로 깊이 연구하는 것이다. 세 번째는 신화가 지금 여기를 살아가고 있는 우리에게 도대체 무슨 의미가 있는가를 읽어 내는 것이다. 필자는 우리나라에서 앞으로의 신화 연구는 첫 번째와 두 번째 방법에서 쌓은 역량을 토대로 세 번째 방법에도 눈을 돌려야 한다고 생각한다.

1990년대 우리나라에 거세게 불기 시작한 신화 열풍은 단연 그리스 신화에서 시작되었다. 이제는 거의 모든 대학에 교양 과목이 개설될 정도로 그리스 신화의 인기는 여전히 식을 줄을 모른다. 이런 상황에서 최근 북유럽 신화에 대한 책들이 상대적으로 꽤 많이 출간되어 독자들의 많은 사랑을 받고 있는 것은 주목할 만하다. 북유럽 신화에 대한 인식에 근본적인 변화가 있다는 신호탄으로 해석할 수 있기 때문이다.

북유럽 신화의 모든 이야기는 '라그나뢰크Ragnarök'에 초점이 맞추어져 있다. 라그나뢰크는 고대 노르웨이어로 '신들의 종말'이나 '신들의 황혼'을 의미한다. 북유럽 신화는 마지막에 신들을 비롯하여 그야말로 이 세상에 존재하는 모든 것이 함께 파멸한다. 그 원인은 무엇일까? 그것은 바로 신들과 거인들의 전쟁으로 상징되는 갈등과 충돌이다. 북유럽 신화에서 신들과 거인들의 전쟁은 태초부터 불거지기 시작해서 결국 그로 인해 세상이 몰락할 때까지 그칠 줄 모른다.

북유럽 신화는 세상을 갈등과 충돌의 역사로 본다는 점에서 비관

적이다. 또한 그 갈등과 충돌이 결국 세상의 몰락을 가져온다는 점에서 종말론적이게도 하다. 하지만 역설적이게도 이런 비관적이고 종말론적인 세계관은 우리가 처해 있는 비극적 현실을 아주 정확하게 대변해 주고 있는 것도 사실이다.

현재 우리 사회와 국제 정세는 갈등과 충돌의 연속이다. 우리 사회에서는 계층 간, 세대 간 이해관계가 아주 첨예하게 대립하고 있다. 전 세계 곳곳에서는 세상의 종말을 예고하는 듯한 전쟁과 환경 재앙이 끊이지 않고 있다. 최근 우리 사회에서 북유럽 신화에 대한 관심이 고조된 원인도 바로 여기서 찾을 수 있지 않을까? 사람들은 혹시 북유럽 신화를 읽으면서 극단으로 치닫고 있는 우리 사회와 전 세계의 축소판을 보는 듯 일종의 대리 만족을 느끼는 것은 아닐까?

필자는 북유럽 신화를 이런 큰 틀 속에서 차근차근 설명해 가려 한다. 아울러 비교신화학적인 관점에서 각각의 이야기가 '바로 지금 여기를 살아가는' 우리에게 과연 어떤 메시지를 던져 주고 있는지 살펴보려고 한다. 가령 오딘 삼형제에게 살해당해 그 시신이 이 세상을 만드는 재료로 쓰이는 거인 이미르 이야기에서는 중국 신화의 거인 반고를 연상할 것이다. 또한 아스 신족이 아무리 불에 태워 죽이려 해도 죽지 않는 황금의 여신 굴베이크 이야기에서는 황금에 대한 인간의 욕망이 사라지지 않는 이유를 발견할 것이다.

『에다Edda』를 비롯한 북유럽 신화의 원전에서는 이야기의 단절이나 비약이 자주 보인다. 서로 모순되는 이야기도 많다. 중요하지만 너무 짧은 이야기도 허다하다. 어떤 사건이 일어났다고만 했지, 어떻게 일어났는지에 대해 자세한 설명이 없는 경우도 수두룩하다. 필자는 독자들의 이해를 돕기 위해 그런 빈 공간들을 채워 보려고 애를 썼다. 그 과정에서 이야기의 핵심을 해치지 않으려고 했지만 잘못이 있다면 필자의 지나친 상상력 탓이다.

세계 창조
이야기

로렌츠 프룀리크Lorenz Frølich, 〈오딘이 말하기를Hávamál〉, 1895년, 원작의 흑백 반전.

태초의 '어둠'에서 생성된 무스펠헤임과 니플헤임

그리스 신화에서 이 세상은 '텅 빈 공간'을 의미하는 '카오스Chaos'에서 만들어진다. 카오스는 일반적으로 '혼돈'으로 번역된다. 그리스 신화에 따르면 바로 이 혼돈에서 이 세상의 모든 만물이나 신들이 생성된다. 하지만 그리스 신화의 세상은 비록 혼돈에서 시작하지만 점차 질서가 잡힌 코스모스Cosmos의 상태로 자리잡아 간다. 혼돈의 대명사인 폭력적인 티탄 신족을 제압하고 권력을 잡은 올림포스 신족이 그물망처럼 촘촘한 체계적인 조직으로 발전하는 것은 바로 그 때문이다.

북유럽 신화에서도 이 세상은 그리스 신화의 혼돈과 비슷한 '어둠'에서 시작된다. 이 어둠이라는 말은 "땅도 바다도 공기도 아직 존재하지 않는" 상태를 의미한다. 얼마 후 이 어둠에서 무스펠헤임Muspelheim과 니플헤임Niflheim이라는 두 공간이 만들어진다. 무스펠헤임은 '불의 나라'라는 뜻이고 니플헤임은 '얼음의 나라'라는 뜻이다. 북유럽 신화에서는 이 세상의 모든 만물이나 신들은 서로 이질적인 이 두 공간의 충돌과 갈등으로 생성된다. 하지만 북유럽 신화의 세상은 그리스 신화에서처럼 코스모스의 상태로 발전하지 못한다. 충돌과 갈등을 거듭하다가 결국 라그나뢰크라는 대파국으로 끝을 맺고 만다.

북유럽 신화에서 불의 공간은 남쪽, 얼음의 공간은 북쪽을 거점으로 삼으며 세상을 양분한다. 두 공간을 대변하는 불과 물은 원래 서로 공존할 수 없는 상극이다. 물은 아무리 드센 불길이라도 잠재울 수 있으며, 불은 물을 수증기로 만들어 증발시킬 수 있다. 그래서 북유럽 신화에서 불과 얼음의 공간은 태초에 어둠에서 생성되자마자 자신의 영역을 확장하기 위해 겉으로 드러나지 않았지만 내부에서는 엄청난 싸움을 벌였다(미국 HBO 드라마 〈왕좌의 게임〉의 원작 소설 제목이 『얼음과 불의 노래』로, 드라마 후반부에는 불과 빛의 신을 섬기는 여사제와 얼음을 상징하는 화이트 워커가 맞붙는다. 여러 면에서 북유럽 신화의 영향을 엿볼 수 있다).

그러던 어느 날 두 공간이 마주하고 있는 경계선 표면에서 갑자기 엄청난 수증기가 하늘로 치솟았다. 불의 공간이 뿜어 대는 거센 화염에 얼음이 녹으면서 경계선에 조그만 틈이 생긴 것이다. 그 틈은 점점 커지더니 급기야 긴눙가가프Ginnungagap라는 끝을 가늠할 수 없는 깊고 넓은 계곡을 이루었다. 이윽고 북쪽 니플헤임의 얼음 절벽에서 흐베르겔미르Hvergelmir라는 마르지 않는 샘물이 용천수처럼 솟아나 12개의 물줄기를 이루며 계곡으로 흘러내렸다.

겨드랑이에 고인 땀으로 자식을 만든 거인 이미르

계곡으로 흘러 떨어지는 강물에서는 불의 공간에서 불어오는 열기 때문에 계속해서 안개가 피어올랐다. 또한 그 안개는 얼음의 공간에서 불어오는 한기의 영향을 받아 서리로 변해 계곡을 가득 채웠다. 이렇게 한기와 열기가 계속해서 만나면서 켜켜이 쌓인 서리에서 어느 날 마침내 북유럽 신화의 최초 생명체인 이미르Ymir라는 서리 거인 하나와 아우둠라Audhumla라는 거대한 암소 한 마리가 태어났다(일본 만화이자 애니

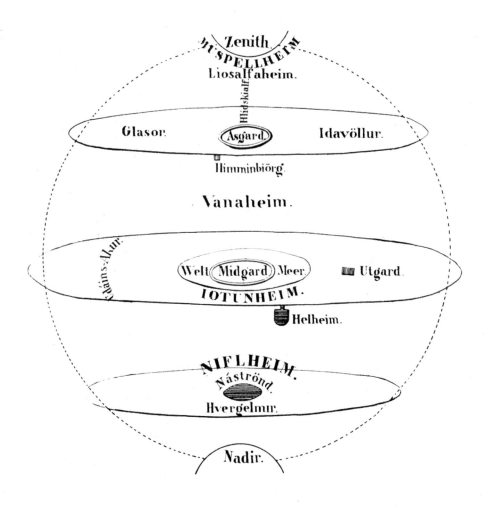

북유럽 신화의 우주관을 설명하고 있는 삽화. 이 책의 설명과는 달리 니플헤임은 남쪽에, 무스펠헤임은 북쪽에 위치하고 있는 것이 이채롭다.

헨리 휘턴Henry Wheaton의 『북유럽, 덴마크, 노르만 사람들의 역사Histoire des peuples du nord, ou des Danois et des Normands』(1844)에 실린 삽화, 런던, 영국 국립도서관British Library.

메이션 〈진격의 거인〉에는 유미르라는 시조의 거인이 나오는데, 북유럽 신화의 이미르에서 영향을 받은 것으로 보인다. 양쪽 다 알파벳 철자가 Ymir이며, 이미르와 유미르로 다르게 발음되는 것은 언어권 차이 때문이다).

이미르는 인간의 상상을 초월하는 엄청난 크기의 거인이었다. 그리스 신화에 등장하는 거인 티탄Titan족이나 기간테스Gigantes족보다도 훨씬 더 컸다. 기간테스가 3,000미터에 가까운 올림포스 산을 자유자재로 갖고 놀 정도였으니 이미르의 규모를 짐작할 수 있으리라. 서리 거인은 태어나자마자 본능적으로 거대한 암소의 젖을 빨았다. 이미르는 그렇게 암소의 젖을 먹으면서 자신의 살만 불린 게 아니라 거인 자식들을 만들어 내기 시작했다.

그렇다고 이미르가 누구와 부부가 되어 자식을 낳은 것은 아니었다. 그는 어느 날 잠을 자면서 흘린 땀으로 혼자서 자식들을 만들어 냈다. 그리스 신화에서 대지의 여신 가이아가 태초에 혼자서 하늘의 신 우라노스를 만들어 낸 것과 유사하다. 가이아가 무엇으로 우라노스를 만들었는지는 알 수 없다. 대지의 여신인 만큼 그 재료가 땅이었을 것으로 짐작만 할 뿐이다.

그런데 이미르는 왼쪽 겨드랑이에 흥건하게 고인 땀으로 남자와 여자 거인 하나씩을 만들어 냈다. 또한 자신의 한쪽 다리로는 다른 쪽 다리와 짝을 이루어 머리가 6개 달린 거인 하나를 만들어 냈다. 이미르가 혼자서 만들어 낸 이 3명의 거인들이 바로 북유럽 신화의 모든 거인들의 조상이다.

세계 각국의 신화에는 닮은꼴이 아주 많다. 우리나라의 고구려 건국 신화를 보면 고구려 시조 주몽도 어머니 유화 부인의 겨드랑이에서 알

최초의 생명체 이미르가 암소 아우둠라의 젖을 빨고 있다.
니콜라이 아빌고르Nicolai Abildgaard, 〈암소 아우둠라의 젖을 빨고 있는 이미르Ymir Suckling the Cow
Audhumla〉, 1777년, 37×45.5cm, 코펜하겐, 덴마크 국립미술관Statens Museum for Kunst.

로 태어난다. 그것도 유화 부인의 오른쪽이 아니라 왼쪽 겨드랑이다. 그런데 왜 옛날 사람들은 하필이면 겨드랑이로 자식들을 낳는다고 상상했을까? 혹시 그곳이 움푹 들어가서 어머니의 아늑한 품처럼 생겨서 그랬을까? 참으로 신기하고 알 수 없는 노릇이다.

얼음을 핥아 최초의 신을 조각해 낸 암소 아우둠라

암소 아우둠라는 니플헤임 절벽에서 떨어져 계곡 여기저기에 흩어져 있는 얼음 조각을 먹으며 살았다. 니플헤임 절벽에서 떨어진 얼음 조각 속에는 소금기가 배어 있어 입맛을 돋우었기 때문이다.

그러던 어느 날 암소가 커다란 얼음덩이 하나를 핥기 시작하자 신기하게도 그 속에서 머리카락이 조금 보이기 시작했다. 암소가 같은 얼음을 계속 핥자 둘째 날에는 머리 전체가 드러났고, 셋째 날에는 온전한 인간의 모습을 갖춘 신이 한 명 돋아났다. 그렇게 한참을 반듯하게 누워 있던 신은 얼마 후 잘 잤다는 듯이 긴 하품을 하며 벌떡 일어났다. 이 신이 바로 북유럽 신들의 조상 부리Buri다. 암소 아우둠라가 얼음 조각에서 신의 형상을 찾아내는 과정을 보면 마치 조각가의 작업을 연상시킨다.

갓 태어날 때부터 성인이었던 부리는 얼마 후 많은 수로 불어난 거인족의 여자를 아내로 맞이하여 아들 보르Bor를 두었다. 보르도 성인이 되자 거인족 여자 베스틀라Bestla와 결혼하여 아들 삼형제를 두고 각각 오딘Odin, 빌레Vile, 베Ve라고 이름 지었다. 오딘 삼형제는 캄캄한 계곡 속에 갇혀 사는 것이 무료하고 답답했다. 그들이 태어난 계곡은 아무것도 없는 텅 빈 공간에 불과했다. 북쪽은 차디찬 얼음이 포위하고 있었고

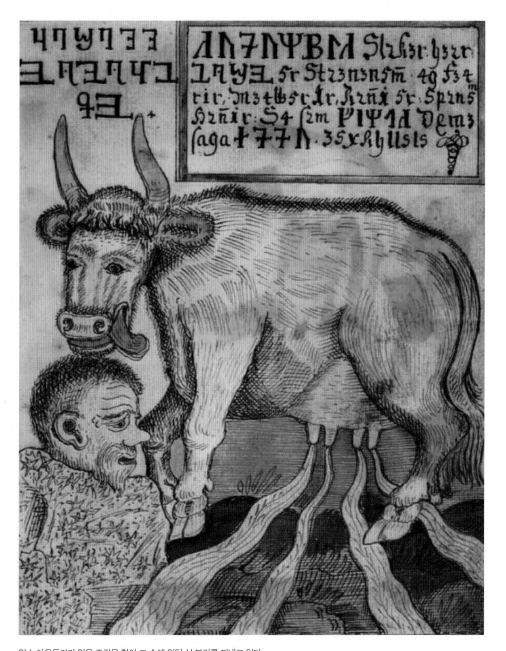

암소 아우둠라가 얼음 조각을 핥아 그 속에 있던 신 부리를 꺼내고 있다.
올라퓌르 브리뉼프손Ólafur Brynjúlfsson, 〈소금기 있는 얼음덩이를 핥아 부리를 꺼내는 암소 아우둠라The Cow Audhumla Licking Búri out of a Salty Ice-block〉, 18세기 아이슬란드 필사본, 레이캬비크, 아르니 마그누손 연구소Stofnun Árna Magnússonar.

남쪽은 활활 타오르는 불길이 가로막고 있었다. 얼음 절벽에서 12개의 물줄기만 폭포수처럼 흘러 떨어지면서 정적을 깨뜨릴 뿐이었다. 그들은 계곡을 신나고 활기찬 곳으로 만들기 위해서는 뭔가 특별한 조치가 필요하다는 것을 알아차렸다.

거인 이미르의 시신으로 세상을 창조한 오딘 삼형제

오딘 삼형제는 여러 번의 회의 끝에 서리 거인 이미르를 죽여 그의 시신으로 계곡을 재정비하기로 결심했다. 그 방법 말고는 계곡을 살 만한 세상으로 만들 재간이 없었다. 그들은 치밀한 계획을 세워 어느 날 곤히 잠들어 있던 서리 거인을 칼로 찔러 살해했다. 그러자 이미르의 몸에서 솟구쳐 흘러나온 엄청난 피가 순식간에 쓰나미처럼 계곡을 휩쓸었다. 그새 많은 수로 불어나 집단을 이루어 살고 있던 이미르의 후손 거인들이 영문도 모른 채 거의 모두 그 핏물에 빠져 익사하고 말았다. 이미르의 손자였던 베르겔미르Bergelmir와 그의 아내만 살아남았을 뿐이다.

　이미르의 피로 일어난 홍수가 잦아들자 오딘 삼형제는 죽은 이미르의 살로 얼음 조각뿐인 황량한 계곡에 비옥한 대지를 만들었다. 커다란 뼈들로는 대지의 산들과 암벽들을 만들었다. 자잘한 뼈와 부러진 뼈 그리고 이빨들로는 산의 바위, 바다의 암초, 모래와 자갈 등을 만들었다. 이미르의 시신에서 쏟아진 피와 땀으로는 호수를 만들기도 했지만 주로 바다를 만들어 대지를 둘러싸게 했다. 이뿐 아니었다. 그들은 이미르의 두개골로는 하늘을, 뇌수로는 구름을 만들었고, 불의 나라인

서리 거인 이미르가 오딘 삼형제에 의해 살해당하고 있다. 오딘 삼형제는 이미르의 시신으로 세상을 비옥하게 만든다. 캐서린 파일Katharine Pyle, 〈긴눙가가프로 내던져진 거인 이미르The Giant Ymir is Cast into Ginnungagap〉, 1930년.

무스펠헤임에서 튕겨 나온 불꽃은 캄캄한 하늘에 박아 해와 달과 행성 그리고 온갖 별을 만들었다.

거인 이미르와 닮은꼴인 중국 신화의 거인 반고

북유럽 신화의 이미르는 중국의 창세 신화에 등장하는 거인 반고盤古를 빼닮았다. 중국 신화에서 세상은 거대한 알에서 비롯된다. 알 속이 바로 카오스인 셈이다. 알 속의 카오스에서 태어난 거인 반고는 태어나자마자 무려 1만8천 년 동안이나 알 속에서 그대로 쿨쿨 잠만 잔다. 시간이 흘러 마침내 거인 반고가 하품을 하고 기지개를 켜며 깨어나자마자 알이 두 조각 나면서 하늘과 땅이 생긴다.

알 속의 맑은 기운은 위로 올라가 하늘이 되고, 어둡고 탁한 기운은 아래로 내려가 땅이 된다. 하지만 거인 반고는 하늘이 다시 내려앉지나 않을까 걱정이 돼 하늘을 한 손으로 떠받치고 발로 땅을 힘차게 누른다. 그러자 신기하게도 거인은 날마다 쑥쑥 자라났고 하늘과 땅 사이도 그만큼 벌어졌다.

다시 1만8천 년이 흐르고 훌쩍 커진 거인의 키만큼 하늘과 땅의 거리는 9만 리가 된다. 이제 하늘과 땅도 단단히 자리를 잡아 다시 붙을 염려가 없어졌다. 할 일이 없어진 거인은 시름시름 앓더니 어느 날 갑자기 쓰러져 죽었다. 이어 그의 몸은 세상 만물로 변하기 시작했다. 거인 반고의 숨결은 바람과 구름, 목소리는 천둥소리, 왼쪽 눈은 해, 오른쪽 눈은 달, 피는 강, 핏줄은 길이 되었다. 피부는 밭이 되고, 머리카락과 수염은 별이 되었다. 털은 풀과 나무가, 이와 뼈는 금속과 돌이, 땀은 빗물과 이슬이 되었다.

북유럽 신화의 이미르는 죽어서 세상을 이롭게 하지만, 그리스 신화의 프로메테우스는 불을 직접 인간에게 가져다준다.
하인리히 퓌거Heinrich Füger, 〈인간에게 불을 가져다주는 프로메테우스Prometheus bringt der Menschheit das Feuer〉, 1817년경.

하이누웰레 유형과 프로메테우스 유형

독일 민속학자 아돌프 엘레가르트 옌젠Adolf Ellegard Jensen은 세계 각국의 농경 문화의 기원을 두 가지 유형으로 구분했다. 인간이 죽어 작물로 변하는 '하이누웰레Hainuwele' 유형과 작물을 훔쳐 오거나 선물로 받아 오는 '프로메테우스Prometheus' 유형이 바로 그것이다. 하이누웰레는 인도네시아 세람Ceram 섬의 신화에 등장하는 소녀 이름이다. 소녀는 이웃들에게 좋은 일을 하다가 모함을 받아 죽어서 시신이 절단되어 묻혔으나 나중에 구근작물로 환생한다. 이미르나 반고 이야기는 비록 작물은 아니지만 거인이 죽어 이 세상 만물을 만들어 냈다는 점에서 넓은 의미의 하이누웰레 유형에 속한다.

이미르나 반고나 하이누웰레 이야기는 우리에게 의미심장한 메시지를 던져 준다. 죽음의 진정한 의미는 결코 끝이 아니라 새로운 시작이자 희망이라는 것이다. 이것은 두 가지 의미로 해석할 수 있다. 첫째는 누군가의 성공 뒤에는 반드시 다른 사람의 희생이 숨어 있다는 것이고, 둘째는 누군가 인생에서 새로운 도약을 하기 위해서는 죽음과도 같은 혹독한 시련이 필요하다는 것이다. 성경에도 같은 맥락에서 다음과 같은 구절이 있다. "내가 진실로 진실로 너희에게 이르노니 한 알의 밀이 땅에 떨어져 죽지 아니하면 한 알 그대로 있고 죽으면 많은 열매를 맺느니라."(「요한복음」 12장 24절)

오딘 삼형제가 물푸레나무와 느릅나무로 만든 인간

신화의 시간은 현실의 시간과는 사뭇 다르다. 신화의 시간은 현실의 시간처럼 순차적이지 않고 비약적으로 아주 빨리 흐른다. 그리스 신화에서 아르테미스 여신은 태어나자마자, 어머니인 레토 여신이 쌍둥이 동생 아폴론 신을 해산하는 것을 돕는다. 갓 태어난 제우스도 단 며칠 만에 아버지 크로노스와 맞먹을 수 있는 어른으로 성장한다. 북유럽 신화에서 오딘 삼형제의 천지창조 작업도 그야말로 순식간에 이루어졌다고 봐야 한다.

독자들은 앞서 이미르의 후손 거인들이 피의 홍수로 거의 모두 목숨을 잃었다는 이야기를 듣고 무척 의아하게 생각했을 것이다. 태초에 이미르가 혼자서 만들어 낸 3명의 거인들이 그렇게 많은 자식들을 낳았다는 말은 전혀 듣지 못했기 때문이다. 하지만 거인들은 그야말로 눈 깜짝할 사이에 몇 세대에 걸쳐 급속도로 자손들을 불려 나갔을 것이다. 그러니 앞으로 이야기를 따라가다가 갑자기 생소한 이름의 신이나 거인이 등장해도 놀라지 않기 바란다. 그새 우리도 모르게 수많은 신들이나 거인들이 태어나 이미르의 살로 만든 대지에 살고 있었다고 상상하면 된다.

오딘을 비롯한 신들과 피의 홍수에서 살아남은 베르겔미르 거인 부부의 자손들은 이렇게 점점 그 수가 불어났지만, 대지에는 아직 신을 공경할 인간은 없었다. 이것을 항상 안타깝게 생각하던 오딘 삼형제는 어느 날 대지의 이곳저곳을 돌아다니다가 마침내 인간을 만들 적당한 재료를 발견했다. 그것은 바로 죽은 물푸레나무와 느릅나무 가지였다. 그들은 두 나뭇가지로 각각 자신들의 모습을 본떠 남자와 여자의 형상을 만들고 생명의 숨결을 불어넣었다. 이들이 바로 모든 인간들의 조상 아스크Ask와 엠블라Embla다. 그들은 비록 뒤늦게 대지에 정착했지만 신들이나 거인들 못지않게 급속도로 자손들을 퍼뜨려 갔다. 고대 노르웨

오딘이 물푸레나무와 느릅나무 가지로 최초의 인간을 만들고 있다.
페로 제도에서 발행한 2003년 우표.

이어로 아스크는 '물푸레나무', 엠블라는 '느릅나무'라는 뜻이다.

이미르의 시신에서 생긴 구더기들로 만든 난쟁이와 요정

인간을 만든 뒤에도 오딘 삼형제의 창조 작업은 계속 이어졌다. 그들은 이미르의 남은 시신이 썩으면서 생긴 구더기들을 보고 그것을 활용할 묘안을 생각해 냈다. 그래서 구더기들에게 인간의 모습을 닮았으면서도 그와는 다른 아주 작은 갖가지 형태를 부여한 다음 초인적인 기운을 불어넣었다. 이어 그들을 사악하고 음흉하며 해로운 부류인 난쟁이와, 선하고 착하며 이로운 부류인 요정으로 나누었다.

북유럽 신화에서 난쟁이는 '트롤Troll'이나 '코볼트Kobold', '드워프Dwarf', 요정은 '엘프Elf'라고 불리는데, 이들은 신들이나 거인들 그리고 인간들과는 완전히 다른 성격을 지니고 있다. 난쟁이들은 무척 탐욕스러워서 보석이나 보물을 탐내며 금속을 다루는 대장장이 일에 뛰어난 소질이 있다(영화 〈반지의 제왕〉에 등장하는 골룸의 이미지와 매우 흡사하다). 이에 비해 요정들은 평화를 사랑하며 동물이나 식물을 아끼고 보호한다.

오딘 삼형제가 이렇게 창조 작업을 마무리했지만 아직 보완해야 할 일이 몇 가지 남아 있었다. 그들은 가끔 대지에서 강한 바람이 불면 이미르의 두개골로 만든 하늘이 심하게 흔들리는 것을 느꼈다. 하늘이 무너질까 불안해진 그들은 난쟁이들 중 가장 힘센 녀석 넷을 골라 하늘의 네 귀퉁이를 어깨에 짊어지고 단단히 잡고 있으라고 명령했다.

하늘의 동서남북 네 곳을 받치고 있는 난쟁이들의 이름은 각각 아우스트리Austri, 베스트리Vestri, 수드리Sudri, 노르드리Nordri다. 이 난쟁이들의

북유럽 신화에 등장하는 난쟁이들은 무척 탐욕스러워서 보석이나 보물을 탐낸다.
로렌츠 프뢸리크, 〈두 난쟁이Two Dwarves〉, 1895년, 채색: 지식서재.

이름에서 바로 동서남북을 가리키는 영어 단어 'East', 'West', 'South', 'North'가 유래했다.

태양의 여신 솔, 달의 신 마니, 밤의 여신 노트, 낮의 신 다그

얼마 후 오딘 삼형제가 하늘을 자세히 살펴보니 무스펠헤임의 불꽃으로 만든 해와 달이 제멋대로 돌아다녔다. 그들은 우선 해와 달이 다닐

요정(엘프)들이 목초지에서 춤을 추고 있다.
닐스 블롬메르Nils Blommér, 〈목초지의 엘프들Ängsälvor〉, 1850년, 캔버스에 유채, 115×143cm, 스톡홀름, 스웨덴 국립미술관Nationalmuseum.

최적의 하늘 길을 정하고 그것들을 싣고 노선을 따라 달릴 마차를 마련했다. 이어 마차를 몰 적임자로 문딜파리Mundilfari라는 거인의 자식 마니Mani와 솔Sol 남매를 선택했다.

해 마차를 모는 마부답게 솔은 '해', 달 마차를 모는 마부답게 마니는 '달'이라는 뜻이다. 그리스 신화에서는 태양 신은 남신 아폴론이고 달의 신은 쌍둥이 누나인 여신 아르테미스다. 하지만 북유럽 신화에서 태

밤의 여신 노트는 검은 말을 타고 있다.
페테르 니콜라이 아르보Peter Nicolai Arbo, 〈흐림팍시를 타고 있는 노트Nótt Riding Hrímfaxi〉, 1887년.

반면에 낮의 신 다그는 흰 말을 타고 있다.
페테르 니콜라이 아르보, 〈다그Dagr〉, 1874년.

양 신 솔은 여신, 달의 신 마니는 남신이다.

하늘의 질서가 정해지자 이번에는 밤과 낮을 돌볼 신들이 필요했다. 오딘 삼형제는 이번에는 거인 노르비Norvi의 딸 노트Nott에게 흐림팍시Hrimfaxi라는 칠흑같이 검은 말이 끄는 마차를 맡기고 밤의 여신으로 삼았다. 또한 노트의 아들 다그Dagr에게 눈이 부시게 빛나는 스킨팍시Skinfaxi가 끄는 마차를 맡기고 낮의 신으로 삼았다.

노트는 '밤', 다그는 '낮'이라는 뜻으로, 북유럽 사람들은 밤은 노트를 싣고 다니는 검은 말 때문에 어둡고 낮은 다그를 싣고 다니는 눈부신 말 때문에 밝게 빛난다고 생각했다. 영어의 '밤'을 뜻하는 Night는 북유럽 신화에서 밤의 신 Nott에서, 영어의 '낮'을 뜻하는 Day는 낮의 신 Dagr에서 유래한 것이다. 그리스 신화에서도 낮의 신 헤메라Hemera는 밤의 여신 닉스Nyx의 자식인데 남신이 아니라 여신이다.

태양과 달 마차를 추격하는 늑대 스콜과 하티

북유럽 신화에서 태초에 무스펠헤임과 니플헤임 사이에 시작된 충돌과 갈등은 이 세상이 끝날 때까지 그칠 줄 모른다. 신과 거인, 어둠과 빛, 삶과 죽음, 정의와 불의, 선과 악 사이의 충돌과 갈등으로 그 이름만 바뀔 뿐이다. 그래서 북유럽 신화의 세계를 관통하는 핵심 개념은 충돌과 갈등이다. 모든 이야기는 이런 충돌과 갈등에서 비롯된다. 그것은 아마 북유럽 사람들이 세상을 충돌과 갈등의 역사로 바라본 탓이리라.

그래서 태양의 여신 솔과 달의 신 마니가 끄는 해 마차와 달 마차도 평화롭게 하늘 길을 달리지 못한다. 스콜Skoll과 하티Hati라는 사악한 늑대가 해와 달을 금방이라도 집어삼키려는 듯 아가리를 크게 벌린 채

늘대들이 태양의 여신 솔과 달의 신 마니를 뒤쫓고 있다. 가끔은 해 마차와 달 마차를 삼키기도 하는데, 그때 일식과 월식이 일어난다.
존 찰스 돌먼John Charles Dollman, 〈솔과 마니를 뒤쫓는 늘대들The Wolves Pursuing Sol and Mani〉, 1909년, 채색: 지식서재.

침을 질질 흘리며 하늘 길을 따라 추격하기 때문이다. 해와 달이 상징하는 빛의 세계는 언제나 늘대가 상징하는 어둠의 세계의 공격을 받고 있다는 의미일 것이다. 이처럼 해와 달의 운행에 얽혀 있는 이야기에도 북유럽 사람들의 충돌과 갈등의 역사관이 오롯이 배어 있다.

늘대들은 가끔 해 마차와 달 마차를 따라잡아 그토록 고대하던 사냥감을 덥석 입에 물기도 하는데 이때가 바로 일식과 월식이다. 하지만 그것을 보고 겁에 질린 지상의 사람들이 엄청나게 크게 비명을 지르는 바람에 놀란 늑대들은 얼른 사냥감을 뱉어 내곤 했다. 그러면 해 마차와 달 마차는 예전보다 더 빨리 하늘 길을 달렸고, 더욱더 허기진 늑대들은 다시 그 뒤를 바싹 쫓았다.

빌레와 베를 제압하고 신들의 왕이 되는 오딘

오딘 삼형제가 이렇게 세상의 얼개를 갖춘 뒤에 자신들의 서열도 분명히 해야 했다. 권력의 속성상 삼형제가 영원히 세상을 공동으로 통치할 수는 없는 노릇이었다. 오딘 삼형제와 비견될 수 있는 그리스 신화의 삼형제 제우스, 포세이돈, 하데스는 제비뽑기로 세상을 평화롭게 분할한다. 그 결과 제우스는 하늘, 포세이돈은 바다, 하데스는 지하를 차지한다. 하지만 북유럽 신화의 오딘 삼형제가 서열을 정한 방법은 알 수가 없다. 갈등과 충돌로 점철된 북유럽 신화의 특성상 제우스 삼형제와는 달리 아마 싸움이나 경합으로 서열을 정리했을 것이다.

북유럽 신화를 읽다 보면 자세한 설명도 없이 어느 순간부터 갑자기 오딘이 신들의 왕으로 부각되고 다른 두 형제의 이름은 더 이상 언급되지 않는다. 아마 그사이 오딘은, 로마의 시조 로물루스가 동생 레무스를 살해했던 것처럼 권력을 독점하기 위해 다른 두 형제를 죽였을 가능성이 크다. 어떤 기록에 따르면 한때 오딘이 지상을 시찰하느라 너무 오랫동안 자리를 비우자 빌레와 베가 권좌를 찬탈하고 온갖 극악무도한 만행을 저지르면서 형수인 프리그Frigg까지 차지했다. 하지만 7개월

오딘과 아내 프리그가 천상에서 창을 내다보고 있다.
카를 에밀 되플러Carl Emil Doepler, 〈오딘과 프리그Odin and Frigg〉, 1905년.

만에 오딘이 귀환하여 동생들을 제압하고 잘못을 바로잡자 이 세상에
다시 평화가 찾아왔다.

　오딘이 오랫동안 자리를 비운 것은 아마 동생들을 제거하기 위한 고
도의 계책이었을 것이다. 로마의 시조 로물루스도 처음에는 로마를 이
등분하여 동생 레무스와 공동 통치를 할 것처럼 보였다. 로물루스는 국
경에 우리나라의 비무장지대처럼 포메리움Pomerium이라는 중립지대를

마련하고 레무스에게 그곳을 함부로 넘지 말라고 경고한다. 그 당시 포메리움은 고작 밭고랑 하나에 불과한 상징적인 국경선이었다. 하지만 경솔했던 동생은 형의 말을 가볍게 생각하고 그곳을 쉽게 넘나들었다. 이에 로물루스는 "네가 그렇게 하면 누구나 따라 할 테니 그냥 둘 수 없다"며 레무스를 때려죽인다.

황금 때문에 터진 아스 신족과 반 신족의 전쟁

북유럽 신들은 왕 오딘의 통치 아래 한동안 태평성대를 이어 갔다. 하지만 수가 점점 많아지자 싸움이 잦아지더니 급기야 아스Ass 신족과 반Vanr 신족이라는 두 무리로 나뉘어 서로 멀리 떨어져 살았다. 그러던 어느 날 반 신족이 거주하는 곳에서 굴베이크Gullveig라는 신이 아스 신족을 찾아왔다. 굴베이크는 반 신족의 여신으로, '황금 욕망'이라는 이름의 뜻처럼 이 세상 모든 황금의 소재를 소상하게 알고 있었다.

굴베이크는 오딘을 비롯한 아스 신족들에게 반 신족이 자신 덕분에 엄청난 황금을 갖게 되어 풍요를 누리고 있다며 자랑을 늘어놓았다. 반 신족은 장신구뿐 아니라 식기도 모두 황금이라는 식으로 말이다. 굴베이크의 이야기를 듣다 보니 아스 신족의 마음속에 갑자기 황금에 대한 욕망이 불타올랐다. 그들은 결국 굴베이크에게 황금의 소재를 알려 달라고 몇 번이나 간청했지만 그녀는 끝내 그 비밀을 털어놓지 않았다.

분노한 아스 신족들이 굴베이크를 잡아 온몸을 꽁꽁 묶어서 활활 타오르는 불 속에 던져 버렸다. 하지만 굴베이크는 불에 덴 상처 하나 없이 멀쩡하게 불 속에서 걸어 나왔다. 그녀는 두 번이나 더 불 속에 내던져졌지만 결과는 마찬가지였다. 아스 신족은 굴베이크를 반 신족에게로

아스 신족은 황금을 차지하기 위해 반 신족의 여신 굴베이크를 불태워 죽이려다 실패한다. 이 일로 인해 반 신족과 전쟁을 치르게 된다.
페로 제도에서 발행한 2003년 우표.

추방하는 방법 이외에 별도리가 없었다. 황금의 여신 굴베이크가 죽지 않는다는 것은 혹시 황금에 대한 욕망은 이 세상에서 결코 사라지지 않는다는 만고의 진리를 확인해 주는 것은 아닐까.

귀국한 굴베이크로부터 아스 신족에게 홀대를 받았다는 말을 들은 반 신족은 자존심에 상처를 입었다. 더구나 굴베이크가 목숨까지 잃을 뻔했다는 사실에 반 신족은 깊은 모욕감을 느꼈다. 반 신족의 마음 깊은 곳에서 아스 신족과 갈라지면서 협상 과정에서부터 켜켜이 쌓인 서운했던 감정들이 새록새록 피어올랐다. 반 신족은 당장 전체 회의를 소집하여 대책을 논의했다. 반 신족의 회의장은 점점 아스 신족의 성토장이 되어 가더니 마침내 아스 신족과의 전쟁을 선포하기에 이르렀다. 이것이 바로 아스 신족과 반 신족의 전쟁이다.

『켈트·북구의 신들虛空の神たち』의 저자인 다케루베 노부아키健部伸明는 아스 신족은 북유럽의 서부인 노르웨이와 아이슬란드에서 숭배하던 신들이었고, 반 신족은 북유럽의 동부인 스웨덴이나 덴마크에서 숭배하던 신들이었다고 주장한다. 그는 또한 아스 신족과 반 신족의 전쟁도 북유럽의 이 두 지역이 충돌과 갈등을 일으키다가 결국 더 강성했던 아스 신족의 지역으로 통합되어 가는 과정을 신화적으로 반영하고 있는 것으로 해석한다.

노부아키는 북유럽 신화의 자료들 중 반 신족에 관한 기록이 거의 없는 이유에 대해서도 상당히 설득력 있는 설명을 제시한다. 그것은 현재 남아 있는 북유럽 신화의 자료 대부분이 아이슬란드와 노르웨이 등 북유럽 서부에서 쓰였기 때문이라는 것이다.

평화협정을 체결하고 인질을 교환하는 두 신족

그리스 신화의 티탄 신족과 올림포스 신족의 전쟁은 아주 자세하게 전해 내려온다. 그 기간도 구체적으로 10년이라고 명시되어 있다. 하지만 북유럽 신화의 아스 신족과 반 신족의 전쟁은 그 과정은 생략된 채 결과만 간단하게 전해 내려올 뿐이다. 그들은 한참 동안 격렬하게 싸우다가 금세 화해협정을 체결하고 서로 인질들을 교환했다는 것이다.

이때 반 신족이 아스 신족에게 보낸 인질이 바로 바다의 신 뇨르드Njord와 그의 자식들인 풍작의 신 프레이르Freyr와 사랑의 여신 프레이야Freyja다. 그 대신 아스 신족은 반 신족에게 회니르Hoenir와 미미르Mimir를 보냈다. 회니르는 훤칠한 키에 아주 잘생긴 미남이었으며, 미미르는 신들 중 최고로 현명한 크바시르Kvasir에 버금가는 현자였다.

반 신족은 회니르의 겉모습을 봤을 때는 그가 전쟁으로 많은 것을 잃은 자신들에게 큰 희망을 줄 수 있을 것이라고 믿었다. 심지어 은근히 자신들의 지도자가 되기를 바라는 신들도 많았다. 하지만 사정은 영 딴판이었다. 회니르는 미미르가 곁에 있을 때는 자신감이 넘치며 판단도 빠르고 정확했지만, 미미르가 없을 때는 한없이 의기소침하며 판단도 더디고 미숙했다. 회니르는 미미르의 조언 없이는 아무것도 하지 못하는 그야말로 속 빈 강정에 불과했던 것이다.

반 신족은 회니르의 정체를 파악하고서는 자존심에 큰 상처를 입었다. 복수심으로 불타오르던 그들은 어느 날 회니르가 아니라 오딘이 늘 조언을 받으며 소중하게 여겼던 미미르의 목을 쳐서 머리만 아스 신족에게 보냈다. 오딘은 미미르의 머리를 보고 한참 오열하더니 썩지 않도록 상처 부위에 정성스럽게 허브를 발라 주었다. 또한 머리에 생명을

반 신족은 아스 신족과 평화협정을 맺고 인질을 교환하는데, 인질 중 하나가 사랑의 여신 프레이야다.
욘 바우어John Bauer, 〈프레이야Freyja〉, 1905년, 캔버스에 유채, 80×155cm.

불어넣고 꼭 닫혀 버린 입이 다시 말할 수 있는 능력도 회복시켜 준 다음, 그가 관리하고 있던 지혜의 샘에 그 머리를 넣어 원래 업무에 복귀시켰다.

　오딘은 사실 반 신족을 모욕할 생각은 추호도 없었다. 그는 진심으로 두 신족 간의 평화를 원했다. 반 신족에게 자신이 가장 아끼던 현자 미미르를 인질로 보낸 것도 바로 그 때문이었다. 하지만 오딘은 자신의 진심을 곡해한 반 신족에게 전혀 이의를 제기하지 않았다. 오히려 반 신족을 배려하지 못한 자신을 탓하면서 그들의 실수를 눈감아 주었다. 가

오단이 현자 미미르가 관리하고 있는 지혜의 샘물을 마시고 있다.
로베르트 엥겔스Robert Engels, 〈지혜의 샘에 있는 오단Odin am Brunnen der Weisheit〉, 1903년.

만히 생각해 보면 그것은 깊은 열패감에 사로잡힌 반 신족이 충분히 보일 수 있는 반응이었다. 사실 전쟁 후 두 신족이 체결한 평화협정은 수세에 몰린 반 신족이 간청하여 이루어진 것이라서 항복문서나 마찬가지였다. 오딘이 통 크게 아량을 베풀자 반 신족도 그것을 화해의 신호로 받아들이고 아스 신족에게 더 이상 불만을 표출하지 않았다.

이 세상을 9개의 공간으로 나누는 오딘

오딘이 이렇게 1인 지배 체제로 권력을 공고히 하고 있을 무렵 거인들뿐 아니라 난쟁이들, 그리고 인간들도 점점 그 수가 늘어났다. 오딘은 이제 지상과 지하와 하늘의 공간을 확실하게 구분할 필요성을 느꼈다. 경계가 확실해지면 그만큼 분쟁의 소지가 적어질 것이라고 생각했기 때문이다. 그는 북유럽 신화의 무대를 누가 거주하느냐에 따라 크게 9개의 공간으로 구분했다.

첫째는 신들이 거주하는 '아스가르드Asgard'다. 이곳에는 오딘을 비롯한 아스 신족의 궁전인 발할라Walhalla가 있으며, 인간·거인·난쟁이들이 사는 지상과는 비프로스트Bifrost라는 무지개다리로 연결되어 있다. 아스가르드는 그리스 신화의 신들의 궁전이 들어서 있는 올림포스 산 위처럼 하늘 위 구름 속에 숨어 있어서 지상에서는 보이지 않는 공간으로 생각하면 된다.

무지개다리 비프로스트는 성경에서 야곱이 꿈속에서 오른 하늘사다리를 빼닮았다. 그리스 신화에서도 홀어머니 밑에서 성장한 파에톤Phaeton이 아버지 헬리오스Helios를 만나러 하늘궁전으로 올라가는데, 구체적인 언급은 없지만 아마 다리나 사다리를 이용했을 것이다.

북유럽 신화 무대의 첫 번째 공간인 아스가르드에는 신들이 거주하는 발할라 궁전과 무지개다리인 비프로스
트가 있다.
막스 브뤼크너Max Brückner, 〈발할라Walhalla〉, 1896년.

우리나라 신화에서는 특히 기다란 줄이 지상과 하늘을 이어 준다. 그래서 제주도 무속 신화의 〈삼승할망 본풀이〉에서 멩진국 따님애기는 노각성자부줄이라는 신비한 줄을 타고 하늘로 불려간다. 6가야의 6명의 시조들을 태운 금빛 상자를 매달고 하늘에서 내려온 것도 자줏빛 줄이다. 우리나라 동화 『해와 달이 된 오누이』에서도 오누이는 호랑이를 피해 동아줄을 타고 하늘로 올라간다.

무지개다리 비프로스트는 2가지로 해석할 수 있다. 첫째로, 그것은 하늘로 올라가고픈 인간의 욕망을 표현했을 수 있다. 둘째로, 그것은 인간이 신에게는 미치지 못하지만 원래는 아주 선해서 원하면 언제든지 하늘로 올라갈 수 있었다는 증거일 수 있다. 하지만 인간은 시간이 지날수록 점차 타락하면서 그런 자격을 박탈당했던 것이다.

아스가르드에는 2개의 평원이 있다. 하나는 신들의 궁전이 들어서 있는 아스가르드 중앙의 이다볼Idavoll(혹은 이다Ida) 평원이고, 다른 하나는 악의 세력과 최후의 전쟁을 벌이게 될 광활한 비그리드Vigrid 평원이다. 이다볼 평원에는 절대로 얼지 않는 이핑Ifing 강이 흐르고 있다.

둘째는 반 신족이 거주하는 '바나헤임Vanaheim'이며, 셋째는 요정들이 거주하는 '알프헤임Alfheim'이다. 이 두 공간은 아스가르드의 한쪽 구석에 자리잡고 있다. 반 신족은 비록 아스가르드에 자신들의 공간을 갖고 있지만 아스 신족과의 전쟁에서 패배한 신들이기 때문에 앞으로 북유럽 신화의 무대에 등장하지 않는다.

넷째는 인간들이 거주하는 '미드가르드Midgard'다. 미드가르드는 이미르의 살로 만들어진 대지의 한가운데를 차지하고 있으며 이미르의

북유럽 신화 무대의 다섯 번째 공간인 스바르트알프헤임에서는 난쟁이들이 거주하면서 놀라운 작품들을 만들어 낸다. 토르의 유명한 망치도 이곳에서 제작되었다.
아서 래컴Arthur Rackham, 〈난쟁이 미메와 나그네Mime and the Wanderer〉, 1911년.

피로 만들어진 광활한 바다로 둘러싸여 있다.

다섯째는 난쟁이들이 거주하며 놀라운 작품들을 만들어 내는 '스바르트알프헤임Svartalfheim'이고(난쟁이들이 사는 곳은 출처마다 다르게 말하는데, 어떤 출처에서는 니다벨리르Nidavellir라고도 한다), 여섯째는 거인들이 거주하는 '요툰헤임Jotunheim'이다. 이 두 공간은 미드가르드의 한쪽에 자리잡고 있다. 특히 거인들은 요툰헤임 안에 자신들의 성채인 우트가르드Utgard를 갖고 있다.

일곱째는 '니플헤임Niflheim', 여덟째는 '무스펠헤임Muspelheim'이다. 무스펠헤임은 대지 남쪽으로 끝없이 펼쳐진 불의 공간이고, 니플헤임은 대지 북쪽으로 한없이 이어진 얼음의 공간이다. 두 공간 모두 태초에 어둠에서 생성된 곳이다. 특히 불의 공간 무스펠헤임에는 그곳의 수장인 거인 수르트Surt가 수르트알로기Surtalogi라는 불칼을 높이 빼 들고 지키고 있다.

마지막으로 아홉째는 '생명의 나무' 이그드라실Yggdrasil의 가장 깊은 뿌리에 놓여 있으면서 죽은 자들이 거주하는 '헬Hel', 혹은 '헬헤임Helheim'이다. 북유럽 신화에서 '헬'이라는 개념은 죽은 자들의 공간일뿐 아니라 로키Loki의 딸이자 그곳을 지배하는 여신의 이름이기도 하다. '지옥'이라는 뜻을 지닌 영어 단어 '헬hell'도 이 공간의 이름에서 유래한다.

북유럽 신화에는 헬헤임 이외에도 죽은 자들의 공간이 또 하나 있다. 그곳은 바로 아스가르드에 있는 오딘의 궁전인 '발할라'다. 발할라는 전쟁터에서 싸우다 죽은 영웅들만 갈 수 있는 곳이지만, 헬헤임은

북유럽 신화 무대의 일곱 번째 공간인 무스펠헤임은 불의 공간으로, 거인 수르트가 불칼을 높이 빼 들고 지키고 있다.
존 찰스 돌먼, 〈불칼을 들고 있는 거인The Giant with the Flaming Sword〉, 1909년, 채색: 지식서재.

아스가르드에 있는 오딘의 궁전인 발할라에는 전쟁터에서 싸우다 죽은 영웅들만 올 수 있다.
로렌츠 프뢸리크, 〈전쟁에서 죽은 영웅들의 몸을 발할라로 옮기는 발키리아들과 그들을 맞이하는 헤임달〉
Three Valkyries Bring the Body of a Slain Warrior to Walhalla, They are Met by Heimdall〉, 1885년.

보통 사람들이 죽어서 가는 곳이다.

헬헤임으로 들어가기 위해서는 골Gjöll 강을 건너야 하며, 헬헤임의 입구에는 그곳을 지키는 개 가름Garm이 있다. 그래서 골과 가름은 각각 그리스 신화의 스틱스Styx 강과 삼두견 케르베로스Kerberos와 비교될 수 있다. 골 강에는 황금다리 걀라르브루Gjallarbrú가 놓여 있고 그 입구를 거인 여자 모드구드Modgudr가 지키고 있다.

헬헤임에서는 또한 하녀 강글로트Ganglot와 하인 강글라티Ganglati가 헬의 시중을 들고 있다. 헬의 궁전은 '눈보라가 뿌려진'이라는 뜻의 '엘류드니르Eljudnir', 궁전의 문턱은 '떨어지는 위험'이라는 뜻의 '팔란다포라드Fallandaforad', 궁전의 커튼은 '번뜩이는 재앙'이라는 뜻의 '블리칸다볼Blikjandabol', 그녀의 옥좌는 '허기'라는 뜻의 '훙그Hungr', 그녀의 침대는 '관'이라는 뜻의 '코르Kor'라고 불린다.

세계에 생명을 주는 나무 이그드라실

이그드라실은 북유럽 신화의 9개 공간을 아우르는 거대한 물푸레나무의 이름이다. 이그드라실은 '세계의 나무' 혹은 '시간의 나무'라고도 불리는데 아무래도 가장 어울리는 이름은 '생명의 나무'일 것이다. 이그드라실은 신화에 등장하는 신, 인간, 거인, 난쟁이뿐 아니라 모든 동식물에게 생명의 근원인 물을 제공해 주기 때문이다. 게다가 이그드라실은 늘 넓고 깊고 푸른 가지로 그들을 품어 주면서 편안한 안식처가 되어 준다. 이그드라실은 크기는 다르지만 그 역할이 우리나라의 당산나무나 『삼국유사』의 단군 신화에 등장하는 신단수神檀樹와 유사하다.

이 나무는 언제 어떻게 생겨났는지 잘 알려져 있지 않지만, 어떤 원

이그드라실은 북유럽 신화의 9개 공간을 아우르는 생명의 나무다.
올루프 올룹센 바게Oluf Olufsen Bagge, 〈이그드라실Yggdrasil〉, 1847년.

전에 따르면 신들의 왕 오딘이 심었다고 한다. 일찍이 오딘이 대지를 돌아다니다가 물푸레나무로 인간을 만든 것을 보면, 대지가 생겨난 다음 이 세상에는 수많은 종류의 나무들이 자라고 있었으리라 짐작할 수 있다. 그중에서 오딘이 대지에 심은 물푸레나무가 엄청난 크기로 자란 것이라고 상상할 수 있다.

이그드라실은 세상의 아홉 공간 중 세 곳에 거대한 뿌리를 내리고 샘물을 하나씩 만들어 냈다. 첫째는, 아스가르드에 있는 우르드Urd 샘이고, 둘째는 미드가르드의 요툰헤임에 있는 미미르Mimir 샘이며, 마지막은 헬헤임의 흐베르겔미르Hvergelmir 샘이다. 그런데 각각의 샘 근처에는 그곳에 정착하여 샘을 보살피며 살고 있는 관리인들이 있었다.

우르드 샘에는 3명의 운명의 여신들이 살고 있었다. 그들을 총칭하는 이름은 노른Norn이며, 각각의 이름은 과거, 현재, 미래를 관장하는 우르드Urd, 스쿨드Skuld, 베르단디Verdandi다. 이 세 여신은 이그드라실의 뿌리에서 발원하는 우르드 샘에서 태어났으며, 샘가에서 생명의 실을 자으면서 인간의 운명을 결정한다. 그들은 그리스 신화의 운명의 여신 모이라이Moirai 세 자매와 닮은꼴이다.

헬헤임의 흐베르겔미르 샘에는 수많은 뱀들이 이그드라실의 뿌리를 갉아먹으며 살고 있었다. 뱀들의 대장은 왕뱀 니드호그Nidhogg라는 녀석이었다. 니드호그는 고인Goin과 모인Moin을 비롯한 부하 뱀들과 함께 이그드라실의 뿌리뿐 아니라 헬헤임에 있는 죽은 자들의 살도 뜯어 먹고 피도 빨아 먹었다. 하지만 이그드라실은 늘 푸르고 잎이나 가지가 시드는 일이 결코 없었다. 최후의 전쟁이 임박했을 때 그것을 알리기 위해 잠시 떨 뿐, 끝까지 살아남았다.

▶생명의 나무 이그드라실의 꼭대기에는 독수리가, 뿌리에는 뱀이 살고 있었는데, 그 둘 사이를 다람쥐가 오가며 이간질했다고 한다. 양 줄기에는 사슴 4마리가 살고 있었다.
〈이그드라실Yggdrasil〉, 18세기 아이슬란드 필사본, 레이캬비크, 아르니 마그누손 연구소.

◀ 운명의 여신들(노른)인 우르드, 스쿨드, 베르단디는 각각 과거, 현재, 미래를 관장한다.
아서 래컴, 〈노른Norn〉, 1911년.

지혜로움의 화신 미미르가 지혜의 샘물을 마시는 오딘을 바라보고 있다.
윌리 포게니Willy Pogany, 〈미미르의 샘에 있는 오딘Odin at Mimir's Well〉, 1922년.

이그드라실 나무에는 몇몇 동물들도 살고 있었다. 아스가르드의 오딘의 궁전까지 뻗은 우듬지에는 이름이 알려지지 않은 거대한 독수리 한 마리가 살고 있었다. 그 독수리의 양미간에 베드르폴니르Vedrfolnir라는 매가 한 마리 살았다고 하니 그 크기를 짐작할 만하다.

이그드라실의 가운데 줄기에는 이마 중앙에 일각수가 돋아 있는 라타토스크Ratatosk라는 다람쥐가 살고 있었다. 녀석은 이그드라실의 줄기를 재빠르게 오르내리며 우듬지의 독수리의 말은 나무 맨 아래의 왕뱀 니드호그에게, 또한 니드호그의 말은 독수리에게 고자질하며 둘 사이에 불화를 조장했다. 독수리와 니드호그는 각각 북유럽 신화에서 늘 대립각을 세우는 신들과 거인들을 상징한다고 하지만 정확한 의미는 알 수 없다.

이그드라실의 좌우 양편으로 뻗은 줄기에는 다인Dain, 드발린Dvalin, 두네이르Duneyr, 두라토르Durathor라는 4마리의 사슴이 살고 있었다. 녀석들은 이그드라실의 나뭇잎을 먹고 살았다. 이 사슴들이 넷이라는 숫자에 근거하여 사계절을 상징한다거나, 이들이 먹으면 다시 새로 돋는 이그드라실의 나뭇잎을 염두에 두고 영원한 삶을 상징한다는 주장들이 있다. 하지만 다람쥐 라타토스크처럼 정확한 의미는 알 수 없다.

미미르의 샘은 그 물을 마시는 자에게 지혜를 선사하는 지혜의 샘물이다. 샘의 이름이 그렇게 지어진 것은 샘가에 살면서 그곳을 지키던 미미르라는 신 때문이다. 미미르는 매일 아침 그 샘물로 만든 벌꿀 술을 마셨기 때문에 지혜로움의 화신으로 알려져 있다. 그는 어떤 신보다도 지혜를 갈망하고 사랑했던 신들의 왕 오딘의 총애를 한몸에 받았다.

판테온의
12주신

로렌츠 프룈리크, 〈헤임달〉, 1895년, 원작의 흑백 반전.

신들과 인간들의 아버지이자 지혜의 신 오딘

그리스 신화에는 제우스를 비롯한 12주신이 있다. 북유럽 신화에서도 수많은 신들 중 12주신을 선별해 볼 수 있다. 물론 북유럽 신화의 12주신은 앞서 9개의 공간을 정할 때처럼 관점에 따라 달라질 수 있다.

첫 번째 주신으로는 신들의 왕 오딘Odin을 들 수 있다. 오딘은 북유럽 신들과 인간들의 아버지로서 영국이나 독일에서는 보탄Wotan, 보단Wodan, 보덴Woden 등으로도 불린다. 수요일을 뜻하는 영어 단어 'Wednesday'는 바로 '보덴의 날'이라는 뜻의 'Wodensdag'에서 유래한 것이다.

오딘은 기후의 신이자 지혜의 신으로 그리스 신화의 제우스와 비견될 수 있다. 그는 애꾸눈이며, 미드가르드나 요툰헤임으로 모험을 떠날 때는 그것을 가리기 위해 항상 챙이 넓은 모자를 깊이 눌러쓰고 다닌다.

오딘은 아스가르드에 궁전을 3채 가지고 있다. 하나는 신들과 함께 회의를 하는 글라드스헤임Gladsheim이고, 다른 하나는 자신의 거처인 발라스칼프Valaskjalf이며, 마지막은 죽은 영웅들과 함께 연회를 즐기는 발할라다. 죽은 영웅들을 발할라로 데려오는 임무는 오딘의 특별 수행원이었던 발키리아Valkyrja가 맡는다.

발키리아는 북유럽 신화의 원전에서 여신으로 불리기도 하고, 귀족

오딘은 신들의 왕답게 발이 8개나 달린 명마 슬레이프니르를 타고 다닌다.
〈슬레이프니르를 탄 오딘Odin Riding Sleipnir〉, 18세기 아이슬란드 필사본, 레이캬비크, 아르니 마그누손 연구소.

의 딸들 중에서 오딘의 선택을 받아 하늘로 불려왔다고도 하지만, 정확한 출신은 알 수 없고 그 수도 들쭉날쭉하다. 복수는 발키류르Valkyrjur이며, 독일어로는 발퀴레Walküre라고 불린다. 그들은 하늘에서 백마를 타고 지상으로 내려와 전쟁터에서 죽은 영웅들을 오딘에게 데려갈 뿐 아니라 발할라에서 향연을 즐기는 그들에게 벌꿀 술을 따라 준다. 오딘은 죽은 영웅들을 특히 환대하고 아꼈기 때문에 '전사자들의 아버지'라는 뜻을 지닌 발포드Valfodr라는 별명으로 불리기도 했다. 오딘은 총 200여 개가 넘는 별명이 있는 것으로 알려져 있다.

그리스 신들은 포도주를 마시지만 북유럽 신들은 헤이드룬Heidrun이라는 염소의 젖을 넣어 만든 벌꿀 술을 마셨다. 오딘은 영웅들에게 벌꿀 술뿐 아니라 세흐림니르Saehrimnir라는 신기한 동물의 고기도 대접했다. 세흐림니르는 매일 잡아먹어도 다음 날이면 다시 살아나 영웅들에게는 고기반찬이 떨어질 날이 없었다.

오딘은 거인들을 비롯한 악의 세력과의 최후의 전쟁에 대비하기 위해 발할라에서 죽은 영웅들에게 혹독한 훈련을 시키기도 했다. 영웅들은 양편으로 나뉘어 실전처럼 서로 전력을 다해 싸웠기 때문에 부상자나 전사자가 속출했다. 하지만 훈련이 끝나면 부상자의 상처는 말끔히 나았고 전사자는 다시 부활했다. 발할라에 도착한 죽은 영웅들을 총칭하는 이름은 에인헤랴르Einherjar다. 이 말은 '한 번 싸우는 자들'이라는 뜻이다. 그것은 아마 최후의 전쟁인 라그나뢰크를 암시하는 것이리라.

오딘에게는 3가지 보물이 있다. 첫째는 표적에서 절대 벗어나지 않는 궁니르Gungnir라는 창이고, 둘째는 발이 8개 달린 명마 슬레이프니르Sleipnir이며, 마지막은 9일마다 8개씩 늘어나는 드라우프니르Draupnir라

발키리아는 하늘에서 백마를 타고 내려와서 전쟁터에서 죽은 영웅들을 오딘에게 데려간다.
카를 에밀 되플러, 〈발키리아Valkyrja〉, 1905년.

는 황금 반지(또는 팔찌)다. 오딘은 게리Geri와 프레키Freki라는 늑대 2마
리뿐 아니라 후긴Huginn과 무닌Muninn이라는 까마귀 2마리도 키웠다. 후
긴은 '생각', 무닌은 '기억'이라는 뜻이다. 그들은 낮이면 아홉 세상 이곳
저곳을 돌아다니다가, 저녁이 되면 돌아와 오딘의 어깨에 앉아서 그의
귀에 대고 자신들이 세상에서 보고 들은 것을 낱낱이 보고했다. 오딘
에게는 이 밖에도 몸에 걸치면 원하는 곳에 데려다주고 자신의 모습을
보이지 않게 해 주는 마법의 외투도 있었다.

오딘이 자신의 까마귀들에게서 아홉 세상의 이야기를 전해 듣고 있다.
〈오딘Odin〉, 18세기 아이슬란드 필사본, 레이캬비크, 아르니 마그누손 연구소.

결혼과 모성의 여신 프리그, 천둥의 신 토르

두 번째 주신으로는 오딘의 아내 프리그Frigg를 들 수 있다. 그녀는 오딘과의 사이에서 빛의 신 발데르Balder, 장님인 호드Hod, 오딘의 전령인 헤르모드Hermod, 시와 음악의 신 브라기Bragi 등을 낳았다. 프리그는 그리스 신화의 헤라처럼 결혼과 모성의 여신이고, 화로와 집안일의 여신이기도 하며, 실처럼 구름을 잣기도 한다. 또한 불임 여성에게 '아이를 낳게 해 주는 사과'를 주기도 한다. 금요일을 뜻하는 영어 단어 'Friday'는 바로 그녀의 이름에서 유래한 것이다.

프리그는 원래 프리야Frija, 프레아Frea, 프리게Frige 등으로 불리면서 사랑의 여신 프레이야Freyja와 혼동되기도 했다. 그녀는 특히 지상에서 이상적인 결혼생활을 한 부부가 죽으면 그들을 자신의 궁전으로 초대하여 죽어서도 헤어지지 않고 영원히 함께 살도록 해 준다. 결혼의 여신으로서 프리그의 면모가 물씬 풍기는 대목이다.

프리그는 또한 신들의 왕 오딘의 아내답게 신들 중 유일하게 남편의 용상인 흘리드스칼프Hlidskjalf에 앉을 수 있는 특권을 누린다. 그곳에 앉으면 요즘 CCTV처럼 아홉 세상에서 벌어지는 모든 일들을 엿볼 수 있다.

프리그의 궁전 펜살리르Fensalir에서는 몇몇의 특별한 처녀 신들이 그녀의 시중을 들거나 그녀를 보좌한다. 풀라Fulla는 프리그의 보석함과 신발을 관리하면서 그녀와 서로 비밀을 털어놓을 정도로 막역한 사이다. 그나Gna는 프리그의 전령이고, 흘린Hlin은 슬픔에 잠긴 사람들에게 희망을 주는 위로의 여신이다. 게프욘Gefjon은 결혼하지 못하고 죽은 사람들을 행복하게 해 준다. 로픈Lofn은 사랑하는 연인들의 장래에 걸림

프리그는 오딘의 아내로, 결혼과 모성의 여신이자 화로와 집안일의 여신이다.
아서 래컴, 〈프리그Frigg〉, 1911년.

프리그가 의자에 앉아 처녀 신들에게 지시를 내리고 있다. 오른쪽에 서 있는 이는 프리그의 전령인 그나인 듯하고, 왼쪽에 앉아서 프리그의 보석함을 지키고 있는 이는 풀라다.

카를 에밀 되플러, 〈프리그와 그녀의 시중을 드는 처녀 신들Frigg und ihre Dienerinnen〉, 1882년, 채색: 지식서재.

돌이 되는 것은 무엇이든 제거해 준다.

세 번째 주신으로는 천둥의 신으로 잘 알려진 토르Thor를 들 수 있다. 영어의 목요일인 'Thursday'라는 단어는 바로 '토르의 날'이라는 뜻의 'Thor's Day'가 변해서 만들어진 것이다. 토르는 독일어로는 '천둥'이라는 뜻의 '도나르Donar'라고 불리는데, 독일어의 목요일도 '천둥의 날'이라는 뜻의 '도너스탁Donnerstag'이다.

토르는 오딘과 대지의 여신 요르드Jord의 아들이다. 또한 농업의 신답게 농부처럼 아주 순박하고 직선적이지만 신들 중 가장 힘이 세다. 게다가 그에게는 메긴교르드Megingjord와 묠니르Mjollnir라는 아주 특별한 무기가 2개나 있다. 메긴교르드는 마치 역도선수의 벨트처럼 허리에 차면 힘이 2배가 솟아나는 허리띠이고, 묠니르는 던지면 표적을 반드시 명중하고 부메랑처럼 다시 돌아오는 천하무적의 망치다.

토르는 이런 2개의 강력한 무기로 아스가르드와 미드가르드의 질서를 해치려는 자는 누구든 용서하지 않았다. 그래서 거인들이 아스가르드에서 가장 두려워했던 게 바로 토르와 그의 망치였다. 토르는 아내 시프Sif와의 사이에 트루드Thrud라는 딸과 울르Ullr라는 아들을 두었다. 울르는 겨울의 신으로 시프가 전남편과의 사이에서 낳은 자식이다. 시프는 특히 아주 아름다운 금발 머리카락을 지닌 것으로 유명하다.

풍작의 신 프레이르, 사랑의 여신 프레이야

네 번째 주신으로는 풍작의 신인 프레이르Freyr를 들 수 있다. 프레이르는 반 신족이자 바다의 신인 뇨르드의 아들이다. 앞서 언급했듯이 그는 신들의 전쟁 이후 여동생 프레이야와 함께 인질로 왔다가 자진해

풍작의 신 프레이르는 반 신족의 아들이지만, 아스 신족에게 인질로 잡혀 왔다가 귀화했다.
카를 에밀 되플러, 〈프레이르Freyr〉, 1905년.

서 아스가르드에 귀화했다. 아스 신들은 그 기념으로 그에게 신기한 칼 한 자루를 선물로 주었다. 이 칼은 따로 이름이 없지만, 적과 마주치면 스스로 공중을 날아다니며 적을 쓰러뜨리는 특별한 능력이 있다.

프레이르에게는 이외에도 2가지 보물이 더 있다. 하나는 마음껏 아주 크게 부풀릴 수도 있고 조그맣게 접어 호주머니에 넣을 수도 있는 스키드블라드니르Skidbladnir라는 신기한 배다. 다른 하나는 자신이 직접

신들 중 가장 힘이 센 토르는 허리에 차면 힘이 2배로 솟아나는 허리띠와 표적을 반드시 명중하고 다시 돌아오는 천하무적 망치를 가지고 있다.
모르텐 에스킬 빙게Mårten Eskil Winge, 〈거인들과 싸우는 토르Tors strid med jättarna〉, 1872년, 캔버스에 유채, 32.7×26cm, 스톡홀름, 스웨덴 국립미술관.

사랑과 미의 여신이자 풍요의 여신 프레이야가 자신의 고양이가 끄는 마차를 타고 있다.
닐스 블롬메르, 〈남편을 찾는 프레이야Freyja sökande sin make〉, 1852년, 캔버스에 유채, 133×197cm, 스톡홀름, 스웨덴 국립미술관.

타기도 하고 마차를 끌게도 하는 굴린부르스티Gullinbursti라는 수컷 멧돼지다. 이 멧돼지는 황금 털을 지녔으며 말들 못지않게 아주 빠르게 달릴 수 있다.

다섯 번째 주신으로는 사랑과 미의 여신 프레이야Freyja를 들 수 있다. 그녀는 원래 반 신족이었지만 아버지 뇨르드와 오빠 프레이르처럼 인질로 왔다가 자진해서 아스가르드에 귀화했다. 프레이야는 들고양이 2마리가 끄는 마차를 타고 다니며 여신들 중 가장 아름답다. 그녀가 아스가르드에 도착하자마자 그녀의 미모에 반한 아스 신들이 세스룸니르Sessrumnir라는 넓은 홀이 있는 웅장하고 아름다운 궁전 폴크방Folkvang을 선물로 줄 정도였다. 세스룸니르 홀은 손님들이 아무리 많이 와도 모두 수용할 수 있을 만큼 컸다. 프레이야는 사랑과 깊은 연관이 있는 풍요의 여신이기도 하다. 그녀의 마차를 끄는 고양이는 애무를 좋아해서 사랑과 미의 상징일 뿐 아니라 새끼를 많이 낳아서 풍요의 상징이기도 하다.

프레이야는 사랑과 미의 여신답게 보석으로 만든 장신구를 무척 좋아한다. 그녀는 어느 날 4명의 난쟁이들이 만들고 있던 브리싱가멘Brisingamen이라는 목걸이의 아름다움에 마음을 빼앗긴 나머지 난쟁이들의 요구대로 번갈아 가며 몸을 허락하고 그것을 기어이 손에 넣었다. 그날 이후 프레이야는 잠잘 때나 깨어 있을 때나 항상 브리싱가멘을 목에 걸고 다녀서 그것은 그녀의 트레이드마크가 되었다.

프레이야에게는 매의 깃털로 만든 옷도 한 벌 있다. 이 옷은 누구나 걸치기만 하면 매로 변신해 하늘을 날 수 있다. 악의 화신 로키는 나중에 그녀에게서 두 번이나 이 옷을 빌려 입고 임무를 완수한다.

북유럽 사람들은 혹시 사랑이 이 세상의 모든 분쟁의 원인이라고 생각한 것은 아니었을까? 프레이야는 전쟁의 여신으로서의 면모도 갖고 있기 때문이다. 그래서 그녀는 가끔 그리스 신화의 전쟁의 여신 아테나처럼 온 몸에 무구를 걸치고 창과 방패를 든 모습으로 묘사되기도 한다.

프레이야는 또한 미드가르드에서 전쟁이 터지면 오딘의 특별 수행원들인 발키리아를 이끌고 전쟁터로 내려가 전사한 영웅들 중 반은 오딘에게 양보하고 나머지 반은 자신의 궁전 폴크방으로 데려가 후하게 대

접했다. 그리스 신화의 아테나 여신은 영웅들이 모험 중 위험에 처할 때마다 늘 도움을 아끼지 않았는데, 이를 연상시키는 대목이다.

신들의 파수꾼 헤임달, 바다의 신 에기르

여섯 번째 주신으로는 신들의 파수꾼인 헤임달Heimdall을 들 수 있다. 헤임달은 신비스런 출생 비화를 갖고 있다. 신들의 왕 오딘이 어느 날 바닷가를 거닐다가 9명이나 되는 여신이 바닷가에 나란히 누워 잠들어 있는 것을 발견했다. 그들은 바다의 신 에기르Aegir의 딸로서 9가지 파도를 관장하는 여신들이었는데 미모가 아주 뛰어났다. 오딘은 첫눈에 반해 그 자리에서 바로 그들과 번갈아 가며 사랑을 나누었다. 그런데 얼마 후 정말 놀라운 일이 벌어졌다. 아홉 여신이 각각 다른 자식들을 낳은 게 아니라 서로 힘을 합해 아들 하나를 낳은 것이다. 그게 바로 헤임달이다.

신들은 헤임달이 장성하자 그를 마침 공석으로 남아 있던 무지개다리 비프로스트를 지키는 파수꾼으로 지명했다. 비프로스트는 불과 물과 공기로 만들어져 있었으며 아스가르드와 미드가르드를 연결하는 유일한 통로였다. 신들은 거인들이 이 다리를 건너 아스가르드를 공격할까 늘 걱정했다. 헤임달은 자신이 맡은 직분에 어울리게 새보다도 잠을 적게 잤고, 낮이나 밤이나 300마일 밖까지 무엇이든 명확하게 내다볼 수 있었으며, 들판에서 곡식이나 풀이 자라는 소리와 짐승의 몸에서 털이 자라는 소리까지 들을 수 있었다. 헤임달의 궁전인 히민뵤르그Himinbjorg는 다른 신들의 신전들과는 달리 비프로스트가 시작하는

사랑과 미의 여신 프레이야는 브리싱가멘이라는 목걸이를 항상 목에 걸고 다닌다.
제임스 도일 펜로즈James Doyle Penrose, 〈프레이야와 목걸이Freyja and the Necklace〉, 약 1890년.

아스가르드의 끝자락에 있다.

헤임달에게는 거인들이 아스가르드를 침공하면 즉시 신들에게 그 사실을 알릴 수 있도록 걀라르호른Gjallarhorn이라는 뿔피리가 있다. 걀라르호른은 원래 미미르가 자신의 샘가에 놓고 샘물을 떠먹던 일종의 컵이었다. 신들은 헤임달이 파수꾼으로 임명되자 그것을 피리로 만들어 선물로 주었던 것이다. 이 피리는 한 번 불면 신기하게도 그 소리가 9개의 공간 방방곡곡으로 아주 크게 울려 퍼진다.

일곱 번째 주신으로는 바다의 신 에기르Aegir를 들 수 있다. 반 신족이자 바다의 신인 뇨르드가 육지에서 가까운 바다를 다스린다면, 에기르는 먼 바다를 다스린다. 그는 심해에 있는 자신의 궁전에 조용히 머물다가도, 마치 그리스 신화의 포세이돈처럼 갑자기 거센 폭풍을 일으켜 배들을 침몰시켜 심해의 궁전으로 데려간다. 에기르는 신들의 다정한 친구로서 신들에게 자주 연회를 베풀어 주기도 한다. 그는 흘레세이Hlésey라는 섬에 사는 흘레르Hler나 기미르Gymir라는 별명으로 불리기도 한다.

에기르는 '빼앗는 자'란 뜻을 지닌 란Ran이라는 여신을 아내로 삼아 파도의 여신이자 헤임달의 어머니들인 9명의 딸을 두었다. 란과 9명의 딸들은 바다 속에 그물을 쳐 놓고 암초 뒤에 숨어 있다가 미모를 이용해 뱃사람들을 유인해서 배를 침몰시키는 것을 가장 큰 즐거움으로 생각한다. 그들은 독일 전설에 등장하는 요정 로렐라이나 그리스 신화의 세이레네스를 연상시킨다.

헤임달은 신들의 파수꾼으로, 이 그림에서는 프레이야의 목걸이를 돌려주고 있다. 헤임달의 등 뒤로 뿔피리인 걀라르호른이 보인다.
닐스 블롬메르, 〈프레이야에게 목걸이를 돌려주는 헤임달Heimdall Returns the Necklace Bryfing to Freyja〉, 1846년, 말뫼, 말뫼 미술관Malmö Konstmuseum.

바다의 신 에기르와 란 사이에서 태어난 9명의 딸들은 미모로 뱃사람들을 홀려 배를 침몰시키는 것으로 유명하다.
닐스 블롬메르, 〈에기르의 아홉 딸들Näcken och Ägirs döttrar〉, 1850년, 캔버스에 유채, 114×147cm, 스톡홀름, 스웨덴 국립미술관.

시의 신 브라기, 청춘의 여신 이둔, 빛의 신 발데르, 전쟁의 신 티르

여덟 번째 주신으로는 시와 음악과 음유시인의 신인 브라기Bragi를 들수 있다. 브라기라는 이름은 고대 노르웨이어로 '시'를 뜻하는 단어 'Bragr'에서 유래했다. 그는 오딘과 프리그의 아들, 또는 오딘과 거인 수퉁Suttung의 딸인 군로드Gunnlod의 아들로 알려져 있다. 군로드는 아버지의 명을 받고 지혜와 시심을 샘솟게 하는 벌꿀 술을 지키다가 그것을 훔치러 온 오딘을 만나 브라기를 낳았다. 브라기는 난쟁이들로부터 선물로 받은 황금 하프를 늘 갖고 다닌다. 또한 신들이나 죽은 영웅들이 발할라에서 연회를 벌일 때면 연주를 하며 노래를 불러 준다.

아홉 번째 주신으로는 브라기의 아내이자 청춘의 여신인 이둔Idun을 들 수 있다. 그녀는 난쟁이 이발디Ivaldi의 딸로서 청춘의 사과밭을 가꾸며 지킨다. 북유럽 신들은 신과 거인의 후손으로 순수 혈통이 아니라서 유한한 생명을 갖고 있다. 그런데도 그들이 젊음을 유지할 수 있는 것은 바로 청춘의 여신 이둔이 그들에게 공급해 주는 청춘의 사과 덕분이다. 특히 청춘의 신 이둔이 시의 신 브라기의 아내인 것은 의미심장하다. 이것은 혹시 시인은 영원한 젊음의 소유자란 뜻이 아닐까?

열 번째 주신으로는 빛의 신 발데르Balder를 들 수 있다. 그는 외모가 아주 빼어나고, 마음씨 또한 비단결처럼 고우며, 몸에서는 광채가 난다. 특히 눈처럼 하얀 이마와 금빛처럼 찬란하게 빛나는 머리카락은 태양빛을 연상시킨다. 신들은 그를 볼 때마다 그냥 기분이 좋았으니 누구든 진심으로 그를 아끼고 좋아할 수밖에 없었다. 발데르는 '꽃'이라는 뜻을 지닌 난나Nanna 여신과 결혼하여 아스가르드의 브레이다블리크Breidablik 궁전에서 애틋한 부부애를 나누며 살았다. 그래서 난나는 나중에 발데르가 불의의 사고로 죽자 배에 만들어 놓은 남편의 화장단 곁에서 작별 인사를 하다 슬픔에 겨워 피를 토하며 급사한다.

열한 번째 주신은 전쟁의 신 티르Tyr다. 그는 오딘의 아들이며 전쟁의 신답게 두려움을 모르고 신들 중 가장 용감하다. 칼의 수호신이기도 한 티르는 티우Tiu, Tiw 혹은 치우Ziu라고도 불린다는 점에서 우리나라의 고대 신화에 등장하여 응원단 붉은악마의 상징이 된 '치우 천왕'을 연

빛의 신 발데르는 외모와 마음씨 모두 뛰어나서 모두의 사랑을 받지만 로키의 계략으로 죽는다.
페테르 크람메르Peter Cramer, 〈발데르의 죽음Balders Død〉, 1779년.

상시킨다. 화요일을 뜻하는 영어 단어 'Tuesday'는 바로 '티우의 날'이라
는 뜻의 'Tiw's Day'에서 유래한 것이다.

장난꾸러기의 신 로키와 기타 신들

마지막으로 열두 번째 주신으로는 악의 화신이자 장난꾸러기의 신 로

시의 신 브라기가 하프를 연주하고 있으며, 브라기의 아내이자 청춘의 여신인 이둔이 뒤에 서 있다.
닐스 블롬메르, 〈하프를 연주하는 브라기와 그 뒤에 서 있는 아내 이둔Bragi Sitting Playing the Harp, Idun
Standing Behind Him〉, 1846년, 캔버스에 유채, 94.5×67.5cm, 말뫼, 말뫼 미술관.

전쟁의 신 티르는 신들 중 가장 용감하다.
〈티르Tyr〉, 18세기 아이슬란드 필사본, 레이캬비크, 아르니 마그누손 연구소.

키Loki를 들 수 있다. 로키는 원래 아스 신족이 아니라 거인족인 파르바우티Farbauti와 라우페이Laufey의 아들로 태어났으나 신들의 왕 오딘과 의형제를 맺은 뒤로 아스 신족이 되었다. 오딘이 왜 로키와 의형제를 맺었는지는 전혀 알려져 있지 않다. 로키는 매우 불안정하며 어디로 튈지 전혀 예측할 수 없는 성격의 소유자다. 또한 매우 사악하며 아주 변덕스럽다. 그래서 교활한 꾀로 계속해서 신들을 위험에 빠뜨리기도 하지만 동시에 신들을 위험에서 구해 주기도 한다.

로키는 한마디로 세계 각국의 신화에 단골손님처럼 등장하는 꾀보이자 변신의 귀재인 '트릭스터Trickster'의 원형이다. 바그너는 《니벨룽의 반지》에서 로키를 '로게Loge'라고 다르게 부르고 있지만 그 이유는 알 수 없다. 로게는 독일어로 '경비실' 혹은 '특별석'이라는 뜻이어서 로키의 성격을 대변하지 못한다. 바그너는 로게를 북유럽 신화의 불의 신이었던 로기Logi라는 이름에서 빌려 왔을 수도 있다. 하지만 로키는 불과는 아무 연관이 없다.

로키는 앙그르보다Angrboda라는 거인 아내와의 사이에 죽음의 여신 헬Hel, 왕뱀 요르문간드Jormungand, 늑대 펜리르Fenrir 등 괴물 자식 셋을 두었다. 아스 신들은 로키의 자식들이 앞으로 엄청난 재앙의 화근이 될 것이라는 예언을 듣고 그들을 모두 밀폐된 곳에 가두었다. 헬은 니플헤임에 던져 저승과 죽은 자들을 통치하는 여신으로 만들었다. 왕뱀 요르문간드는 대지를 둘러싸고 있는 바다에 던져 넣어 가두었다. 늑대 펜리르는 절대로 끊어지지 않는 끈으로 온몸을 묶은 채 산속 깊은 바위에 고정시켜 놓았다.

로키는 또 다른 아내 시긴Sigyn과의 사이에 나르피Narfi(혹은 나르비

로키는 악의 화신이자 장난꾸러기의 신으로 어디로 튈지 전혀 예측할 수 없는 성격의 소유자다.
〈로키Loki〉, 18세기 아이슬란드 필사본, 레이캬비크, 아르니 마그누손 연구소.

로키의 자식들로는 죽음의 여신 헬, 왕뱀 요르문간드, 늑대 펜리르가 있다.
카를 에밀 되플러, 〈로키의 자식Lokis Gezücht〉, 1905년.

Narvi)와 발리Vali라는 두 아들을 두었다. 이들은 신들과 거인들이 벌인
최후의 전쟁에서 비참한 최후를 맞이한다. 시긴은 발데르의 아내 난나
못지않게 남편 로키에게 아주 헌신적이고 충실한 아내다.

　북유럽 신화의 이야기는 거의 모두 12주신을 중심으로 일어난다. 하
지만 앞으로 진행되는 이야기를 좀 더 잘 이해하기 위해서는 몇몇 조연
급 신들도 기억해 두는 것이 좋다. 가령 비다르Vidar는 오딘과 거인 여자
그리드Grid의 아들로서 침묵의 신이다. 그는 최후의 전쟁에서 늑대 펜리
르의 아가리를 찢어 죽임으로써 아버지 오딘의 복수를 한다.

로키가 바위에 묶인 채 뱀의 독을 맞는 벌을 받자 아내인 시긴이 뱀의 독을 그릇으로 막고 있다.
모르텐 에스킬 빙게, 〈로키와 시긴Loki och Sigyn〉, 1863년, 캔버스에 유채, 348×275cm, 스톡홀름, 스웨덴 국립미술관.

비다르가 자기 아버지 오딘을 죽인 늑대 펜리르와 싸우고 있다.
윌리엄 게르솜 콜링우드William Gershom Collingwood, 〈펜리르의 턱에 서서 칼을 휘두르는 비다르The God Vidar Stands in the Jaws of Fenrir and Swings his Sword〉, 1908년, 채색: 지식서재.

헤르모드Hermod는 신들의 빠르고 날쌘 전령으로, 전령을 상징하는 감반테인Gambanteinn이라는 지팡이를 손에 항상 들고 다닌다. 포르세티 Forseti는 발데르와 난나의 아들로 법과 정의와 진실의 신이다. 스카디 Skadi는 거인 티아지Thiazi의 딸로 사냥과 겨울의 여신이다. 발리Vali는 오딘과 거인 여자 린드Rind의 아들로 로키의 아들 중 하나와 동명이인이다. 그는 실수로 발데르를 죽인 호드를 죽인다.

신들의 모험 이야기

로렌츠 프뢸리크Lorenz Frølich, 〈오딘의 희생The Sacrifice of Odin〉, 1895년, 원작의 흑백 반전.

북유럽 신화의 키워드, 신들과 거인들의 대립

북유럽 신화의 가장 큰 특징은 아주 독특한 공간 구조에 있다. 북유럽 신화에는 신들과 인간들의 세계뿐 아니라 제3의 공간인 거인들의 세계가 있다. 특히 거인들은 신들과 대립하면서 전체 플롯에서 아주 중요한 역할을 한다. 그들은 크기에서 단연 신들을 압도한다. 변신술 등 여러 가지 능력에서도 신들과 필적하며 계속해서 그들의 세계를 위협한다. 심지어 거인들이 신들의 존재를 두려워하는 것이 아니라 오히려 신들이 거인들의 공격을 두려워하는 형국이다(북유럽 신화에서는 신들이 거인에 대한 두려움 때문에 성벽을 보수하는데, 이런 모티프가 현대 판타지물에도 많은 영향을 끼쳤다. 〈왕좌의 게임〉에서는 야경대가 거인족을 포함한 와일들링과 화이트 워커를 막기 위해 얼음 장벽을 지키고, 〈진격의 거인〉에서는 인간들이 식인 거인의 위협에서 벗어나기 위해 성벽 안쪽에서 살아간다).

북유럽 신화에서 신들과 거인들은 태초에 긴눙가가프라는 계곡에서 동시에 태어나서 대등한 세력 관계를 유지한다. 양자 사이에는 우월 관계가 거의 없었다는 뜻이다. 그들은 서로 사랑을 하여 자식을 두기도 한다. 오딘 삼형제도 아버지 보르와 거인 여자 사이에서 태어난다. 지금까지 전승되어 온 북유럽 신화에는 거인들의 조직에 대해 자세한 설명은 없다. 하지만 요툰헤임이라는 영토와 우트가르드라는 성채가 있는

거인들은 신들과 끊임없이 갈등을 일으키는 존재들이다.
아서 래컴, 〈프레이야를 붙잡은 거인 파졸트와 파프너Fasolt and Fafner Seized Freyja〉, 1911년, 《니벨룽의 반지》를 위한 삽화 7번.

것으로 보아 거인들도 아스가르드의 신들 못지않게 탄탄한 조직을 만들어 살았던 게 틀림없다.

신들과 거인들의 적대 관계는 태초에 오딘 삼형제가 거인 이미르를 죽인 것에서 불거지기 시작한다. 북유럽 신화에서 신들과 거인들의 대립은 태초부터 결정되어 있었던 셈이다. 거인들은 기회가 있을 때마다 신들과 충돌하고 싸움을 일으킨다. 그들은 아마 선천적으로 자신들의 조상인 거인 이미르를 죽인 오딘과 그의 후손들에게 엄청난 적개심을 품고 늘 복수의 칼을 갈았을 것이다.

신들의 왕 오딘도 태생적으로 장차 거인들과의 최후의 전쟁을 피할 수 없음을 예감한다. 지상의 전쟁터에서 죽은 영웅들을 미리 자신의 궁전으로 데려와 그 전쟁에 대비할 정도다. 북유럽 신화에서 신들과 거인들의 대립이 전면에 부각되는 것은 바로 이 때문이다. 그래서 그들의 대립은 북유럽 신화 전체를 관통하는 키워드다. 그들은 사사건건 부딪치며 마지막 최후의 전쟁까지 줄기차게 싸운다.

그렇다면 북유럽 신화의 거인들은 무엇을 상징할까? 그들은 앞서 언급했듯이 우선 어둠, 죽음, 불의, 악의 세력 등을 상징할 수 있다. 거인들은 또한 자연의 거대한 힘을 상징할 수도 있다. 고대 북유럽 사회에서 혹독한 겨울을 비롯한 거친 자연환경은 인간들이 살아가는 데 최대 난관이었을 것이다. 당대 인간이 풀어야 할 가장 어렵고도 중요한 숙제였을 것이다. 그래서 아마 신이나 대적할 수 있는 거대한 폭력으로 여겨졌을 것이다. 그 폭력이 바로 북유럽 신화에서 거인들로 형상화된 것은 아닐까?

북유럽 신화의 거인들은 무엇보다도 우리 인간의 무의식 속에 깊이

신들과 거인들의 최후 전쟁인 라그나뢰크는 인간의 마음 깊은 곳에 도사리고 있는 욕망과의 싸움을 상징하기도 한다.
조지 핸드 라이트George Hand Wright, 〈그렇게 끔찍한 전쟁이 시작되었다Then the Awful Fight Began〉, 1908년.

뿌리내리고 있는 길들여지지 않은 원시적 욕망을 상징할 수 있다. 불교에서 말하는 인간의 오욕칠정五慾七情일 수도 있고, 알리기에리 단테가 『신곡』의 「지옥」에서 열거하는 8가지 죄악일 수도 있다. 우리 인간도 평생 마음 깊은 곳에 도사리고 있는 욕망의 거인들과 죽어야 비로소 끝날 긴 전쟁을 치르고 있다고 비유할 수 있기 때문이다.

북유럽 신화의 신들과 거인들의 전쟁과 비견될 수 있는 것이 바로 그리스 신화의 신들의 전쟁이다. 그리스 신화에서 태초의 신들은 서로 두 편으로 나뉘어 싸움을 벌이다가도 어느 시점에서 분명하게 승패가 갈린다. 이때 이기는 쪽은 늘 정의의 편이고 지는 쪽은 늘 불의의 편이다. 이에 비해 북유럽 신화에서 신들과 거인들은 늘 팽팽한 접전을 벌인다. 손쉽게 한쪽의 일방적인 승리로 끝나지 않고 마지막까지 평행선을 그으며 나아간다. 최후의 전쟁에서도 서로 찔리고 찌르다가 함께 비참한 최후를 맞이한다.

이런 차이는 우리에게 무엇을 말해 주는 것일까? 혹시 고대 북유럽 사람들이 역사를 좀 더 거시적으로 바라본 것은 아닐까? 인간의 문제를 좀 더 핵심적으로 꿰뚫어 본 것은 아닐까? 이 세상은 끊임없는 갈등과 충돌의 역사이며 인간은 어쩔 수 없는 욕망의 덩어리라고 말이다. 어떤가? 너무 비관적인 해석인가?

오딘이 애꾸눈이 되면서까지 이그드라실에 매달린 사연

그리스 신들은 인간을 빼닮았다. 북유럽 신들도 그리스 신들 못지않게 인간의 축소판이다. 오딘의 아내 프리그는 보석이 너무 갖고 싶은 나머지 남편의 석상에서 금 한 조각을 몰래 훔친다. 사랑의 여신 프레이야는 브리싱가멘이라는 목걸이를 얻기 위해 무려 4명의 난쟁이들에게 차례로 몸을 허락한다. 그들은 심지어 인간들이나 거인들처럼 유한한 생명을 갖고 있어 죽기까지 한다.

신들의 왕 오딘도 마찬가지다. 우리는 신들의 왕 오딘만은 그래도 완벽하고 전지전능한 신으로 여기기 쉽다. 태초에 세계 창조 작업에서 독보적인 역할을 하며 신들은 모두 그의 후손이기 때문이다. 하지만 우리의 예상과는 달리 오딘도 악의 화신 로키의 새빨간 거짓말에 쉽게 속아 넘어간다. 인간들과 거인들의 공간인 미드가르드를 여행하다가 거인들의 포로가 되어 배상금을 지불하고서야 비로소 풀려나기도 한다.

오딘은 비록 신들의 왕이지만 다른 신들에게도 무소불위의 권력을 휘두르지 않는다. 다른 신들이 맡은 분야에도 간섭하지 않는다. 그는 세상의 모든 일을 다른 신들과의 협의를 통해 결정한다. 그가 얼마나 많은 회의를 주재했으면 아스가르드에 신들이 회의할 때만 사용했던 글라드스헤임이라는 궁전이 있었겠는가. 글라드스헤임에는 30개의 옥좌가 있어 북유럽 신들이 모두 모일 수 있었다고 한다.

오딘은 이처럼 언뜻 보면 좀처럼 신들의 왕으로서 면모를 찾아보기 힘들다. 그럼에도 불구하고 신들은 왜 그를 자신들의 왕으로 삼았을까? 다른 신들에게는 없고 오딘에게만 있는 강점은 무엇이었을까? 그를 신들의 왕으로 만들어 준 특별한 리더십은 무엇이었을까? 그것은 바로 오딘이 갖고 있는 지혜에 대한 아주 남다른 열망이다. 오딘은 힘이 아닌 지혜로 신들의 마음을 얻고 그들을 다스렸다는 뜻이다. 그래서 오딘은 지혜의 신으로도 불리는 것이다.

오딘은 지혜를 얻기 위해 미미르에게 자기 눈 하나를 기꺼이 주고 지혜의 샘물을 마신다.
조지 해밀턴 프라이George Hamilton Frye, 〈미미르의 샘에 있는 오딘Odin at Mimir's Well〉, 1906년.

오딘은 이 세상을 만든 뒤 구석구석을 돌아다니며 살펴보다가 거인들의 나라인 요툰헤임 쪽으로 뻗은 이그드라실의 뿌리에서 지혜의 샘을 발견했다. 그 샘물은 누구든 마시면 엄청난 지혜가 용천수처럼 샘솟았다. 문제는 그 샘물을 마시려면 그곳을 지키고 있는 미미르의 허락을 받아야 한다는 것이다. 신들의 왕 오딘에게도 예외가 적용될 수 없었다. 오딘이 샘물을 마시려 하자 미미르는 그에게 눈 하나를 요구했다. 그러자 오딘은 한 치의 망설임도 없이 즉시 자신의 눈 하나를 빼 주고 그 샘물을 마셨다.

눈을 잃고서야 지혜를 얻는 이야기는 세계 각국의 신화나 전설에 널리 퍼져 있다. 가령 그리스 신화의 최고 예언가인 테이레시아스Teiresias는 앞을 보지 못한다. 제우스는 자신 때문에 눈을 잃은 그에게 미래를 내다볼 수 있는 능력을 주었다. 오이디푸스Oidipous도 두 눈을 잃고서야 비로소 인간이 어떤 존재인지 깨닫는다. 괴테의 파우스트Faust도 마지막 순간에 실명을 경험하고서야 비로소 인생에서 무엇이 가장 가치 있는지를 깨닫는다. 육체의 눈을 버리면 그것보다도 더 깊고 멀리 볼 수 있는 마음의 눈이 생긴다는 뜻이리라.

오딘은 또한 운명의 세 여신들인 노른이 룬Runes 문자의 비밀을 알고 그것을 쓸 수 있는 것에 부러움을 느꼈다. 룬은 고대 북유럽의 신비한 문자로 그것을 깨우친 자에게는 엄청난 지혜를 안겨 주었다. 문제는 아무에게나 좀처럼 그 모습을 드러내지 않는다는 것이다. 고심 끝에 오딘은 룬 문자의 비밀을 알기 위해 고행의 길을 택했다. 그는 어느 날 자신의 궁전 처마까지 뻗은 이그드라실의 우듬지에 거꾸로 대롱대롱 매달린 채 자신의 몸을 창으로 찔렀다. 오딘은 아무것도 마시지도 않고 먹

오딘은 지혜를 얻기 위해 이그드라실에 매달려 자신의 몸을 창으로 찌르는 행위도 서슴지 않았다. 윌리엄 게르솜 콜링우드, 〈오딘의 자기 희생Odin's Self-sacrifice〉, 1908년, 채색: 지식서재.

지도 않은 채 그 상태로 8일 밤낮을 지냈다.

마침내 9일째 밤이 되자 비몽사몽간을 헤매던 오딘에게 룬 문자가 선명하게 나타났다. 오딘은 깜짝 놀라 눈을 크게 떴고 바로 그 순간 땅바닥에 내동댕이쳐졌다. 9일 밤낮 동안 오딘의 몸을 지탱해 주었던 밧줄이 무게를 견디지 못하고 끊어진 것이다. 정신을 차린 오딘은 놀란 가슴을 쓸어내렸다. 만약 조금이라도 더 일찍 밧줄이 끊어졌더라면 룬 문자를 영영 손에 못 넣을 터였기 때문이다. 이때부터 오딘의 지혜는 더욱더 깊어졌다. 세상에는 시련 없이 얻을 수 있는 것은 없다.

지혜의 화신 크바시르의 피로 만든 벌꿀 술

아스 신족과 반 신족이 전쟁을 그치고 평화협정을 맺었을 때 인질만 교환한 것은 아니었다. 그들은 다시는 싸우지 말자는 결의를 다지기 위해 커다란 항아리에 자신들의 침을 3번씩 뱉어 모아 두었다. 신들은 하나도 빠짐없이 모두 그곳에 침을 뱉었다. 그 이후 평화가 지속되자 아스 신들은 그 침으로 크바시르Kvasir라는 남자를 만들어 냈다. 크바시르는 그야말로 지혜의 화신이었다. 그는 세상 곳곳을 방랑하며 사람들의 걱정거리를 해결해 주었다. 크바시르가 온다는 소식이 들려오면 사람들이 구름떼처럼 모여들어 그에게 애로 사항을 하소연하고 조언을 구했다.

난쟁이 팔라르Fjalar와 갈라르Galar가 크바시르의 소문을 듣고 귀가 솔깃해졌다. 북유럽 신화의 난쟁이들은 탐욕스럽고 사악하다. 인간들이나 거인들에게 못된 짓만 골라서 한다. 팔라르와 갈라르도 마침 몸이 근질근질하던 참이었다. 그들은 어느 날 치밀한 계획을 세워 놓고 크바시르를 집으로 초대하여 후하게 대접하는 척하다가 잔인하게 살해했다. 이어 손Son, 보든Bodn, 오드로리르Odrorir라는 3개의 큰 단지에 크바시르의 피를 모두 쏟은 다음 꿀을 섞어 벌꿀 술을 만들었다. 이 술은 누

난쟁이들이 신들의 침으로 탄생한 남자인 크바시르를 죽인 뒤 그의 피로 벌꿀 술을 만들고 있다. 이 술은 지혜와 시에 대한 영감을 주는 것으로 알려져 있다.
프란츠 슈타센Franz Stassen, 〈크바시르를 죽이기Slaying Kvasir〉, 1920년, 채색: 지식서재.

구든 조금만 맛보아도 지혜뿐 아니라 시심詩心이 샘솟는 신기한 술이었다. 게다가 아무리 마셔도 줄어들지 않았다.

　팔라르와 갈라르는 이 술을 집에 숨겨 놓고 심심할 때마다 홀짝홀짝 조금씩 맛보았다. 그때마다 생겨나는 지혜를 나쁜 짓에 사용하기 위해서였다. 그날도 그들이 벌꿀 술을 맛보고 나서 얼마 지나지 않아서였다. 그들의 머릿속에 갑자기 바보 거인 길링Gilling 부부가 떠올랐다. 길링 부부는 호숫가에서 물고기를 잡으며 살고 있었다. 그들은 먼저 남편 길링에게 호수 중앙으로 배를 몰게 하다가 암초로 유도하여 침몰시켰다. 길링은 자신에게 위험한 줄도 모르고 남이 시키는 대로만 할 정도로 우직했다. 이 고의 사고 후에 팔라르와 갈라르는 헤엄을 쳐 살아 나왔지만 수영을 할 줄 몰랐던 길링은 익사하고 말았다.

팔라르와 갈라르는 뭍에 오르자마자 이번에는 길링의 집으로 달려갔다. 길링의 아내는 마침 아무것도 모르고 깊이 잠들어 있었다. 그들은 그녀가 깨지 않도록 살그머니 집 지붕 위로 올라가서는 큰소리로 길링이 사고로 호수에 빠져 죽었다고 외쳤다. 깜짝 놀란 길링의 아내가 엉겁결에 잠에서 깨어 문을 열고 뛰쳐나왔다. 바로 그 순간 문 바로 위 지붕에 있던 두 난쟁이가 들고 있던 맷돌 2개를 그녀의 머리 위로 던져 그녀도 죽였다.

길링의 외아들로 부모와 떨어져 살던 수퉁Suttung이 비보를 듣고 달려와 장례를 치렀다. 그 뒤에 두 난쟁이가 부모를 죽인 원흉이라는 사실을 알아냈다. 분노한 수퉁은 팔라르와 갈라르가 살고 있는 동굴로 달려가 무턱대고 그들의 멱살을 움켜쥐더니 곧장 호수 속으로 들어갔다. 호수의 가장자리는 수퉁의 발목이 잠길 정도로 얕았지만 가운데로 들어갈수록 깊어졌다. 수퉁이 마침내 자신의 목이 잠기는 곳에 이르자 주변을 두리번거렸다. 이윽고 적당한 암초 하나를 발견하고 그곳에 난쟁이들을 단단히 묶었다. 난쟁이들은 이제 영락없이 큰 파도에 부딪쳐 죽을 판이었다. 수퉁이 막 그곳을 떠나려는 순간 난쟁이들이 버둥거리면서 그에게 벌꿀 술의 비밀을 털어놓았다. 목숨을 살려 주면 그 술을 기꺼이 내놓겠다는 것이다.

수퉁은 벌꿀 술을 주겠다는 난쟁이들의 제안에 그들에게 부모를 잃은 원한을 바람결에 날려 버렸다. 그는 얼른 그들을 풀어 주고 그 대가로 벌꿀 술을 받아 신주단지 모시듯 애지중지했다. 벌꿀 술은 수퉁 이외에 아무도 그 맛을 볼 수 없었을 뿐만 아니라 아예 접근이 불가능했다. 수퉁이 험하기로 유명한 흐닛뵤르그Hnitbjorg 산 절벽에 깊은 굴을 파서 그 속에 벌꿀 술을 숨겨 놓고 자신의 딸 군로드Gunnlod에게 지키도록 했기 때문이다.

수퉁이 만약 팔라르나 갈라르처럼 입이 무거웠다면 아마 그 벌꿀 술은 영원히 그의 차지가 되었을지 모른다. 하지만 수퉁은 그 술을 자기가 갖고 있다며 가는 곳마다 자랑하고 다녔다. 그래서 얼마 지나지 않아 벌꿀 술의 비밀이 마침내 신들의 왕 오딘의 귀에까지 들어가게 되었다. 그는 마침 행방이 묘연한 크바시르의 행적을 수소문하고 있던 터였다. 오딘은 앞서 언급했듯이 지혜에 대한 열망이 남다른 신이다. 또한 원래 그 술의 주인을 따져 보면 신들인 만큼 그것을 얼른 회수해야겠다고 마음먹었다.

그렇다고 오딘이 수퉁에게 달려가 소유권을 주장하며 벌꿀 술을 당장 내놓으라고 윽박지른 것은 아니었다. 모든 일은 잡음이 없이 자연스럽게 진행되어야 하는 법이다. 그는 수퉁의 동생인 바우기Baugi를 이용해서 그 벌꿀 술을 찾아오기로 했다. 오딘은 나그네로 변장하고 바우기의 일꾼들이 풀을 베고 있는 넓은 밭으로 갔다. 9명이나 되는 바우기의

수퉁은 벌꿀 술을 자신의 딸 군로드에게 지키게 한다.
안데르스 소른Anders Zorn, 〈군로드Gunnlod〉, 1886년, 종이에 수채, 27×18cm, 개인 소장.

일꾼들은 마침 낫이 잘 들지 않아 애를 먹고 있었다. 오딘은 그들에게 자신의 수많은 별명 중 하나인 '볼베르크Bolverk(악을 행하는 자)'라고 스스로를 소개한 뒤 미리 준비해 간 숫돌을 꺼내 들고 낫을 갈아 주겠다고 자청했다.

오딘이 갈아 준 낫은 일찍이 그렇게 잘 든 적이 없을 정도로 훌륭했다. 그 숫돌의 성능을 눈으로 직접 확인한 일꾼들은 볼베르크가 예상했던 대로 그 숫돌을 서로 자신에게 팔라고 아우성이었다. 급기야 일꾼들이 그 숫돌을 놓고 심하게 다투기 시작하자 볼베르크는 그때를 기다렸다는 듯 가장 먼저 잡는 자에게 팔겠다며 그것을 하늘 높이 던졌다. 숫돌은 얼마나 하늘 높이 올라갔던지 내려올 기미를 보이지 않았다. 하지만 일꾼들은 그 숫돌을 지레 먼저 잡으려다가 몸싸움을 벌이고, 결국 손에 들고 있던 낫으로 이삭을 베듯 서로 목을 베어 모두 죽고 말았다.

볼베르크는 바우기의 일꾼들을 모두 제거하고 나서 며칠 후 다시 나그네로 변장하고 이번에는 바우기를 직접 찾아갔다. 바우기에게 사정사정해서 그의 집에서 하룻밤을 묵었다. 다음 날 아침 바우기는 볼베르크가 예상한 대로 막 짐을 챙겨 떠나려는 그에게 9명이나 되는 일꾼들이 갑자기 모두 죽어 버려 일손이 많이 달린다며 좀 도와 달라고 간청했다. 품삯을 후하게 쳐서 주겠다는 말도 잊지 않았다.

볼베르크는 속으로는 쾌재를 불렀지만 겉으로는 못 이기는 척 그의 청을 들어주겠다며 넌지시 조건을 내걸었다. 자신이 혼자서 9명의 일꾼 몫을 해낼 테니 품삯으로 그의 형 수통이 갖고 있다는 벌꿀 술을 좀 마시게 해 달라는 것이다. 바우기는 형이 벌꿀 술을 내줄 리 만무하다고 생각했지만 볼베르크가 그 정도로 일을 잘할 것이라고도 여기지 않았다.

잠시 고민하던 바우기는 어찌 되든 밑져야 본전이라는 식으로 볼베르크에게 약속만 지켜 준다면 형에게 한번 말은 해 보겠다고 말꼬리를 흐렸다. 바우기의 애매모호한 대답이 떨어지기가 무섭게 볼베르크는 일에 착수했다. 그는 매일 해가 떠서 질 때까지 한순간도 쉬지 않고 열심히 일을 했다. 바우기는 볼베르크가 하루에 해내는 엄청난 양의 일을 보고 그의 말이 허풍이 아니었음을 깨달았다.

볼베르크는 그야말로 일을 하려고 태어난 사람 같았다. 그는 마침내 약속대로 여름철 농번기가 끝날 무렵 맡은 일을 모두 깔끔하게 마무리했다. 이번에는 바우기가 약속을 지킬 차례였다. 그는 확답한 것은 아니었어도 볼베르크의 기세에 눌려 하는 수 없이 그를 데리고 형 수퉁을 찾아갔다. 이어 그동안의 사정을 이야기하며 벌꿀 술 한 모금만 마시게 해 달라고 부탁했다. 하지만 수퉁은 단칼에 동생의 청을 거절하며 협박까지 했다. 다시 한 번 찾아오면 가만두지 않겠다는 것이다.

바우기는 이 정도면 성의는 보였다고 생각했다. 형이 벌꿀 술을 못 주겠다는데 도대체 어쩌겠는가. 하지만 볼베르크는 집요했다. 그는 대담하게도 바우기에게 형의 벌꿀 술을 함께 훔치자고 제안했다. 바우기가 형의 난폭한 성격을 떠올리며 난색을 드러내자 볼베르크는 자신이 해 준 일들을 들먹이며 그를 압박했다. 그 대가로 그만한 것도 못 해 주냐는 식이었다. 결국 바우기는 볼베르크가 내민 라티Rati라는 뾰족한 송곳을 받아들고 흐닛뵤르그 산 절벽에 벌꿀 술이 숨겨진 굴까지 통하는 구멍을 뚫어 주기로 약속했다.

오딘은 수퉁의 동생 바우기를 꼬드겨서 수퉁이 가지고 있는 벌꿀 술을 훔치려 한다.
〈바우기와 오딘Baugi and Odin〉, 18세기 아이슬란드 필사본, 레이캬비크, 아르니 마그누손 연구소.

바우기는 처음에는 송곳으로 열심히 구멍을 뚫었다. 하지만 얼마 안가 싫증이 나자 볼베르크에게 송곳을 건네주며 거짓으로 구멍을 완성했다고 둘러댔다. 볼베르크는 구멍이 진짜 뚫렸는지 알아보기 위해 깊이 숨을 들이마신 다음 구멍 속으로 세게 입김을 불어넣었다. 그러자 구멍 안에 있던 돌먼지가 반대편 굴 쪽으로 날아가지 못하고 볼베르크의 얼굴을 덮쳤다. 볼베르크가 얼굴을 찡그리며 바우기에게 말없이 다시 송곳을 내밀었다. 그것은 부탁이 아니라 거의 협박에 가까웠다.

바우기는 하릴없이 겉으로는 다시 구멍을 뚫을 수밖에 없었지만 속으로는 그를 죽일 궁리를 했다. 드디어 구멍이 완성되자 볼베르크는 다시 한 번 그 속으로 입김을 불어넣었다. 그러자 이번에는 돌먼지가 되돌아오지 않고 입김을 타고 굴 쪽으로 쓸려 나갔다. 바로 그 순간 볼베르크는 잽싸게 매끈한 뱀으로 변신하여 그 구멍 속으로 기어들어 갔다. 바우기도 그에 못지않게 재빨리 송곳으로 뱀 꼬리 쪽을 찔러 보았지만 아쉽게도 녀석은 이미 저 멀리 사라진 뒤였다.

볼베르크가 변신한 뱀은 구멍을 모두 통과하여 벌꿀 술이 숨겨진 굴에 도착하자마자 다시 잘생긴 거인으로 변신했다. 벌꿀 술을 지키고 있던 수퉁의 딸 군로드에게 일종의 미남계를 쓰기 위해서였다. 군로드는 정말 그를 보자마자 첫눈에 사랑에 빠지고 말았다. 볼베르크는 그곳에서 군로드와 사흘 밤낮을 함께 지냈다.

군로드는 딱 사흘 만에 볼베르크의 사랑의 노예로 전락했다. 볼베르크가 벌꿀 술 세 모금만 마시게 해 달라고 부탁하자 모두 다 내어 줄 정도였다. 그런데 볼베르크는 세 모금 만에 3개의 단지에 들어 있던 벌꿀 술을 모두 들이마셨다. 그는 손, 보든, 오드로리르에 들어 있던 벌꿀 술

오딘은 미남계로 군로드를 속여 벌꿀 술을 차지한 뒤에 독수리로 변해 달아난다.
조지 핸드 라이트, 〈오딘과 군로드Odin and Gunnlod〉, 1908년.

을 한 모금에 한 단지씩 한 방울도 남김없이 깨끗이 비워 버린 것이다.

볼베르크는 소기의 목적을 달성하자 미련 없이 군로드를 버리고 다시 뱀으로 변신해 구멍을 빠져나왔다. 이어 절벽에 있던 구멍 입구에서 이번에는 독수리로 변신하여 아스가르드를 향해 쏜살같이 날아갔다. 졸지에 소박을 맞고 영문을 몰라 하던 군로드로부터 뒤늦게 사태를 전해 들은 수퉁도 독수리로 변신하여 전속력으로 그를 추격했다. 시간이 지날수록 아무래도 벌꿀 술을 너무 마셔 몸무게가 불어난 볼베르크가 불리해 보였다.

아스가르드의 신들은 벌꿀 술을 담을 통들을 미리 준비해서 성벽을 따라 죽 늘어놓은 채 독수리로 변신한 수퉁과 오딘이 서로 쫓고 쫓기는 광경을 초조하게 지켜보고 있었다. 두 독수리의 간격이 점점 좁혀지자 어떤 신은 발을 동동 구르기까지 했다. 하지만 오딘이 워낙 일찍 출발한 터라 결국 수퉁의 추격을 뿌리치고 가까스로 먼저 성벽을 넘었다. 코앞에서 오딘을 놓친 수퉁은 몹시 원통했지만 성벽 근처를 선회하다가 돌아갈 수밖에 없었다. 신들을 대적하기는 수적으로 절대 불리할 뿐 아니라 무엇보다도 천둥의 신 토르가 무서웠던 것이다.

오딘은 공중에서 가쁜 숨을 몰아쉬며 성벽을 따라 길게 늘어선 통들 속에 벌꿀 술을 모두 게워 넣은 뒤 아스가르드에 가뿐하게 착륙했다. 이때 오딘이 너무 서두르는 바람에 벌꿀 술 몇 방울이 아스가르드 성벽 밖 미드가르드로 튀었다. 운 좋게 이 벌꿀 술을 찾아내서 마신 인간은 바로 시인이 되었다. 오딘은 또한 기분이 좋을 때면 그 벌꿀 술을 마음에 드는 인간에게 하사하여 시인으로 만들기도 했다. 북유럽 신화에 따르면 인간 세상에서 시인들은 바로 이런 2가지 방법으로 탄생한

독수리로 변신한 오딘은 역시 독수리 모습을 한 수퉁을 따돌리고 무사히 돌아와 훔쳐 마신 술을 통에 게워 낸다. 이 술은 평범한 사람을 시인으로 만드는 힘을 지녔다.

〈수퉁에게 쫓기는 오딘Odin Being Chased by Suttung〉, 18세기 아이슬란드 필사본, 레이캬비크, 아르니 마그누손 연구소.

다. 자신의 노력이나 신의 은총으로 말이다.

성벽을 재건하는 대가로 프레이야를 요구하는 거인

신들과 거인들 사이에 폭풍 전야의 불안한 평화가 지속되던 어느 날, 아스 신들의 파수꾼 헤임달의 귀에 아주 멀리서 들려오는 희미한 말발굽 소리가 감지되었다. 그가 눈을 들어 그쪽을 자세히 바라보니 과연 거인 하나가 말을 타고 천천히 비프로스트 쪽으로 오고 있었다. 헤임달은 앞서 언급했듯이 들판의 풀이나 양의 털이 자라는 소리도 들을 수 있었고 낮이나 밤이나 300마일 밖까지 훤히 내다볼 수 있었다. 헤임달은 북유럽 신화판 걸어 다니는 레이더였던 셈이다.

얼마 지나지 않아 잔뜩 긴장하고 경계를 서고 있는 헤임달에게 말을 탄 거인이 다가오더니 아스 신들을 좀 만나게 해 달라고 부탁했다. 그들에게 제안할 중요한 안건이 하나 있다는 것이다. 거인이 하도 정중하게 구는지라 헤임달은 그를 쫓아 버리지 않고 오딘에게 데려갔다. 오딘은 거인을 직접 만나 보기 전 헤임달로부터 미리 사정을 전해 듣고 즉시 신들의 회의를 소집했다. 아스 신족이 하나도 빠짐없이 회의장인 글라드스헤임 궁전에 모였다. 오딘은 그제야 그 거인을 불러 자신들을 만나러 아스가르드에 온 이유를 물었다.

거인은 자신을 유능한 석공이라고 소개하며 아스 신족과 반 신족의 전쟁 때 부서진 아스가르드의 성벽을 고치지 않겠냐고 물었다. 만약 자신에게 그 일을 맡겨 주면 18개월 만에 어떤 공격에도 절대 부서지지 않는 난공불락의 성벽으로 만들겠다는 것이다. 사실 아스가르드 성벽을 보수하는 일은 아스 신족의 숙원 사업이었다. 거인들이 아스가르드를 호시탐탐 노리고 있는 상황에서 그것은 정말 화급을 다투는 일이었다. 하지만 지금까지 신들 중 누구도 선뜻 나서지 않았다. 먼저 말을 꺼내 책임을 맡기엔 너무 어렵고 복잡한 일이었기 때문이다.

오딘은 거인의 제안에 귀가 번쩍 뜨였다. 하지만 세상 모든 일에는 공짜가 없는 법. 그는 거인에게 그 일의 대가로 원하는 게 뭐냐고 물었다. 거인은 마치 기다렸다는 듯 즉시 자신이 원하는 것은 딱 3가지뿐이라며 뜸을 들였다. 성질이 불같은 토르가 거인에게, 그러니까 그게 뭐냐고 다그쳤다. 그래도 거인이 계속 우물쭈물 말하기를 망설이자 토르는 더 이상 참지 못하고 금방이라도 그에게 묠니르 망치를 던질 기세였다. 그걸 알아차린 거인이 그제야 자신이 원하는 것은 바로 사랑의 여신 프레이야와 하늘을 떠다니는 해와 달이라고 대답했다. 회의장이 갑자기 신들의 웅성거리는 소리로 소란스러워졌다. 그들은 거인의 너무 황당한 요구에 모두 아연실색했던 것이다.

마침 회의장에 앉아 있던 프레이야는 졸지에 거인의 품삯으로 추락해 버린 자신의 초라한 신세가 기가 막혀 황금 눈물을 뚝뚝 떨어뜨렸다. 그녀가 황금 눈물을 흘리기 시작한 것은 남편 '오드Odr' 때문이었다. 프레이야와 오드는 한때 흐노스Hnoss와 게르시미Gersimi라는 두 딸을 둘 정도로 금슬이 좋았다. 그러던 어느 날 방랑벽이 심했던 오드가 아내와 두 딸을 버리고 갑자기 길을 떠나 버렸다. 그러자 슬픔에 잠긴 프레이야가 행방이 묘연한 남편을 찾아 헤매면서 눈물을 흘렸다. 그런데 그녀가 얼마나 애틋하게 울었던지 눈에서 황금 방울들이 흘러내렸다. 프레이야는 남편 오드를 결코 찾을 수 없었으며, 오드는 다시는 프레이야에게로 돌아오지 않았다.

프레이야가 슬피 우는 것을 보고 토르를 비롯한 몇몇 신들은 분통을 터뜨리며 거인의 요구는 결코 받아들일 수 없다고 잘라 말했다. 이 세상에서 사랑이 없어지면 신이나 인간에게나 더 이상 사는 재미가 없을 것이며, 해와 달이 없어지면 세상의 질서가 엉망이 될 것이기 때문이다. 바로 그때 로키가 음험한 눈을 번뜩이며 거인의 제안이 그렇게 단칼에 묵살해 버릴 만큼 자신들에게 불리한 것만은 아니라고 소리쳤다. 한 번 심사숙고해 볼 만한 가치는 있다는 것이다. 오딘은 로키의 항변에 일리가 있다고 생각하고 거인을 잠시 회의장 밖으로 내보낸 다음 회의를 속개했다. 하지만 신들이 아무리 몇 시간이나 쉬지 않고 논의를 해 봐도 대원칙만 하나 정했을 뿐 도대체 마땅한 해법을 마련할 수 없었다. 대원칙이란 바로 성벽 재건이 아무리 중요하다고 해도 신이나 인간에게 꼭 필요한 존재들은 결코 양보할 수 없다는 것이다.

몇 시간째 이어지는 회의에서 신들은 번갈아 가며 의견을 하나씩 제시했다. 가령 토르는 그 거인을 힘으로 제압해서 노예처럼 부려먹자고 제안했다. 하지만 토르의 의견은 손님의 권리를 짓밟음으로써 신들의 명예에 오점을 남긴다는 이유로 부결되었다. 신들이 모두 의견을 개진하는 동안 로키는 경청만 할 뿐 선뜻 나서서 자신의 의견을 말하지 않고 끝까지 침묵을 지켰다. 이제 남은 건 로키 하나뿐이었다. 신들의 생각이 그에 미치자 회의장이 한순간 조용해졌다. 신들의 시선이 모두 로키에게로 향한 채 그가 입을 떼기만을 기다리고 있었기 때문이다.

로키가 그것을 의식하고 눈을 지그시 감고 사색에 잠기더니 묘안이 떠오른 듯 갑자기 눈을 번쩍 떴다. 이어 신들을 향해 거인이 제시한

프레이야는 사랑과 미의 여신이라는 수식어에 걸맞게 여신 중 가장 아름다워서 그녀를 탐내는 이들이 많았다. 아서 래컴, 〈프레이야Freyja〉, 1910년, 《니벨룽의 반지》를 위한 삽화 5번.

18개월의 공사 기간을 3분의 1인 6개월로 줄여 역제안하면 어떻겠냐고 물었다. 아울러 그 이유를 아주 그럴듯하게 설명했다. 누구도 그 기간 안에는 죽었다 깨어나도 그 일을 해내지 못할 것이며, 거인이 자신들의 역제안을 받아들이지 않아도, 혹은 그 일에 착수해서 성공하지 못한다 해도 자신들은 잃을 게 하나도 없다는 것이다.

신들은 모두 무릎을 치며 정말 기발한 아이디어라고 생각하고 로키의 제안에 만장일치로 동의했다. 그래서 오딘은 거인을 다시 회의장으로 불러 요구 조건은 모두 들어줄 테니 공사 기간을 6개월로 줄이라고 요구했다. 거인이 그처럼 짧은 기간에는 그 일은 도저히 불가능하다며 한두 달만이라도 더 늘려 달라고 부탁했지만 오딘의 고집을 꺾을 수 없었다. 결국 거인의 공사 기간은 겨울이 시작되는 첫날인 다음 날부터 여름이 시작되는 첫날까지 6개월로 확정되었다. 하지만 오딘은 이것으로 만족하지 않았다. 그는 거인의 실패에 쐐기를 박고 싶어 더 심한 조건을 하나 더 달았다. 그 기간 안에 누구의 도움도 받지 않고 혼자서 공사를 끝내야 한다고 말이다.

하지만 벼랑 끝까지 몰렸다고 생각한 거인은 더 이상 양보할 수 없었다. 그는 오딘에게 자신이 타고 온 '스바딜파리Svadilfari'라는 말만은 쓸 수 있게 해 달라고 강력하게 요구했다. 거인은 만약 자신의 요구가 받아들여지지 않는다면 자신도 더 이상 성벽 재건을 맡지 않겠다고 배수진을 쳤다. 이 말을 듣고 로키까지 나서 오딘에게 거인의 요구를 들어주라고 충고했다. 거인과 타협이 이루어지지 않으면 부서진 성벽을 조금이라도 고칠 수 없다는 것이다. 오딘은 결국 못 이기는 척 거인의 청

장난꾸러기의 신 로키는 잘생긴 데다 꾀가 많은 것으로 알려져 있다.
아서 래컴, 〈로키Loki〉, 1911년, 《니벨룽의 반지》를 위한 삽화 6번.

을 들어줄 수밖에 없었다. 그는 또한 거인의 요구대로 공사 기간에 철저한 신변 보장도 약속했다.

그다음 날부터 바로 시작된 거인의 성벽 보수 작업은 그야말로 번갯불 번쩍이듯 빠르게 진행되었다. 거인은 밤이 되자 수레 대신 성긴 그물을 길게 매단 스바딜파리를 데리고 채석장으로 나갔다. 거인의 힘은 실로 엄청났다. 그와 대적할 만한 신은 토르밖에 없을 정도였다. 스바딜파리의 힘도 마찬가지였다. 거인이 달빛을 벗 삼아 채석장에 지천으로 깔려 있는 돌들을 주워 그물에 가득 실으면 스바딜파리는 힘든 기색이 전혀 없이 그것을 질질 끌고 성벽 쪽으로 올라갔다. 거인과 스바딜파리의 돌 나르는 작업은 밤새 계속되었다. 낮이 되면 거인은 부서진 성벽 근처에 돌들을 차곡차곡 쌓아 올렸다. 하루가 다르게 성벽이 점점 옛 모습을 갖추어 나갔다.

거인과 스바딜파리는 매일 거의 잠도 자지 않고 그렇게 밤에는 돌을 나르고 낮에는 성벽을 쌓아 갔다. 마침내 여름이 시작되려면 3일이 남았을 무렵 부서진 성벽이 거의 재건되었다. 거인과의 내기에서 틀림없이 자신들이 이길 것이라고 확신했던 신들은 어느 날 부서진 성벽 기단에 우뚝 솟은 새로운 성벽들을 보고 깜짝 놀랐다. 이제 남은 것은 부서진 성문 하나뿐이었다. 앞으로 3일만 지나면 그 성문도 완성될 것은 불을 보듯 뻔했다. 오딘은 결과가 예상과는 다르게 나오자 대비책을 마련하기 위해 당장 신들의 회의를 소집했다. 하지만 아무도 뾰족한 방법을 내놓지 못하고 우왕좌왕할 뿐이었다. 사랑의 여신 프레이야의 울음보도 다시 터져 주변이 온통 눈물 모양의 황금으로 쌓여 갔다.

신들은 결국 이 모든 사태의 책임을 로키에게 돌렸다. 거인의 제안을 받아들이자고 한 것이 바로 로키였기 때문이다. 신들이 모두 로키에게 비난의 화살을 돌리며 그를 성토하자, 오딘도 갑자기 떠오르는 기억이 있어 로키에게 성큼성큼 다가가 두 손으로 멱살을 움켜쥐었다. 이어 로키가 거인에게 스바딜파리를 쓰게 하자고 고집을 피우지만 않았더라도 이런 사태가 벌어지지 않았을 것이라며 그에게 무조건 책임지라고 윽박질렀다. 로키가 캑캑거리며 신들이 모두 만장일치로 동의한 사안이라고 아무리 변명을 해 보아도 오딘은 더욱더 세게 그의 목을 죄어 올 뿐이었다. 로키는 어쩔 수 없이 오딘에게 어떤 희생을 치르더라도 반드시 비극은 막겠다고 맹세하고서야 비로소 그의 손에서 벗어날 수 있었다. 그 이후로 로키는 깊은 생각에 잠겨 어디론가 총총히 사라졌다.

어느덧 거인과 신들이 약속한 날이 하루밖에 남지 않았다. 이제 내일 낮이면 성문 보수도 끝날 참이었다. 거인은 마지막 저녁이 되자 여느 때처럼 작업에 쓸 돌을 구하려고 스바딜파리의 고삐를 잡고 채석장으로 향했다. 채석장이 있는 들판으로 가려면 꽤 긴 숲을 지나야 했다. 그런데 거인이 막 숲을 벗어나려고 하는 순간 숲속에서 갑자기 매끈하게 잘빠진 암말 한 마리가 튀어나왔다가 홀연히 숲속으로 사라졌다. 달빛에 얼핏 비친 암말의 엉덩이는 통통하게 살이 올라 건드리면 금방이라도 터질 듯했다. 수말이었던 스바딜파리가 그 모습을 놓칠 리 없었다. 게다가 녀석은 암말이 잔뜩 풍기고 간 암내를 맡자 그만 정신을 잃고 어쩔 줄 몰라 했다. 결국 스바딜파리는 발광하여 몸부림치다가 급기야 고삐를 끊고 암말이 사라진 곳을 향해 미친 듯이 달려갔다.

당황한 거인은 잽싸게 스바딜파리를 잡으려고 뒤따라갔지만 보통 말도 따라가기 힘든데 더구나 발정난 말을 어느 누가 따라잡을 수 있겠는가? 거인은 밤새도록 숲속을 헤매면서 욕설을 퍼붓기도 하고 달래기도 하면서 스바딜파리의 꽁무니를 쫓아다녀 봤지만 결코 녀석의 마음에 휘몰아친 사랑의 광기를 진정시킬 수 없었다. 암말이 자신에게 마음을 빼앗긴 스바딜파리를 이용해서 거인을 밤새도록 실컷 농락했기 때문이다.

새벽에 동이 트기 시작하자 거인은 너무 지친 나머지 스바딜파리를 단념하고 하릴없이 숙소로 돌아왔다. 그러자 얼마 지나지 않아 녀석도 그에게 돌아왔다. 하지만 거인은 이제 얼마 남지 않은 시간으로는 성문을 완벽하게 보수하는 것이 어렵다는 것을 깨달았다. 밤에 채석장에서 성문 근처로 날라 둔 돌이 하나도 없었기 때문이다.

거인은 자신이 오래전부터 치밀하게 계획했던 일이 하루아침에 모두 수포로 돌아가자 마침내 그동안 꾹꾹 눌러 두었던 특유의 폭력성을 드러내기 시작했다. 그는 자신이 일을 망치게 된 것은 신들이 꾸민 음모 탓이라고 생각했다. 그래서 글라드스헤임에서 벌어진 신들과의 마지막 연회에서 술에 취해 그들에게 분통을 터뜨리며 온갖 욕설을 퍼부어 댔다. 심지어 신들을 사기꾼이라고 비난하며 지난 밤 스바딜파리를 꾀어 자신의 일을 망친 범인을 당장 색출해 내라고 고함을 질러 댔다. 신들이 절대로 그런 일을 한 적이 없다고 아무리 해명을 해도 거인은 글라드스헤임의 집기들을 던져 부수며 점점 더 폭력적으로 변해 갔다.

신들은 비록 예전에 거인에게 신변 보장을 약속한 적이 있더라도 이제 더 이상 참는 것은 무리라고 생각했다. 그들은 은밀하게 전령 신 헤르모드를 시켜 마침 아스가르드를 떠나 외근 중이었던 천둥의 신 토르에게 급히 도움을 요청했다. 토르는 글라드스헤임에 들어서자마자 고

천둥의 신 토르는 던지면 항상 표적에 명중하고 자신에게 돌아오는 망치 묠니르로 거인들을 죽인다.
아서 래컴, 〈토르Thor〉, 1911년, 《니벨룽의 반지》를 위한 삽화 16번.

래고래 고함을 지르며 행패를 부리는 거인을 향해 잽싸게 망치를 던졌다. 토르의 망치 묠니르는 한 번도 주인을 실망시킨 적이 없었다. 이번에도 그것은 거인의 두개골을 정통으로 맞혀 단 한 방에 그를 죽은 자들의 세계인 헬헤임으로 보내 버렸다. 글라드스헤임에 다시 평화가 찾아왔다.

그렇다면 로키는 그동안 어디로 사라졌던 것일까? 그는 오딘에게 한 맹세를 지킨 것일까? 사실 거인의 말 스바딜파리를 유혹한 암말은 로키가 변신한 것이었다. 로키는 고심 끝에 거인의 작업을 방해하기 위해 거인의 충복 스바딜파리를 유혹하는 우회적인 방법을 택한 것이다. 그는 암말로 변신해서 일종의 미인계를 썼던 것이다. 몇 달이 지나자 로키는 미드가르드에서 망아지 1마리를 데리고 무지개다리 비프로스트를 건너 아스가르드로 돌아왔다. 그 말은 바로 암말로 변신한 로키가 스바딜파리와의 사이에서 낳은 말로 '슬레이프니르Sleipnir'라 불렸다.

슬레이프니르는 이 세상에서 가장 뛰어난 회색 말이었다. 녀석은 또한 신기하게도 다리가 8개였으며 육지나 물속이나 하늘을 똑같은 속도로 미끄러지듯 빠르게 달릴 수 있었다. 슬레이프니르라는 이름도 '미끄러지는 자'라는 뜻이다. 어떤 학자에 따르면 슬레이프니르의 8개 다리는 죽은 사람의 관을 메는 네 사람의 다리를 상징한다. 슬레이프니르는 원래 죽은 자를 태우고 지하세계로 데려가는 말이라는 뜻이다. 오딘도 나중에 이 말을 타고 발데르가 죽기 전에 꾼 불길한 꿈을 해몽하기 위해 지하세계로 내려간다.

오딘이 다리 8개 달린 명마 슬레이프니르를 타고 있다. 이 말은 암말로 변신한 로키가 낳았다.
아서 래컴, 〈슬레이프니르를 타고 있는 오딘(보탄)Wotan on Sleipnir〉, 1911년, 《니벨룽의 반지》를 위한 삽화 31번.

신들에게 보물을 선사한 '시프의 머리카락 도난 사건'

변신의 귀재 로키는 원래 가만히 있지 못하는 성격이다. 그는 아무런 변화가 없이 밋밋하게 시간을 보내는 것을 가장 싫어한다. 그는 쉴 새 없이 움직이고 다른 신들 모르게 뭔가를 꾸미는 걸 재미있어 한다. 무슨 이유가 있어서 그런 것은 아니다. 그냥 조용히 있으면 미칠 것 같기 때문이다. 그가 어느 날 토르의 아내 시프의 머리카락을 훔쳐야겠다고 생각한 것도 바로 그런 때였다. 그는 신들의 향연이 있을 때면 시프가 자신의 기다란 황금빛 붉은색 머리카락을 매만지며 신들에게 은근히 자랑스럽게 내보이는 게 눈에 거슬렸다.

로키는 우선 토르의 집 근처에 매복해 있다가 토르가 외출하는 것을 확인한 다음 담을 넘어 시프의 방으로 미끄러지듯 숨어들어 갔다. 시프는 마침 꿀맛 같은 낮잠을 즐기고 있었다. 자고 있는 시프의 머리에서 허리께까지 길게 드리운 머리카락이 마치 가을날 벼 이삭처럼 황금빛을 발산하며 절로 치렁댔다. 로키는 칼을 빼어 들고 얼른 시프의 탐스런 머리카락을 싹둑 잘라 손에 들더니 잽싸게 담을 넘어 토르의 집을 빠져나왔다.

얼마 후 낮잠에서 깨어난 시프는 왠지 머리 부분이 허전한 것을 깨닫고 거울을 보고서야 자신의 머리카락이 송두리째 감쪽같이 사라진 것을 발견했다. 그녀는 발을 동동 구르며 어찌할 바를 몰랐다. 그저 하늘이 무너진 듯 목 놓아 울기만 했다. 시프에게 머리카락은 자존심이자 마치 삼손의 머리카락처럼 살아가는 힘의 원천이었기 때문이다. 토르가 집으로 돌아왔을 때 시프는 울다 지친 나머지 거의 실신하기 직전 상태였다.

장난을 치지 않으면 못 견디는 로키는 토르의 아내 시프의 머리카락을 잘라 버린다.
캐서린 파일, 〈시프의 머리카락을 자르는 로키Loki Cuts Sif's Hair〉, 1930년.

토르는 우선 아내를 달랜 다음 감히 이런 짓을 저지를 녀석은 천둥벌거숭이 로키밖에 없다고 생각했다. 그는 외부에는 아내의 머리카락 도난 사건을 함구하고 은밀히 로키의 행방을 수소문했다. 그다음 그를 급습하여 목을 움켜쥐고 다짜고짜 아내의 머리카락을 내놓으라고 다그쳤다. 처음에는 완강히 부인하던 로키는 점점 더 목을 조여 오는 토르의 기세에 눌려 이러다가는 목숨을 잃겠다고 생각했다. 그래서 범행 일체를 자백하고 시프의 머리카락을 원상 복구해 놓겠다고 약속하고서야 비로소 토르의 손에서 풀려났다.

하마터면 큰일을 치를 뻔했던 로키는 안도의 한숨을 내쉬었다. 이어 옷매무새를 고치고 토르를 쳐다보며 특유의 시니컬한 웃음을 던진 채 얼른 발걸음을 떼기 시작했다. 머리 회전이 빠른 로키는 토르가 자신의 목을 옥죄고 있을 때 이미 머릿속으로 대책을 마련해 두었던 것이다. 그는 비프로스트를 건너 미드가르드로 내려가더니 곧장 난쟁이들이 사는 동굴들이 미로처럼 얽혀 있는 땅속으로 내려갔다. 이윽고 그가 발을 멈춘 곳은 솜씨 좋기로 유명한 이발디Ivaldi의 아들들이 살며 대장간을 운영하고 있던 커다란 동굴 앞이었다.

그는 문패를 확인하고 이내 동굴 안으로 들어가더니 풀무질에 여념이 없는 이발디의 아들들에게 사정을 말하고 황금으로 시프의 머리카락을 복원해 달라고 부탁했다. 그러니까 시프의 머리에 착 달라붙는 미세한 황금 가발을 만들어 달라는 것이었다. 그들이 대가를 요구하자 로키는 자신이 필요하면 언제든지 그들의 힘이 되어 주겠으며, 게다가 만약 그런 머리카락을 만들 수 있다면 틀림없이 신들의 칭찬을 받을

북유럽 신화에 나오는 난쟁이들은 손재주가 좋아 대장장이로 등장하는 경우가 많다.
아서 래컴, 〈지그프리트를 위해 칼을 만드는 난쟁이 미메Mime Works on a Sword for Siegfried〉, 1911년,
《니벨룽의 반지》를 위한 삽화 35번.

것이라고 얼렁뚱땅 둘러댔다.

난쟁이들은 로키의 말이 별로 실속은 없지만 약간의 황금과 수고만 들이면 되는 일이었기에 그리 손해 보는 일은 아니라고 생각했다. 그래서 그들은 즉시 작업에 착수했다. 풀무질을 해대며 황금을 녹여 머리카락처럼 가느다란 실 가닥을 뽑아내더니 순식간에 사라진 시프의 머리카락보다도 더 섬세하고 아름다운 황금 가발을 만들어 로키에게 내밀었다. 로키가 그 가발을 손에 들고 살짝 입김을 불어 보자 마치 바람결에 머리카락이 휘날리듯 가볍게 살랑거렸다. 로키는 만족한 듯 얼굴에 가득 웃음을 띠었다.

로키가 기뻐하는 모습에 고무된 듯 이발디의 아들 중 하나가 마침 최고조에 이른 용광로의 불꽃이 아깝다며 다른 형제에게 신들이 기뻐할 선물을 2개 더 만들자고 제안했다. 그가 수락의 뜻으로 고개를 끄덕이자 그들의 공동 작업이 다시 시작되었다. 그들은 한참 망치질을 하며 뚝딱거리더니 금세 궁니르Gungnir라는 창과 스키드블라드니르Skidbladnir라는 배를 만들어 각각 오딘과 프레이르에게 갖다 주라며 로키에게 건네주었다. 시프의 황금 가발에 덤으로 2개의 보물까지 받은 로키는 연거푸 고맙다는 말을 해대며 이발디 아들들의 동굴을 나섰다.

로키가 막 형제의 동굴을 빠져나왔을 때 그에게 갑자기 좋은 생각이 하나 떠올랐다. 그래서 곧장 지상 미드가르드를 거쳐 아스가르드로 가지 않고, 기억을 더듬어 지하 골목길을 약간 헤매고 돌아다닌 끝에 또 다른 형제 대장장이인 에이트리Eitri와 그의 동생 브로크Brokk의 동굴을 찾아 안으로 성큼 들어섰다. 형제는 낯익은 로키를 보자 반색을 하며 맞이했지만 막상 그의 손에 들려 있는 3가지 보물들을 보고는 로키보다 그것들에 더 관심을 보였다. 로키는 기다렸다는 듯 실컷 구경하라며 슬며시 보물들을 형제들 앞으로 내밀었다.

형제들은 얼른 보물들을 손에 받아들더니 한참 동안 구석구석 자세히 살펴보았다. 그들이 시기와 우월감이 뒤섞인 마음으로 보물들을 실컷 뜯어보았다고 생각되었을 때 로키는 경쟁심을 부추길 요량으로 그들도 이처럼 훌륭한 보물을 만들 수 있는지 물었다. 그러자 자존심이 상한 에이트리와 브로크는 거의 동시에 자신들은 그것보다 훨씬 뛰어난 보물을 만들 수 있다고 대답했다. 그 순간 로키는 단호하게 그들의 말을 부정하며 그것들보다 더 훌륭한 보물을 만들 수 없다는 데에 자신의 머리를 걸겠다고 외쳤다.

이 말을 듣는 순간 분노한 난쟁이 형제는 로키의 제안을 받아들여 곧바로 작업에 들어갔다. 그들은 이번이야말로 건방진 로키의 버르장머리를 고쳐 줄 수 있는 절호의 기회라고 생각했다. 그래서 로키에게 술을 한잔 권하며 잠깐만 기다리라고 한 뒤 대장간으로 들어갔다. 그들은 철저하게 분업해서 작업을 했다. 형 에이트리가 황금을 두드려 만들고자 하는 형상을 만들면 동생 브로크는 그것을 용광로에 넣고 풀무질로 불의 세기를 조절하며 작품을 완성하는 식이었다. 누구 하나 자신의 일을 소홀히 하면 작품이 제대로 나올 리 없었지만 지금까지 그들은 완벽한 짝을 이루며 전혀 나무랄 데 없는 보물들을 만들어 냈다.

이번에도 에이트리는 커다란 황금 조각 하나를 용광로에 넣어 시뻘겋게 달군 다음, 모루 위에 올려놓고 망치로 한참을 두들겨 염두에 두었던 형상을 만들고 다시 용광로 속에 넣었다. 그러자 브로크가 불의 세기를 보아 가며 풀무질을 하기 시작했다. 에이트리는 동생 브로크가 못 미더운 듯 한동안 동생이 풀무질을 하는 것을 지켜보다가 자신이 돌아올 때까지 어떤 일이 있어도 풀무질을 멈추어서는 안 된다고 당부하고는 잠시 머리를 식히기 위해 대장간을 나섰다.

브로크가 열심히 풀무질을 하고 있는 동안 갑자기 곤충이 날아와 그의 손등에 앉더니 가볍게 침을 쏘고 다시 날아갔다. 브로크는 손등 쪽을 한순간 슬쩍 쳐다보기는 했지만 풀무질을 중단하지 않고 계속했다. 얼마 후 다시 대장간으로 들어온 에이트리는 용광로에서 굴린부르스티Gullinbursti라는 황금 털이 달린 수퇘지 한 마리를 꺼냈다.

에이트리는 첫 번째 작품이 마음먹은 대로 나오자 또 다시 커다란 황금 조각 하나를 용광로에 넣어 시뻘겋게 달군 다음 모루 위에 올려놓고 망치로 한참을 두들겨 두 번째로 염두에 두었던 형상을 만든 다음, 다시 용광로 속에 넣었다. 이어 예전처럼 브로크에게 자신이 돌아올 때까지 어떤 일이 있어도 풀무질을 멈추어서는 안 된다고 당부하고는 다시 자리를 비웠다.

브로크가 다시 풀무질에 여념이 없는 사이 이전과 똑같은 곤충이 어디선가 갑자기 또 날아오더니 이번에는 브로크의 목에 앉아 따갑게 침을 쏘고는 날아갔다. 브로크는 이번에는 예전과는 달리 약간 놀라 움찔했지만 정신을 바짝 차리고 펌프질은 멈추지 않았다. 얼마 후 에이트리가 돌아와 용광로에서 단단하게 벼리어진 드라우프니르Draupnir라는 황금 반지 하나를 꺼냈다.

에이트리는 두 번째 작품도 제대로 나오자 이번에는 커다란 쇠 조각 하나를 용광로에 넣고 시뻘겋게 달군 다음 모루 위에 올려놓고 망치로 한참을 두들겨 세 번째로 염두에 두었던 형상을 만든 다음, 다시 용광

로키는 난쟁이 형제와 내기를 한 뒤 곤충으로 변해 그들의 작업을 방해한다. 그림 왼쪽 위로 곤충이 보인다.
아서 래컴, 〈난쟁이 형제의 작업을 방해하기 위해 곤충으로 변신한 로키Loki, in the Shape of a Fly, Disturbs the
Dwarf Brokkr who is Working the Bellows while his Brother Eitri is Making the Hammer Mjolnir〉, 1907년, 채색: 지
식서재.

로 속에 넣었다. 이어 마찬가지로 동생 브로크에게 자신이 돌아올 때까지 어떤 일이 있어도 풀무질을 멈추어서는 안 된다고 당부하고는 다시 자리를 비웠다.

브로크가 다시 열심히 풀무질을 하고 있는 동안 이전과 똑같은 곤충이 어디선가 갑자기 또 날아오더니 이번에는 브로크의 미간에 앉아 두 눈꺼풀에 차례로 침을 세차게 쏜 다음 날아갔다. 그러자 이번에는 상처에서 피가 나서 두 눈 속으로 흐르는 바람에 앞이 보이지 않아 브로크는 불길을 조절할 수 없었다. 답답한 마음에 브로크가 얼른 풀무질하던 오른손을 들어 피를 닦아 냈다. 비록 한순간이었지만 불길은 눈에 띄게 잦아들고 말았다.

바로 그때 대장간으로 들어서던 에이트리가 그 광경을 보고 깜짝 놀라 부리나케 달려오더니 일을 망칠 셈이냐며 동생을 심하게 꾸짖었다. 놀란 동생이 오른손으로 다시 풀무질을 시작하자 불길이 다시 살아나기 시작했다. 에이트리는 그것을 보충하려는 듯 이번 작품은 이전보다 약간 오래 용광로 속에 놓아두었다. 그 때문이었을까? 얼마 후 에이트리가 용광로에서 꺼낸 묠니르라는 망치는 그가 계획한 것보다 손잡이가 약간 짧았다.

3개의 작품이 모두 완성되자 에이트리는 동생 브로크에게 그것들을 갖고 로키와 함께 아스가르드로 가서 신들에게 놀라운 신통력을 설명해 주고 그야말로 타의 추종을 불허하는 최고의 보물이라는 것을 입증받은 다음에, 약속대로 건방진 로키의 머리를 받아 오라고 부탁했다. 브로크가 3개의 보물을 손에 들고 대장간에서 나오자 여전히 술을 마시고 있던 로키가 반색을 하면서도 약간 머쓱한 표정을 지었다. 사실

에이트리와 브로크는 이발디의 아들들이 만든 황금 가발과 창과 배보다 더 훌륭한 작품을 만들기로 한
다. 그렇게 추가로 탄생한 3개의 선물이 황금 수퇘지, 황금 반지, 그리고 토르의 트레이드마크가 될 망치
다. 엘머 보이드 스미스Elmer Boyd Smith, 〈세 번째 선물The Third Gift〉, 1902년, 채색: 지식서재.

열심히 풀무질을 하던 브로크에게 3번이나 나타나 훼방을 놓았던 곤충은 바로 로키였기 때문이다.

로키가 난쟁이 브로크를 대동하고 6개나 되는 보물을 가지고 아스가르드에 나타나 상황을 설명하자 신들은 곧 글라드스헤임 궁전에서 회의를 개시했다. 그들은 논의의 끝에 이발디의 아들들이 만든 보물들과 브로크 형제가 만든 보물들 중 어느 것이 더 훌륭한지를 판단할 심판관으로 오딘과 토르와 프레이르를 선출했다. 먼저 로키가 3명의 심판관 앞에서 이발디의 아들들이 만든 보물들이 지닌 신통한 능력에 대해 설명했다.

로키는 제일 먼저 원래 목적이었던 황금 가발을 시프에게 내밀며 그녀의 예전 머리카락과 비교했을 때 전혀 손색이 없으며 더 훌륭할 것이라고 말했다. 과연 시프가 그것을 머리에 쓰자마자 그것은 가발이라고는 전혀 눈치챌 수 없을 정도로 머리에 착 달라붙었으며 예전의 생머리보다 더 윤기가 흘렀고 더 부드럽게 출렁거렸다. 신들은 시프의 새 머리카락을 보고 모두들 탄성을 질렀다. 시프도 거울에 비친 자신의 머리카락을 보고 무척이나 흡족한 표정을 지었다. 그제야 토르는 화를 풀고 로키를 향해 고개를 끄덕이며 고마운 마음을 전했다.

로키는 두 번째로 신들에게 궁니르라는 창을 내보이며, 그 창은 한 번 던지면 절대로 과녁에서 벗어나지 않는다고 하면서 이발디의 아들들이 신들의 왕 오딘에게 주는 선물이라며 그에게 창을 건네주었다.

로키는 마지막으로 신들에게 스키드블라드니르라는 배를 내보이며, 그 배는 아스가르드의 신들이 모두 완전무장을 하고 탈 수 있을 만큼 아주 크며, 바람이 불지 않아도 저절로 돛을 팽팽히 부풀려 쏜살같이

난쟁이들이 오딘을 위해 만들어 준 창 궁니르는 이후 오딘의 트레이드마크가 된다.
페르디난트 레케Ferdinand Leeke, 〈브룬힐드에게 작별 인사를 하는 오딘(보탄)Wotan Bidding Farewell to Brunhild〉, 1908년대, 캔버스에 유채, 167×125cm, 개인 소장.

달릴 수 있고, 더구나 종이처럼 마음대로 접어서 간편하게 보따리나 호주머니에 넣어 가지고 다닐 수 있다고 자랑을 늘어놓으며 이발디의 아들들이 풍작의 신 프레이르에게 주는 선물이라며 그에게 건네주었다.

로키의 설명이 끝나자 이번에는 브로크의 차례였다. 그는 맨 먼저 신들에게 드라우프니르라는 반지를 내보이며, 그 반지는 겉으로는 평범해 보여도 9일이 지나면 똑같은 반지가 8개나 생겨나는 신비한 물건이라고 소개했다. 이어 신들의 왕 오딘에게 바치는 선물이라며 그에게 건네주었다.

브로크는 두 번째로 신들에게 굴린부르스티라는 수퇘지를 내보이며, 녀석은 땅 위든 땅 아래든 바다든 하늘이든 어디든 다닐 수 있으며, 어떤 말도 따라잡을 수 없을 만큼 빠르다고 소개했다. 또한 녀석은 칠흑 같은 어두운 밤이나 땅 밑 지하에서도 환하게 길을 밝히며 달릴 수 있다고 강조했다. 황금으로 된 녀석의 털이 빛을 발하여 주변을 환하게 비춰 준다는 것이다. 브로크는 말을 마친 뒤 그 수퇘지는 프레이르에게 바치는 선물이라며 그에게 건네주었다.

브로크는 마지막으로 신들에게 묠니르라는 망치를 내보이며, 이 망치는 손잡이가 약간 짧은 게 흠이지만 어떤 무기도 절대 그것을 부서뜨릴 수 없고, 던진 자의 힘을 모두 쏟아 넣을 수도 있으며, 아무리 멀리 던져도 부메랑처럼 다시 던진 손으로 돌아오기 때문에 잃어버릴 위험이 전혀 없고, 마음만 먹으면 언제든지 아주 조그맣게 만들어서 호주머니나 옷깃에 숨길 수 있다고 소개했다. 그런 다음 토르에게 주는 선물이라며 그에게 건네주었다.

로키와 브로크가 보물들을 하나씩 소개할 때마다 신들은 경탄을 금

난쟁이들이 토르를 위해 만들어 준 망치 묠니르는 이후 토르의 트레이드마크가 된다.
찰스 에드먼드 브록Charles Edmund Brock, 〈요르문간드와 싸우는 토르Thor Fights Jormungand〉, 1930년.

치 못했지만 특히 마지막 묠니르를 설명할 때 반응이 가장 뜨거웠다. 그래서 오딘과 토르와 프레이르가 6개의 보물 중 가장 빼어난 것을 정하기 위해 숙고에 들어갔지만 결정하기까지는 그리 오래 걸리지 않았다. 각각의 보물들이 모두 신비한 힘을 갖고 있지만 망치 묠니르를 따라갈 수 없다고 결론지었다. 묠니르는 무엇보다도 자신들을 거인들의 공격으로부터 막아 줄 수 있는 최상의 무기로 여겨졌기 때문이다.

신들의 왕 오딘이 세 심판관을 대표해서 가장 좋은 보물은 토르에게 떨어진 망치 묠니르라고 선언하자 브로크는 환호성을 질렀다. 내기에 져 궁지에 몰린 로키는 그만 사색이 되고 말았다. 그래서 브로크가 약속대로 로키의 머리의 소유권을 요구하며 다가오자 손사래를 치며 자신의 머리 대신 그 크기만큼 금을 줄 테니 제발 진정하라고 부탁했다. 하지만 브로크는 로키의 제안에 콧방귀를 뀌며 마치 죽음의 사자나 된 것처럼 점점 로키에게로 가까이 다가갔다. 그러자 로키는 살며시 뒷걸음질을 치더니 몸을 돌려 줄행랑을 치기 시작했다.

갑자기 허를 찔린 브로크가 로키를 추격하려 했지만 로키는 이미 멀찌감치 꽁무니를 빼 버린 뒤였다. 로키는 땅 위에서든 바다 위에서든 심지어 하늘에서도 아주 빨리 달릴 수 있는 신발을 신고 있어 번개처럼 빨랐기 때문이다. 발을 동동 구르던 브로크가 토르에게 하소연을 했다. 묠니르처럼 좋은 선물을 주었으니 약속을 어기고 달아난 로키를 제발 잡아 달라는 것이다. 인정 많은 토르가 브로크의 요구를 거절할리 없었다. 토르는 한참을 수소문하며 로키의 행방을 찾아다니다가 마침내 그를 붙잡아 브로크에게 데려왔다.

브로크가 로키의 머리를 얻기 위해 칼을 들어 막 그의 목을 치려는 순간 로키의 머릿속에 절체절명의 위기를 모면할 수 있는 기발한 아이디어가 떠올랐다. 로키는 머리는 주겠다고 했지만 목은 안 된다고 외쳤다. 말하자면 약속대로 자신의 머리는 가져가도 좋지만 목은 상하지 않게 하라는 거였다. 이에 브로크도 지지 않고 로키에게 그러면 머리 쪽에 붙어 있는 입은 자신들의 것이니 항상 화근이 되는 그것이라도 꿰매 버리겠다고 응수했다.

하지만 브로크가 평소 허리춤에 넣고 다니던 칼을 꺼내 로키의 입술에 구멍을 뚫어 꿰려 했지만 도무지 입술에 칼이 들어가지 않았다. 그의 칼이 뾰족하긴 했지만 아무리 용을 써도 로키의 입술에 상처 하나 낼 수가 없었다. 난감해하던 브로크는 갑자기 에이트리 형이 늘 갖고 다니던 아주 뾰족한 송곳을 떠올렸다. 그가 형의 송곳을 아쉬워하자마자 신기하게도 갑자기 그의 발 앞에 형의 송곳이 어디선가 쏜살같이 날아와 떨어졌다. 브로크는 얼른 그 송곳을 들어 로키의 입술에 찔러 보니 과연 쉽게 구멍이 뚫어졌다.

브로크는 로키의 입술에 빙 둘러서 구멍들을 낸 다음 허리춤의 가죽 벨트를 풀어 길고 가늘게 잘라 만든 끈을 그 구멍들에 넣고 단단히 묶어 버렸다. 로키는 무척 고통스러웠지만 입이 막혀 신음소리도 내지 못했다. 그는 브로크의 형벌 작업이 끝나자마자 입 아래가 온통 피범벅이 된 채 곧장 글라드스헤임을 뛰쳐나왔다. 이어 얼른 손으로 가죽 끈을 푼 다음 고통스러운 입 주위를 손으로 부여잡았다. 궁전 안쪽에서는 신들이 여전히 즐겁게 웃는 소리가 생생하게 들려왔다. 깊은 수치심을 느낀 로키는 언젠가 반드시 복수를 하겠다고 다짐하며 급히 자신만이 아는 처소로 발걸음을 옮겼다. 우선 상처를 치료하는 게 급선무였다.

프레이야로 여장하고 거인 트림 일당을 처치하는 토르

토르는 어느 날 아침 일찍 눈을 채 뜨기도 전에, 언제나 그런 것처럼 손으로 머리맡을 더듬거렸다. 잠들기 전 항상 그곳에 놓아둔 망치 묠니르를 잡기 위해서였다. 그런데 침대 이불 속에서 아무리 손으로 머리맡을 이리저리 헤집어 보아도 망치가 손에 잡히지 않았다. 불길한 생각에 벌떡 일어나 눈을 크게 뜨고 살펴보니 망치가 감쪽같이 사라지고 없었다.

토르의 망치는 신들이 예상한 대로 지금까지 아스가르드의 방어막 역할을 톡톡히 해냈다. 그동안 수많은 거인들이 겁도 없이 아스가르드를 넘보다가 토르의 망치를 맞고 단 한 방에 맥없이 쓰러지곤 했기 때문이다. 그래서 거인들은 모두 토르의 망치 소리만 들어도 벌벌 떨 정도였다. 이제 망치가 사라진 것이 알려지면 아스가르드에 거인들이 자주 출몰하여 법석 떨 것이 불 보듯 뻔했다.

토르는 아내 시프의 머리카락 도난 사건이 일어난 지 얼마 지나지 않은 터라 이번에도 로키의 짓이라고 생각하고 당장 그를 불러 망치를 내놓으라고 다그쳤다. 로키는 억울하기 짝이 없었다. 얼마 전 모든 신들이 보는 앞에서 난쟁이 브로크에게 된통 창피를 당한 뒤 아스가르드 근처에는 얼씬도 하지 않았기 때문이다. 하지만 토르가 자꾸만 자신을 범인으로 몰아가는 바람에 이대로 가다간 로키는 영락없이 범인이 될 판이었다.

로키는 하는 수 없이 토르에게 자신이 반드시 범인을 알아내 결백을 증명해 보이겠다는 말만 남기고 자리를 박차고 일어났다. 그길로 폴크방 궁전으로 사랑의 여신 프레이야를 찾아가 전후 사정을 얘기하고 그녀의 트레이드마크인 매의 날개를 빌려 달라고 부탁했다. 프레이야가

토르의 무기 묠니르는 거인들에게 공포의 대상이었다.

오스카르 몬텔리우스Oscar Montelius, 〈묠니르의 펜던트Mjolnir pendant〉, 1877년, 스웨덴 욀란드Öland 섬의 브레소트라 교회Bredsättra kyrka에서 발견된 묠니르의 펜던트(1060~1350년 사이에 제작)를 따라 그린 드로잉.

선뜻 빌려주자 로키는 그 자리에서 당장 매 날개를 둘러쓰고 매처럼 하늘을 날아 거인들의 세상인 요툰헤임으로 내려갔다.

로키는 짚이는 구석이 있어 제일 먼저 거인들의 왕 트림Thrym을 찾아가 자신의 현재 처지를 설명하고 신세타령을 늘어놓았다. 과연 트림은 로키의 얘기를 듣자마자 호탕하게 너털웃음을 터뜨리며 사실 자신이 며칠 전 밤에 은밀히 아스가르드로 잠입해서 토르의 망치를 훔쳐 와 아무도 모르는 곳에 땅속 깊이 숨겨 두었다며 너스레를 떨었다. 또한 마치 신들에게 가서 알리라는 듯이 사랑의 여신 프레이야를 신부로 맞이하기 전까지는 절대로 망치를 돌려줄 생각이 없다고 잘라 말했다.

트림의 얘기를 듣자마자 로키는 어깨에 다시 매 날개를 걸치고 아스가르드에 있는 토르의 궁전인 빌스키르니르Bilskirnir로 부리나케 날아갔다. 궁전에 착륙하자마자 숨을 헐떡이며 뛰어오는 로키를 보고, 토르는 급한 마음에 멀리서 우선 좋은 소식인지 아니면 나쁜 소식인지를 물었다. 로키는 좋기도 하며 동시에 나쁘기도 한 소식이라고 외치며 가까이 다가왔다. 자리에 앉자마자 망치를 훔친 범인은 바로 서리 거인들의 왕 트림이며 교환 조건은 사랑의 여신 프레이야임을 밝혔다.

로키와 토르는 당장 폴크방 궁전으로 프레이야를 찾아가 자초지종을 설명하고 그녀가 어쩔 수 없이 거인들의 왕 트림의 아내가 되어 주어야겠다고 부탁했다. 하지만 아무에게도 구속당하기 싫어하는 사랑의 신 프레이야가 그들의 청을 들어줄 리 만무했다. 프레이야는 결혼이라는 말이 나오자마자 연신 콧방귀를 뀌어 대더니 급기야 얘기를 미처 끝마치기도 전에 불같이 화를 내며 두 사람을 궁전에서 내쫓았다.

토르의 망치가 도난당했다는 소식과 프레이야의 반응 등 그간의 사정을 모두 전해 들은 오딘은 신들의 회의를 소집했다. 모든 신들이 걱정스러운 표정으로 회의장인 글라드스헤임 궁전으로 몰려왔다. 로키를 비롯하여 당사자인 토르와 프레이야도 당연히 그 틈에 끼어 있었다. 워낙 중대한 사안인지라 신들의 파수꾼인 헤임달도 잠시 업무를 중단하고 자신의 궁전 히민뵤르그를 떠나 회의에 참석했다.

신들이 모두 자리에 앉자마자 헤임달이 기다렸다는 듯이 제일 먼저 손을 들어 자신의 의견을 말했다. 그런데 그가 얘기를 꺼내자마자 좌중의 신들이 모두 배꼽을 잡고 웃음을 터뜨렸다. 헤임달이 토르가 앉아 있는 쪽을 흘끗 보더니 토르를 프레이야로 분장시켜 신부 옷을 입히고 베일을 씌워 트림에게 보내자고 제안했기 때문이다. 신들의 폭소가 조금 진정되자 헤임달은 프레이야에게서 목걸이를 빌려 신부로 분장한 토르의 목에 걸어 주면 트림도 속을 수밖에 없을 것이라고 단언했다. 신들 사이에서 다시 한 번 웃음보가 터져 나왔다.

신들은 모두 헤임달의 제안을 처음에는 그저 웃음거리로만 여겼으나 점점 그의 주장에 상당히 설득력이 있다고 생각했다. 더구나 헤임달은 이번 기회에 거인들의 왕 트림도 해치워 기세등등해진 그들의 세력을 약화시킬 필요가 있다고 역설했다. 하지만 무엇보다도 과연 토르가 헤임달의 제안을 받아들일까 하는 것이 중요했다. 생각이 이에 미치자 신들은 모두 한동안 말없이 토르에게 시선을 집중했다. 부담을 느낀 토르는 기분이 나쁘다는 듯 얼굴을 잔뜩 찌푸렸다.

토르 곁에 앉아 있던 로키가 그의 마음을 눈치채고 망치를 찾아오지 못하면 아스가르드는 거인들 천하가 될 것이라며 조용히 그를 타일렀다. 마침내 토르가 못 이기는 체 일어나 신들이 앞으로 이 일을 두고

토르는 자신의 망치를 되찾기 위해 프레이야로 변장하고 신부 옷을 입는다.
엘머 보이드 스미스, 〈프레이야로 변장한 토르The God Thor is Dressed to Appear as the Goddess Freyja〉,
1902년, 채색: 지식서재.

계속해서 자신을 비웃지만 않는다면 한번 트림의 신부 역할을 해 보겠다고 승낙했다. 토르의 허락이 떨어지자마자 그를 프레이야처럼 보이기 위한 준비가 착착 진행되었다.

여신들은 제일 먼저 토르의 수염을 말끔히 깎고 신부 화장을 해 준 다음 거인들이 그를 알아보지 못하도록 치장을 하기 시작했다. 가슴 안쪽에는 두 개의 솜뭉치를 넣어 탐스럽게 솟아나게 했으며, 목에는 프레이야에게서 빌려 온 브리싱가멘 목걸이를 걸어 주고, 허리에는 우아한 장식이 매달린 허리띠를 묶어 주고, 오른쪽 가슴 부위에는 멋진 브로치도 하나 달아 주었다. 마지막으로 신들은 토르에게 무릎 아래까지 내려오는 드레스를 입히고 머리에 면사포를 씌워 그야말로 드레스와 면사포를 벗지 않는 한 그를 영락없이 신부 차림을 한 프레이야로 보이게 만들었다.

토르의 결혼 행렬을 위한 모든 준비가 끝나자 로키가 선뜻 토르의 하녀 역할을 맡겠다고 나섰다. 여신들은 로키도 머리 손질을 해 주고 화장도 해 주어 못생긴 하녀처럼 보이게 만들었다. 로키는 여장이 마무리되자 장난스럽게 여자 목소리를 흉내내며 실없이 웃어 보였다. 이렇게 졸지에 트림의 신붓감으로 변신한 토르는 로키를 대동하고 자신의 염소들이 끄는 마차에 올라 요툰헤임으로 향했다.

부하들로부터 프레이야가 하녀와 함께 무지개다리 비프로스트를 타고 내려와 거인들의 성인 우트가르드로 오고 있다는 전갈을 받고 트림은 그야말로 흥분의 도가니에 빠졌다. 그는 결혼식을 최대한 성대하게 거행하기 위해 만반의 준비를 다했다. 트림은 면사포를 깊게 눌러 쓴 토르가 도착하자 그를 직접 결혼식장으로 안내했다. 식장에는 육지와 바다와 하늘에서 잡아 온 것으로 만든 갖가지 음식이 상다리가 휘어지도록 차려져 있었다. 트림은 신부를 좌석 중앙에 앉힌 뒤 자신은 그 옆에 앉았다. 하녀로 분장한 로키도 재빨리 토르의 한쪽 옆에 자리를 잡고 앉았다.

트림이 곁에 앉은 신부에게 직접 산해진미를 하나씩 소개하자 먼길을 오느라 무척 배가 고팠던 토르는 우선 황소 1마리를 게 눈 감추듯 먹어 치웠다. 또한 빈속에 고기를 쑤셔 넣어 목이 마른 터라 음료수를 처음에는 1잔씩 시켜 마시더니 나중에는 성에 차지 않았는지 물 항아리를 통째로 들고 벌컥벌컥 마셔 버렸다. 심지어 반주로 술도 연거푸 서너 잔을 들이켰다. 그걸 보고 트림은 무슨 신부가 저렇게 먹성이 좋고 술까지 마시는지 영문을 모르겠다는 듯 곁눈질로 토르를 힐끔힐끔 쳐다보았다. 그러자 로키가 얼른 트림에게 신부가 결혼식 첫날밤에 대한 기대에 부풀어 지난 아흐레 동안 아무것도 먹지도 마시지도 못해 그렇다고 대답했다.

로키의 말을 듣고 흥분한 트림이 갑자기 옆으로 고개를 돌려 토르의 얼굴 쪽으로 향했다. 첫날밤을 더 이상 기다릴 수 없어 안달이 나서 신부에게 키스라도 한번 해 보려고 했던 것이다. 그런데 트림은 면사포 속을 들여다보자마자 깜짝 놀란 나머지 하마터면 뒤로 자빠질 뻔했다. 면사포 속에서 평소 상상했던 매력적인 신부의 두 눈이 아니라 불타는 석탄처럼 벌겋게 타오르는 두 눈을 보았기 때문이다. 그걸 보고 로키가 이번에도 신부가 결혼식 첫날밤에 대한 기대에 부풀어 지난 아흐레 동안 제대로 잠을 자지 못해 눈이 충혈되어 그렇다며 가까스로 사태를 수습했다.

자신의 망치를 손에 넣은 토르는 도둑질을 한 트림을 죽이고 다른 거인들도 거의 모두 해치운다.
로렌츠 프뢸리크, 〈거인 트림을 죽이는 토르Thor Destroys the Giant Thrym〉, 1906년, 채색: 지식서재.

트림은 고개를 끄덕이며 자신 때문에 냉랭해진 결혼식장의 분위기
를 띄우기 위해 부하들에게 토르의 망치를 가져와 신부의 무릎 위에
올려놓으라고 명령했다. 신성한 망치에 손을 얹고 사랑하는 신부와 결
혼서약을 하겠다는 것이다. 토르는 자신의 무릎 위에 망치가 올려지는
순간 갑자기 온몸에 힘이 불끈 솟는 것을 느꼈다. 그는 재빨리 한 손으
로는 망치 손잡이를 잡고 다른 손으로는 면사포를 벗어던져 원래 자신
의 모습으로 돌아왔다. 우선 바로 자신의 곁에 앉아 있던 트림의 머리

를 내리쳐 단 한 방에 두개골을 으스러뜨렸다. 이어 여전히 아무것도 눈치채지 못한 채 결혼식장에 편히 앉아 있던 거인들에게 달려들어 거의 다 해치웠다.

거인 티아지에게 빼앗긴 청춘의 여신 이둔과 황금 사과

오딘은 언젠가 로키와 회니르를 데리고 인간들이 사는 미드가르드를 여행하기로 계획을 세웠다. 반 신족에게 인질로 보낸 회니르를 초대한 것은 그곳에서 홀대받아 상한 그의 마음을 달래 주고 싶었기 때문이다. 미드가르드에는 아직 오딘이 가 보지 못한 곳이 상당히 많이 있었다. 이번에는 그런 곳 중 일부를 살펴볼 예정이었다. 세 신은 아직 해가 뜨지 않은 이른 새벽에 아스가르드를 출발하여 모래사막과 관목이 우거진 얕은 숲을 지나 바위투성이의 들판을 건너 높은 산이 우뚝 솟아 있는 곳에 이르렀다. 세 신은 산속으로 들어가 정상을 향해 산을 오르기 시작했다. 반나절을 걸어 점심때쯤 막 시장기가 돌 무렵 거짓말처럼 눈앞에 들소 떼들이 나타났다. 로키가 반가운 마음에 그들 중 1마리를 사로잡는 동안, 다른 두 신은 커다란 참나무 밑에서 주변의 마른 나뭇가지를 모아 놓고 장작불을 피웠다.

　그들이 황소를 잡아 여러 토막을 내어 장작불 위에 올려놓은 다음 한참 후에 고기 덩어리 하나를 꺼내 겉을 살펴보았다. 그런데 웬일인지 고기는 전혀 익지 않았고 눌러 보니 검붉은 피가 묻어 나왔다. 그들은 다시 고기를 장작불 위에 올려놓고 나뭇가지를 더 넣어 불길이 세게 타오르도록 했다. 한참 후에 다시 고기 덩어리 하나를 꺼냈지만 여전히 고기는 익지 않았다. 세 신이 같은 과정을 여러 번 되풀이했지만 고기는 처음에 장작불 위에 올려놓을 때의 상태 그대로 머물러 있었다. 그들이 이렇게 고기와 씨름을 하면서 익지 않는 이유를 몰라 궁금해하던 차에 머리 위에서 갑자기 누군가 자신이 그 이유를 알고 있다고 크게 소리를 질렀다.

세 신이 깜짝 놀라 거의 동시에 위를 쳐다보니 참나무 가지에 커다란 독수리 1마리가 앉아 그들을 내려다보고 있었다. 독수리는 자신을 올려다보고 있는 세 신을 향해 자신에게도 고기를 나눠 주면 익게 해 주겠다고 제안했다. 그들은 너무 배가 고파 황소 1마리를 다 먹어도 모자랄 판이었지만 어쩔 수 없어 그렇게 하겠다고 약속했다. 그들의 허락이 떨어지기가 무섭게 독수리는 커다란 날개를 퍼덕이며 잽싸게 장작불 위로 내려오더니 황소의 4개 넓적다리와 양쪽 갈빗살을 모두 낚아채 갔다. 독수리는 다시 가뿐하게 참나무 우듬지에 앉아 고기를 맛나게 뜯어 먹기 시작했다.

로키는 황소 고기 중 알짜배기를 모두 독수리가 가져가고 남은 것이 얼마 되지 않은 것을 보고 화가 났다. 곁에 있던 긴 지팡이를 들어 뾰족한 끝을 독수리의 몸통을 향해 찔러 넣었다. 허를 찔린 독수리가 깜짝 놀라 날아오르는 바람에 먹던 고기 덩어리를 떨어뜨렸을 뿐 아니라 가지가 흔들리면서 그 위에 걸쳐 놓았던 고기 덩어리들마저도 아래로 떨어지고 말았다. 거기까진 로키의 복수가 성공한 듯했지만 문제는 그 이후 발생했다. 로키가 지팡이를 놓으려고 했지만 독수리가 무슨 마법을 걸었는지 마치 강력한 접착제를 발라 놓은 듯 손잡이에서 손이 도무지 떨어지지 않았다.

독수리는 그렇게 자기 몸통을 관통한 지팡이에 로키를 매달고 공중

미드가르드를 여행하던 오딘, 로키, 회니르는 허기에 황소를 구워 먹으려 하지만 고기를 굽는 데 실패한다. 이때 독수리가 나타나 고기를 나눠 주면 도와주겠다고 말한 뒤 고기의 제일 좋은 부위를 가져간다.

〈고기를 구으려고 애쓰는 세 신들Three Gods Trying to Boil Some Food〉, 18세기 아이슬란드 필사본, 레이캬비크, 아르니 마그누손 연구소.

으로 날아올랐다가 로키를 괴롭히려고 일부러 미드가르드의 지상 바로 위를 날기 시작했다. 얼마 후 로키는 땅 위에 널려 있던 날카로운 바위와 돌덩이들에 몸이 부딪치자 저절로 비명을 질러 댔다. 가끔 바람에 부러진 날카로운 나무 끝에 몸이 스치거나 가시덤불에 긁히기라도 하면 로키의 비명은 더욱더 자지러졌다. 하지만 독수리는 로키의 비명에도 전혀 아랑곳하지 않고 계속해서 로키를 지상 위로 낮게 질질 끌고 다녔다. 결국 고통을 견디지 못한 로키가 독수리에게 무엇이든지 시키는 대로 할 테니 제발 풀어 달라고 외쳤다. 독수리는 마치 그 말을 기다렸다는 듯이 아스가르드에서 청춘의 여신 이둔을 자신에게 데려다주겠다고 맹세하면 풀어 주겠노라고 대답했다.

로키는 한순간 대답을 할 수 없었다. 청춘의 여신 이둔이 사라지면 아스가르드는 엄청난 혼란에 빠질 것이 뻔했다. 이둔이 매일 제공하는 황금 사과 덕에 늘 젊음과 불멸을 누릴 수 있었던 신들이 점점 노쇠해지다가 결국 죽을 것이기 때문이다. 로키에게서 아무런 말이 없자 독수리는 다시 그를 매달고 지상 가까이로 날았다. 로키는 무릎과 정강이를 비롯하여 발목과 발가락이 바위와 돌에 심하게 긁혀 예전보다 더날카롭게 비명을 질러 댔다.

로키는 우선 이런 살을 에는 듯한 고통에서 벗어나고 보자는 마음에서 결국 독수리에게 그러겠다고 약속하고 말았다. 독수리는 앞으로 일주일 후에 이둔을 자신에게 데리고 오라며 그제야 자신의 신분을 밝혔다. 독수리는 로키가 이미 짐작하고 있었듯이 고약하기로 소문난 거인 티아지Thiazi였다. 티아지는 로키를 풀어 주면서도 하필이면 돌투성이 땅바닥에 내동댕이쳤다. 로키는 너무 고통스러운 나머지 한참을 그

로키는 고기를 빼앗긴 것에 화가 나서 독수리를 지팡이로 찌른다. 독수리는 지팡이에 매달린 로키와 함께 공중으로 날아오른다.
〈티아지와 로키Thiazi and Loki〉, 18세기 아이슬란드 필사본, 레이캬비크, 아르니 마그누손 연구소.

대로 누워 있다가 천천히 일어나 몸에 난 상처들을 대충 수습했다. 이어 깊은 시름에 잠긴 채 절뚝거리며 오딘과 회니르 두 신이 기다리고 있는 곳으로 걸어갔다. 하지만 두 신에게 독수리의 정체뿐 아니라 그와 나눈 얘기도 전혀 말하지 않았다.

로키는 그 후 엿새 동안이나 몸져누워 있다가 일주일째 되는 날 청춘의 여신 이둔을 찾아갔다. 이둔은 마침 자신의 궁전 앞에 조성해 놓은 꽃밭을 산책하고 있었다. 이둔은 언제나 그런 것처럼 황금 사과를 가득 채운 바구니를 한쪽 손에 들고 세상의 근심이나 소란에서 멀리 떨어진 채 어린아이처럼 천진난만하게 꽃밭을 거닐고 있었다. 로키는 그녀의 거동을 한참 동안 물끄러미 살펴보다가 갑자기 그녀 앞에 나타나 인간들의 세상인 미드가르드에 믿을 수 없는 일이 일어났다며 그녀에게 말을 걸었다. 자신이 어떤 숲속을 지나다가 황금 사과나무를 발견했으니 얼른 같이 가서 신들을 위해 그 사과를 따자는 것이다. 로키가 자신이 만든 각본대로 막힘이 없이 술술 황금 사과와 숲에 대해 설명하자 이둔은 전혀 의심을 하지 못하고 그를 따라나서고 말았다.

티아지는 로키와 헤어진 후 아스가르드로 이어진 무지개다리 비프로스트 근처의 나무에 앉아서 이둔이 로키와 함께 비프로스트를 지나 미드가르드에 나타나기만을 학수고대하고 있었다. 이윽고 로키가 황금 사과 바구니를 든 청춘의 여신 이둔과 함께 미드가르드에 발을 딛자마자 소리 내지 않은 채 잽싸게 날아와 이둔만 낚아채 갔다. 티아지는 그녀를 높은 산꼭대기에 있는 자신의 궁전인 트림헤임Thrymheim에 데려가 골방에 단단히 가둬 놓고 그녀가 갖고 있던 황금 사과 하나를 씹으며 히죽거렸다. 이제 신들은 쭈글쭈글 늙어 가고 자신은 영원히 젊음을 누

청춘의 여신 이둔이 황금 사과를 나눠 주고 있다. 신들이 젊음을 유지할 수 있는 비결은 바로 이 사과다.
제임스 도일 펜로즈, 〈이둔과 사과Idun and the Apples〉, 1890년.

릴 것을 생각하니 웃음이 절로 나왔던 것이다.

아스가르드에서 청춘의 여신이 사라지자 과연 신들은 날마다 먹던 사과를 먹지 못한 탓에 금세 노쇠하기 시작했다. 그들은 점점 허리가 굽어지고 피부도 탄력 없이 쪼글쪼글해지며 머리카락은 눈처럼 하얗게 세어지기 시작했다. 기력도 하루가 다르게 떨어졌다. 사과는 아마 고대 부터 인간의 생명을 연장시켜 주는 효능이 있는 것으로 알려진 것 같

로키가 이둔을 티아지에게 데려가기 위해 거짓말을 하고 있다.
욘 바우어, 〈로키와 이둔Loki and Idun〉, 1911년, 채색: 지식서재.

다. "하루 사과 한 알이면 의사가 필요 없다An apple a day keeps the doctor away" 라는 영국 속담도 있지 않은가.

신들의 왕 오딘은 더 늦기 전에 대책을 마련하기 위해 신들의 회의를 소집했다. 이둔과 로키를 제외한 모든 신들이 꾸역꾸역 글라드스헤임 으로 모였다. 오딘은 이둔을 마지막으로 본 신이 누구인지 물었다. 그러 자 신들의 파수꾼 헤임달이 얼마 전에 로키가 이둔을 데리고 무지개다 리 비프로스트를 건너는 것을 보았다고 대답했다.

신들은 헤임달의 말을 듣고 로키가 바로 이번 사건의 주범이라고 확 신하고 사방에 흩어져서 미드가르드를 샅샅이 뒤졌다. 마침내 이둔의 궁전 앞 꽃밭에서 태평하게 잠들어 있는 로키를 발견했다. 신들은 그를 급습하여 포박한 뒤 범행 일체를 자백받았다. 로키는 신들에게 그럴 수 밖에 없는 사정이 있었다고 변명하며, 예전에 오딘과 회니르와 함께 미 드가르드를 여행하다가 독수리로 변신한 거인 티아지에게 걸려 갖은 고통을 당한 일을 소상하게 털어놓았다. 하지만 오딘은 그렇다고 신들 의 생명줄인 이둔을 갖다주면 되겠냐며 이번만은 반드시 못된 버르장 머리를 고쳐 놓겠다는 기세로 두 손으로 힘껏 그의 목을 조르기 시작 했다.

로키는 오딘의 단호한 태도에 덜컥 겁을 집어먹었다. 발버둥을 치면 서 사랑의 여신 프레이야가 매의 날개를 빌려 주기만 하면 이둔과 청춘 의 사과를 반드시 찾아오겠다고 약속했다. 오딘은 못 이기는 체 로키의 목을 풀어 주며 프레이야를 향해 눈짓으로 신호를 보냈다. 그러자 프레 이야가 로키를 데리고 자신의 궁전으로 가서 매의 날개를 건네주었다. 로키는 매의 날개를 어깨에 걸치자마자 하늘을 가르며 쏜살같이 미드가르드로 날아가 높은 산꼭대기에 서 있는 티아지의 성인 트림헤임으로 갔다. 티아지는 마침 딸 스카디를 데리고 낚시를 떠나고 없었다.

이둔은 아무도 없는 성에서 골방에 갇힌 채 추위로 언 몸을 녹이기 위해 난로에 장작을 집어넣고 있었다. 로키는 매의 날개를 벗고 원래 모습으로 돌아와 이둔을 안심시켰다. 그 뒤 얼른 룬 문자로 주문을 외워 그녀를 조그마한 호두로 변신시켰다. 그런 다음 다시 매의 날개를 어깨에 걸치고 호두를 발톱으로 쥔 채 잽싸게 하늘을 날아 아스가르드로 향했다. 바로 그때 티아지도 낚시터에서 돌아와 이둔이 없어진 것을 발견했다. 그는 독수리 날개를 어깨에 걸치고 하늘을 날다가 저 멀리서 도망치는 매를 발견하고 전속력으로 뒤쫓았다.

독수리는 매보다 날개도 훨씬 크고 힘도 셌기 때문에 매를 따라잡는 것은 시간 문제였다. 로키의 눈앞 저 멀리에 아스가르드의 성벽이 보였다. 신들과 함께 성가퀴(성벽 위에 낮게 쌓은 담)에 서서 이제나저제나 하고 로키를 기다리던 오딘은 아스가르드 쪽으로 매가 황급히 날아오고 그 뒤에 커다란 독수리가 빠른 속도로 뒤쫓는 것을 보았다. 즉시 상황을 파악한 오딘은 신들에게 아스가르드 앞쪽 성벽을 따라 장작에 콩기름을 부어 높이 쌓아 놓으라고 명령했다.

로키가 간발의 차이로 독수리를 따돌리고 아스가르드 성가퀴에 무사히 착륙했다. 오딘이 이때를 기다렸다는 듯 장작에 얼른 불을 붙이라고 신들에게 신호를 보냈다. 불길은 순식간에 거세게 타올라 성 위 하늘 높이까지 치솟아 올랐다. 매만 주시하고 쫓느라 순식간에 타오르는 불길을 예상하지 못한 티아지는 졸지에 날개에 불이 옮겨붙었다. 그 바람에 더 이상 날지 못하고 아스가르드에 떨어지고 말았다.

오딘은 토르에게 명령하여 부상당해 신음하고 있는 거인 티아지를 성채 밖으로 끌고 가서 해치우도록 했다. 아스가르드 성채 내에서는 살생을 할 수 없었기 때문이다. 그새 로키는 매의 날개를 벗어던져 원래 모습으로 돌아와 있었다. 그다음 룬 문자로 주문을 외워 호두를 이둔으로 변신시켰다. 청춘의 여신 이둔이 아스가르드에 돌아와 신들에게 다시 날마다 청춘의 황금 사과를 공급하자 신들은 다시 젊음과 불멸의 삶을 누리게 되었다.

얼굴이 아니라 발을 보고 신랑감을 잘못 고른 스카디

스카디는 아버지 티아지가 독수리로 변신하여 로키를 뒤쫓는 것을 마지막으로 더 이상 그를 볼 수 없었다. 그녀는 며칠 밤을 뜬눈으로 지새우며 아버지가 이둔을 데리고 다시 집으로 돌아오기만을 기다렸다. 하지만 아버지는 감감무소식이었다. 스카디는 결국 아버지가 신들의 손에 죽었으리라고 짐작하고 분노에 사로잡혀 살인자를 찾아 처절하게 복수해 주겠노라고 결심했다. 그녀는 우선 아버지의 무기 창고로 가서 평소 그가 사용하던 무구들로 완전무장을 했다. 이어 걸음도 당당하게 미드가르드와 아스가르드를 연결해 주는 무지개다리 비프로스트로 다가갔다.

스카디가 저 멀리 아래쪽 미드가르드에서 비프로스트를 타고 올라오는 것을 보고 헤임달이 신들에게 뿔피리를 불어 위험을 알렸다. 신들은 더 이상 성스런 아스가르드 성벽 부근을 싸움터로 만들고 싶지 않았다. 스카디가 여자이기도 했지만, 더 큰 이유는 티아지의 피가 식기

거인 티아지의 딸인 스카디는 아버지의 복수를 위해 아스가르드를 찾는다.
H. L. M., 〈산에서 사냥 중인 스카디Skadi Hunting in the Mountains〉, 1901년, 채색: 지식서재.

도 전에 또다시 그 딸의 피를 뿌리고 싶지 않았던 것이다. 스카디가 아스가르드 성문에 도착하자 신들은 마중을 나가 그녀와 화해를 시도했다. 그들은 우선 스카디에게 아버지 티아지의 죽음에 대해 황금으로 보상을 받을 의향이 있는지 물었다. 하지만 스카디는 황금이라면 자기 집에 지천으로 깔려 있다며 단호하게 거절했다.

신들이 그러면 무엇을 원하느냐고 묻자 스카디는 자신에게는 아버지가 떠난 빈자리를 채워 줄 신랑이 절실하게 필요하다고 말하면서 슬쩍 발데르 쪽을 쳐다보았다. 그녀는 언젠가 우연히 요툰헤임을 여행하던 발데르를 보고 첫눈에 반해 오랫동안 연정을 품고 있었던 것이다. 신들은 스카디가 마치 목숨을 걸고 싸울 것처럼 완전무장을 하고 와서는 엉뚱한 제안을 하자 실소를 금치 못했다. 하지만 내색은 전혀 하지 않은 채 스카디에게 자신들 중 하나를 남편으로 선택하도록 해 주겠다고 대답했다. 그러자 스카디는 갑자기 생각난 듯 거기에 화해 조건을 또 하나 덧붙였다. 아버지를 잃은 슬픔을 잠시라도 잊을 수 있도록 자신을 한 번 실컷 웃게 해야 한다는 것이다.

신들이 스카디의 남편감을 고르는 방법을 놓고 회의를 벌인 결과 스카디가 직접 고르는 것으로 결정되었다. 물론 거기에는 조건이 있었다. 얼굴이 아니라 발을 보고 신랑감을 골라야 한다는 것이다. 스카디는 신들의 얘기를 듣고 고개를 끄덕이며 얼굴에 회심의 미소를 지어 보였다. 발데르가 신들 중 가장 잘생겼으니 당연히 발도 가장 예쁠 것이라고 생각했기 때문이다. 스카디는 아스가르드로 인도되었다. 신들은 글라드스헤임 궁전에 임시로 만들어진 장막 너머에서 발만 보인 채 나란히 서서 스카디의 선택을 기다렸다. 스카디는 망설이지 않고 모양이 가장 좋은 발을 골랐다.

마침내 장막이 걷히고 스카디의 눈에 자신이 선택한 발의 주인이 드러났다. 하지만 그녀의 선택을 받은 신은 그녀가 확신한 대로 발데르가 아니라 바로 바다의 신 뇨르드였다. 뇨르드는 아마 날마다 미용 효과가 있는 해수로 손발을 씻기 때문에 그런 매끈하고 멋진 발을 지니게 되었던 모양이다. 뇨르드의 얼굴을 확인한 스카디는 당황한 기색이 역력했다. 그녀는 뇨르드가 빙그레 미소를 지으며 다가오자 움찔하여 뒷걸음질하면서 속았다는 말을 몇 번이나 중얼거렸다. 그러자 뇨르드가 그녀의 귀에 대고 로키를 선택하지 않은 것을 천만다행으로 여기라고 속삭였다. 오딘도 이번 선택은 한 점 의혹 없이 공정했다며 스카디의 의심에 쐐기를 박았다.

하지만 스카디가 내건 또 하나의 화해 조건이 있었다. 스카디는 자신을 한 번 웃겨야 하는 조건이 남았다며 자신은 절대로 웃지 못한다고 공언했다. 자신은 아버지의 죽음으로 가슴속이 슬픔과 원한으로 가득 차 있는 탓에 울음은 절로 나오지만 어떤 상황에도 웃음이 전혀 나오지 않는다는 것이다. 오딘은 스카디의 말을 듣고 그녀를 웃길 신은 로키밖에 없다며 급히 로키를 투입했다. 스카디는 아버지를 죽음으로 내몬 장본인인 로키가 등장하자 얼굴을 더 험악하게 굳혔다. 모든 신들은 오딘이 무리수를 두었다고 생각했지만 오딘은 로키의 해학적인 능력을 믿었다.

로키는 잠시 머뭇거리다가 마치 요즘 개그맨처럼 일부러 어눌하게 말을 더듬으며 예전에 미드가르드에서 염소를 데리고 시장에 가다 벌어진 해프닝을 꺼냈다. 그는 스카디를 아가씨라고 부르며 그녀에게 혹시 염소가 정말 고집이 세다는 사실을 알고 있는지 물었다. 그와 동시에 갑자기 궁전 현관 쪽으로 달려가더니 언제 준비해 놓았는지 잽싸게 염소 1마리를 데려온 다음 허리춤에서 미리 준비한 가죽 끈을 하나 꺼내 녀석의 수염에 묶으면서 우스갯소리를 계속했다. 그는 그 당시에 양손에 잔뜩 짐을 들고 있어서 하는 수 없이 염소를 몰고 가기 위해 그 가죽 끈을 자신의 거시기에 묶었다며 말을 이었다. 스카디가 거시기가 무엇이냐고 묻자, 로키는 그녀에게 그것도 모른다고 핀잔을 주면서, 자신의 사타구니를 가리키며 진짜로 자신의 음낭에 염소의 수염과 연결된 가죽 끈을 단단히 묶었다.

염소가 궁전 밖으로 나가려고 앞으로 움직이자 가죽 끈이 팽팽하게 당겨졌다. 로키는 음낭이 무척 아팠겠지만 전혀 그런 내색을 하지 않은 채, 그 당시는 한여름이었기 때문에 여기저기서 소쩍새 울음소리가 들렸다며 그 소리를 흉내내기 시작했다. 그가 갑자기 "소~쩍!" 하고 소리를 내자 염소가 놀랐는지 줄을 더 세게 잡아당겼다. 로키가 다시 "소~쩍!" 하며 몸을 뒤로 움직이며 줄을 힘껏 잡아당기자 이번엔 염소가 이에 화답을 하듯 특유의 울음소리를 내며 끌려왔다. 로키와 염소는 마치 초등학교 운동회 때 하는 줄다리기 시합처럼 끈을 사이에 두고 서로 밀고 당기기를 계속했다.

그렇게 팽팽한 접전을 벌이다 어느 한순간 로키가 다시 한 번 힘껏 줄을 잡아당기자 염소가 이런 놀음에 싫증이 났는지 힘없이 로키 쪽으로 끌려왔다. 그러자 로키가 힘의 균형을 잃고 뒤로 밀리다가 그만 공교롭게도 스카디의 품에 안겨 넘어지고 말았다. 스카디는 바로 이 순간 얼떨결에 로키와 함께 넘어지면서 자신도 모르게 웃음보를 터뜨리고 말았다. 스카디는 이렇게 한참을 활짝 웃으면서 신들과 약속한 대로 아버지를 잃은 슬픔과 더불어 로키에게 품은 원한도 깨끗이 잊기로 했다. 하지만 로키는 일어나면서도 자신의 연기에 너무 몰입된 나머지 스카디가 이미 실컷 웃은 것도 모른 채 계속해서 소쩍새 울음소리를 흉내 내며 하던 말을 계속하려 했다.

오딘이 빙긋이 미소를 지으며 로키의 어깨를 두드리며 이제 그만하면 됐다며 말린 다음 스카디를 더 기쁘게 해 줄 일이 있다면서 주머니에서 수정처럼 맑은 구슬 2개를 꺼내 그녀에게 내보였다. 스카디는 단박에 그것이 돌아가신 아버지의 두 눈이라는 것을 알아보았다. 오딘은 2개의 구슬을 얼른 하늘에 던져 올리며 티아지의 두 눈은 이제 별이 되어 이 세상이 존재하는 한 딸 부부를 비롯해서 우리 모두를 지켜볼 것이라고 말했다. 그 후 스카디와 뇨르드는 아스가르드에서 며칠을 보낸 다음 요툰헤임에 있는 스카디의 궁전인 트림헤임을 향해 출발했다.

높은 산 정상에 위치한 트림헤임으로 가는 길은 위로 올라갈수록 험하고 깊은 계곡도 많았고, 산 정상은 온통 눈과 얼음으로 덮여 있었다. 스카디는 궁전이 가까워올수록 편안함을 느꼈지만, 바다의 신 뇨르드는 부드러운 바닷물과 수평선에만 익숙해 있던 터라 사실 이런 환경이 낯설기만 하고 몹시 불편했다. 특히 깊은 밤 사방에서 들려오는 늑대들의 울음소리는 뇨르드를 신경쇠약에 빠지게 했다. 그는 날이 갈수록 저 멀리 잔잔한 수평선이 보이는 바닷가와 아름다운 갈매기의 울음소리를 그리워했다.

아흐레 밤이 지나자 스카디와 뇨르드 부부는 이번에는 트림헤임을 떠나 아스가르드의 바닷가에 있는 뇨르드의 궁전인 노아툰Noatun으로

스카디와 뇨르드는 결혼을 하지만 서로가 사는 방식에 적응하지 못한다. 결국 둘은 떨어져 살다 필요할 때만
만나기로 합의한다.
프리드리히 빌헬름 하이네Friedrich Wilhelm Heine, 〈노아툰으로 향하는 뇨르드와 스카디Njord and Skadi on
the Way to Noatun〉, 1882년, 채색: 지식서재.

왔다. 그들은 그렇게 공평하게 아흐레씩 서로 궁전을 번갈아 가며 살기로 했던 것이다. 그런데 이번에는 스카디가 수평선이 보이는 바닷가와 갈매기 울음소리를 죽도록 싫어했다. 그것은 뇨르드가 얼음과 눈으로 덮인 산과 늑대 울음소리를 싫어하는 것과 마찬가지 이치였다.

스카디 부부는 결국 얼마 지나지 않아 자신들이 비록 신들을 증인으로 삼아 결혼식을 올린 정식 부부이긴 하지만 성향이 너무 달라 떨어져 살 수밖에 없다는 사실을 깨달았다. 그래서 그들은 앞으로 각각의 궁전에서 자유롭게 살다가 가끔 필요할 때만 만나기로 합의했다. 스카디와 뇨르드는 요즘 졸혼 부부의 원조인 셈이다.

이후 스카디는 궁 근처에서 활과 전통箭筒(화살을 담는 통)을 메고 스키를 타고 돌아다니면서 짐승들을 사냥하며 지냈다. 그러자 사람들은 그녀를 겨울과 사냥과 스키의 여신으로 삼았다. 결혼의 구속에서 벗어나서 눈과 얼음으로 덮인 산 위를 달리며 자유롭게 사냥을 즐기는 스카디에게서 그리스 신화의 사냥의 여신 아르테미스의 모습이 강하게 떠오른다.

거인 히미르를 제압하고 거대한 술독을 빼앗아 온 토르

어느 날 오딘은 아스가르드의 발할라 궁에 모여 죽은 영웅들과 함께 신나게 연회를 즐기고 있었다. 그런데 그만 갑자기 술이 떨어지는 바람에 한창 절정을 향해 치닫던 신들의 흥이 금세 깨지고 말았다. 오딘은 이제 더 이상 연회 도중에 술이 떨어지는 불상사가 있어서는 안 된다고 생각했다. 오딘은 우선 자신들에게 술을 공급해 주던 바다의 신 에기르가 거처하는 흘레세이 섬에 토르를 단장으로 한 몇몇 신들을 사절단으로 파견하여 에기르와 함께 대책을 마련하도록 했다. 아내 란과 모처럼 여유롭게 여가를 즐기던 에기르는 갑자기 토르가 찾아와서 오던의 명령이라며 무턱대고 앞으로 신들의 연회에서 절대 술이 부족하지 않도록 방안을 마련하라니 기분이 좋을 리 없었다.

에기르가 보기에 그 해결책은 간단했다. 앞으로 평소 신들에게 보낸 술의 2배를 주조해서 2개의 술독에 나누어 담아 공급하면 되기 때문이다. 하지만 에기르는 평소 버릇없이 구는 토르를 골탕 먹이고 싶었다. 그래서 토르에게 이전에 술을 만들어 공급한 술독보다 2배 이상 큰 것만 마련해 온다면야 자신이 그 안에 술을 빚어 아스가르드에 공급하는 것은 아무런 문제가 없다고 대답했다. 그 정도라면 연회 중에 술이 떨어지는 일은 절대 없다는 것이다. 토르를 비롯한 신들의 사절단은 그 해결책을 듣고 서로를 멀뚱멀뚱 쳐다보기만 했다. 그들 중 어느 누구도 그 정도 크기의 술독을 본 적이 없기 때문이다. 바로 그때 토르를 따라온 전쟁의 신 티르가 엘리바가르Elivagar 강 근처에 살고 있는 자신의 아버지인 거인 히미르Hymir의 집에는 엄청나게 큰 술독이 많이 있다고 말해 주었다.

토르는 당장 티르의 안내로 히미르의 집을 찾아 나섰다. 그들은 우선 에길Egil이라는 농부의 집에 들러 토르의 마차와 염소들을 맡기고 그다음부터는 걸어서 히미르의 저택에 도착했다. 히미르와 그의 아내는 마침 외출한 터라 그들을 맞이한 것은 티르의 할머니였는데 그녀는 머리가 9개 달린 괴물이었다. 티르는 할머니를 별로 좋아하지 않았던 터라 대충 인사를 하고 토르를 자신의 친구라고 소개한 뒤 어색하게 앉아 있었다. 얼마 후 티르의 어머니가 돌아와 아들과 반갑게 인사

토르는 신들의 연회에 사용할 술독을 구하기 위해 거인 히미르를 찾아가고 그와 함께 낚시를 하게 된다.
아서 래컴, 〈토르, 히미르, 미드가르드의 왕뱀Thor, Hymir and the Midgard Serpent〉, 1901년.

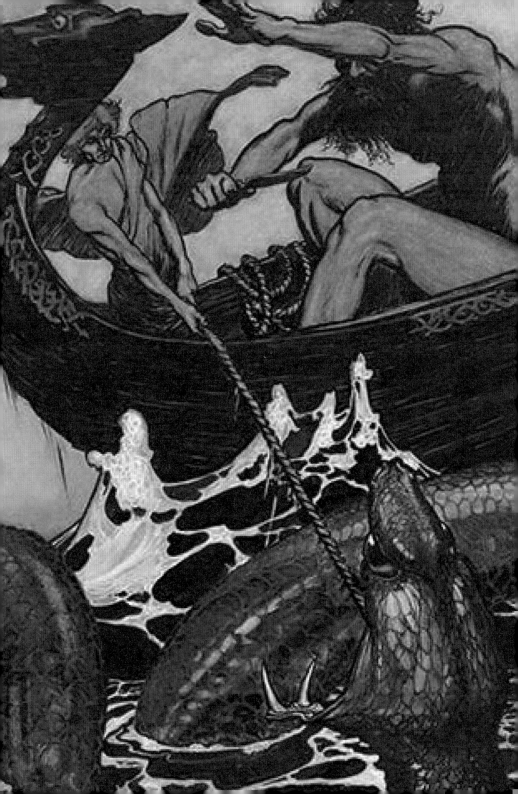

를 나누었다. 그녀는 키만 컸지 거인족답지 않게 무척 아름답고 인자하게 보였다. 티르는 그녀에게도 토르를 자신의 친구이자 인간인 베우르 Veur로 소개한 뒤 아버지는 어디 갔는지 물었다.

바로 그 순간 멀리서 쿵쿵거리며 아버지가 사냥에서 돌아오는 발자국 소리가 들렸다. 티르의 어머니는 재빨리 아들과 토르에게 방구석에 있던 엄청나게 큰 술독 하나를 가리키며 그 뒤에 숨어 있으라고 소리쳤다. 아버지가 성격이 너무 까칠해서 아스 신족의 일원이 된 아들의 친구를 보면 무조건 아스 신족으로 오해하고 심지어 아들까지 해코지를 할 수 있다는 것이다. 그들이 재빨리 어머니가 가리킨 커다란 술독 뒤에 숨자마자 티르의 아버지가 방으로 들어왔다. 티르의 어머니는 남편을 어르는 듯 사냥하느라 수고하셨다며 아들이 지금 친구와 함께 집에 와서 이 방 안에 있다고 알려 주었다. 그러자 히미르는 불같이 버럭 화를 내며 도대체 어디서 굴러먹다가 이제야 찾아왔냐며 아들에게 당장 나오라고 소리쳤다.

히미르가 내지른 괴성이 얼마나 컸는지 히미르가 나중에 필요할 때 쓰려고 방 안 선반에 올려놓았던 커다란 술독 8개가 모두 아래로 떨어지면서 산산조각이 났다. 이런 소동에 겁을 집어먹은 티르는 방구석에 있던 술독 뒤에서 토르를 데리고 슬며시 걸어 나왔다. 히미르는 아들과 친구의 눈을 번갈아 가며 뚫어지게 노려보았다. 특히 그는 아들의 친구라는 베우르의 눈과 마주쳤을 때는 뭔지 모르는 불길한 예감에 사로잡혔다. 하지만 아들의 친구라는데 손님 대접을 해야지 어쩌겠는가. 그는 당장 하인들을 시켜 황소 3마리를 잡아 솥에 삶으라고 명령했다. 무척 배가 고팠던 토르는 저녁 식사로 단숨에 황소 2마리를 먹어 치웠다. 그 광경을 보고 히미르는 더욱더 불길한 예감에 사로잡혔다.

다음 날 아침이 되자 히미르는 토르에게 아침거리로 낚시를 하러 가자고 제안했다. 그는 토르에게 밖으로 나가면 집에서 가까운 풀밭에서 자신의 소들이 풀을 뜯고 있는데 그곳에서 미끼로 쓸 수 있는 벌레나 지렁이 등을 잡을 수 있을 것이라고 알려 주었다. 토르가 대문을 나서 한참을 걸어가자 넓은 풀밭에서 히미르가 기르는 소들이 풀을 뜯고 있었다. 그중 1마리가 특히 토르의 눈에 띄었다. 녀석은 검은 황소였는데 우는 소리가 우렁찼으며 다른 소들이 녀석의 뒤를 따라다니는 것으로 보아 우두머리처럼 보였다. 토르는 다짜고짜 그 황소에게로 달려들더니 두 뿔을 잡고 힘겨루기를 하다가 마침내 녀석을 쓰러뜨린 다음 목을 비틀어 부러뜨렸다. 이어 황소의 머리를 들고 히미르에게 돌아가 덕분에 좋은 미끼를 구했다며 얼른 출발하자고 재촉했다.

히미르는 자신이 가장 아끼는 황소를 죽인 베우르가 원망스럽고 죽이고 싶도록 미웠다. 하지만 전혀 내색하지 않고 그를 데리고 선착장으로 향했다. 그는 베우르가 만약 황소의 머리를 미끼로 써서 아무것도 잡지 못한다면 그때 응징을 해도 늦지 않을 것이라고 생각했다. 히미르는 토르를 자신의 배에 태워 출항을 하더니 자신이 늘 낚시를 하던 지점에서 배를 멈추었다. 토르는 이것이 마음에 안 들었다. 그는 황소의 머리를 미끼로 물 만한 대물을 잡으려면 좀 더 먼 바다로 나가야 한다고 생각했다. 하지만 히미르가 좀 더 먼 바다로 나가자는 토르의 말을 들을 턱이 없었다. 그는 만약 토르가 자신보다 더 큰 물고기를 잡으면 큰 낭패라고 생각하고 완강하게 그 자리를 고집했다. 토르는 하는 수 없이 선미에 앉아 황소 머리를 낚시 바늘에 끼워 힘껏 멀리 던졌다.

얼마 후 먼저 입질이 온 것은 히미르가 선수에 드리웠던 2개의 낚싯대였다. 그가 얼른 양손으로 각각 하나씩 낚싯줄을 잡은 채 천천히 배 쪽으로 잡아당기자 커다란 고래 2마리가 미끼를 문 채 수면 위로 모습을 드러냈다. 히미르는 회심의 미소를 지으면서 나 보란 듯이 선미 쪽을 흘깃 바라보며 커다란 고래 2마리를 가볍게 허공에 띄워 갑판 위로 가뿐하게 올려놓았다. 바로 그때 토르의 낚싯대에도 입질이 왔다. 토르도 얼른 두 손으로 낚싯줄을 잡고 천천히 배 쪽으로 잡아당겼다. 미끼를 문 물고기가 물속에서 만들어 내는 소용돌이만 보아도 엄청나게 큰 녀석임을 짐작할 수 있었다. 하지만 토르가 아무리 줄을 잡아당겨도 녀석은 수면 위로 떠오를 줄 몰랐다. 토르는 있는 힘을 다해 줄을 잡아당기며 녀석을 배 쪽으로 끌었다.

토르의 황소 머리 미끼를 문 물고기는 그렇게 토르와 한참 힘겨루기를 하다가 지쳤는지 점차 자신의 머리를 조금씩 수면 위로 드러내기 시작했다. 그런데 녀석은 놀랍게도 바로 바다에 살면서 미드가르드 주변을 감싸고 있던 거대한 왕뱀 요르문간드였다. 토르가 황소 머리를 미끼로 던지자 녀석은 입에 물고 있던 자신의 꼬리를 뱉어 내고 얼른 그것을 물었던 것이다. 토르는 요르문간드를 보자 더욱 승부욕에 불타 다시 한 번 젖 먹던 힘까지 다해 낚싯줄을 당겼다. 마침내 녀석의 머리를 선미 가장자리에 올려놓은 다음 왼손으로는 낚싯줄을 잡고 오른손으로는 재빨리 허리 뒤춤에 차고 있던 망치를 꺼내 힘껏 내리쳤다. 토르의 망치에 일격을 당한 요르문간드의 입에서 엄청난 비명소리가 터져나와 요툰헤임뿐 아니라 미드가르드 전체를 울리게 했다. 그 바람에 거

토르의 낚싯대에 걸린 것은 미드가르드의 왕뱀인 요르문간드다.
헨리 푸젤리Henry Fuseli, 〈미드가르드의 뱀과 싸우는 토르Thor Battering the Midgard Serpent〉, 1790년, 캔버스에 유채, 133×95.6cm, 런던, 왕립예술원 컬렉션Royal Academy of Arts Collections.

인들과 인간들은 공포에 휩싸였다.

하지만 요르문간드는 아직 누구에게든 잡힐 운명이 아니었다. 녀석이 고통스러워하며 머리를 몇 번 좌우로 흔들자 입천장의 살이 낚싯바늘에 조금 뜯겨져 나가면서 다시 바닷속으로 돌아갈 수 있었기 때문이다. 이 모든 광경을 두 눈으로 직접 목격한 히미르는 아들 친구가 누구인지 금세 알아차리게 되어 집으로 돌아오는 내내 아무 말 없이 속으로 벌벌 떨고만 있었다. 선착장에 도착해서야 히미르는 정신을 차리고 침착하게 토르에게 배를 육지로 끌어올려 안전하게 묶는 일을 할지, 아니면 고래를 집으로 옮기는 일을 할지를 선택하라고 말했다. 그러자 토르는 배에서 내리자마자 마치 화가 난 것처럼 아무 말 없이 두 손으로 배를 번쩍 들어올려 원래 보관해 놓던 자리에 놓았다. 그다음 배 안에 있던 고래 2마리를 꺼내 양손에 하나씩 들고 히미르의 집으로 들어갔다.

그걸 보고 히미르의 아내는 아들 친구의 엄청난 힘에 놀라움을 금치 못했다. 하지만 히미르는 자신이 힘에서 토르에게 밀린다는 사실을 몸소 체험하고서도 그것을 인정하려고 들지 않았다. 그래서 편법으로라도 토르의 코를 납작하게 할 심산으로 평범하게 생긴 유리잔 하나를 꺼내더니 토르에게 그것을 깰 수 있다면 정말 힘이 세다고 인정하고 바라는 것이 있으면 무엇이든지 주겠다고 제안했다. 그 말을 듣고 토르는 하나밖에 남지 않은 히미르의 술독을 평화적인 방법으로 얻어 갈 수 있는 좋은 기회라 생각하고 유리잔을 받아들자마자 마당 한구석에 있는 커다란 대리석을 향해 힘껏 던졌다. 하지만 토르의 예상과는 달리 유리잔은 전혀 손상을 입지 않고 애꿎은 대리석만 산산조각이 나 버렸다.

히미르가 의기양양하여 한눈을 파는 사이 우연히 토르 옆에 있던

토르는 뒤쫓아온 히미르와 그의 동료 거인들을 모두 죽인다.
로렌츠 프뢸리크, 〈자신을 뒤쫓아온 히미르와 거인들을 물리치는 토르Thor Slew All the Mountain-Giants Who Had Persued Him with Hymir〉, 1895년, 채색: 지식서재.

티르의 어머니가 재빨리 귀엣말로 토르에게 남편 히미르의 이마를 향해 던져 보라고 충고했다. 자신의 남편은 하루도 빠짐없이 이마를 단련하는 터라 이마로 깨지 못할 게 없다는 것이다. 토르가 얼마 후에 히미르에게 다시 한 번 유리잔을 깨게 해 달라고 부탁했다. 히미르는 이번에도 토르가 별 뾰족한 수가 없을 것으로 생각하고 그에게 다시 유리잔을 건네주었다. 토르가 유리잔을 받자마자 바로 앞에 있는 히미르의 이마를 향해 힘껏 내리치자 정말 신기하게도 유리잔은 세 조각으로 부서졌다. 히미르는 바닥에 흩어진 유리 조각들을 집어 들고 무척 슬픈 표정을 지으며 토르에게 원하는 것이 무엇인지 물었다. 그러자 토르는 당연히 방구석에 하나 남아 있는 커다란 술독을 달라고 했다.

히미르의 허락이 떨어지자 맨 먼저 티르가 그 술독을 짊어지고 가려고 했지만 아무리 용을 써도 술독은 꿈쩍도 하지 않았다. 결국 토르가 나서서 술독의 주둥이 부분을 잡더니 단숨에 어깨에 올려놓고 티르를 앞세우고 히미르의 집을 나섰다. 토르가 히미르의 집을 떠나 얼마 되지 않았을 때 이상한 예감이 들어 힘들게 고개를 돌려 뒤를 보았다. 그런데 멀리서 히미르가 주변의 다른 거인들을 규합해서 그를 쫓아오고 있었다. 토르는 먼저 술독을 땅에 내려놓은 다음 얼른 허리춤에서 망치를 뽑아 던져 그들 모두를 불귀의 객으로 만들었다. 그만큼 토르의 망치는 과녁을 빗나간 적이 한 번도 없었다. 다시 술독을 어깨에 멘 토르는 농부 에길의 집에 들러 맡겨 둔 염소 마차를 타고 아스가르드로 돌아왔다. 토르가 술독을 갖고 나타나자 신들은 모두 앞으로는 술을 원없이 마실 수 있다는 생각에 환호성을 지르며 좋아했다.

거인들의 왕 우트가르드로키와 세 가지 대결을 벌인 토르
천둥의 신 토르는 거인들이 그냥 싫었다. 그는 틈만 나면 거인들의 나라인 요툰헤임 이곳저곳을 헤집고 돌아다니다가 거인들을 만나면 그냥 냅다 달려들어 때려눕히곤 했다. 그는 거인들의 수가 몇이든 상관하지 않았다. 그에게는 천하무적의 무기인 묠니르 망치가 있기 때문이다. 그래서 거인들은 멀리서 그가 보일라치면 줄행랑을 쳤다. 그를 만나면 뼈도 못 추릴 것이 분명하기 때문이다. 어느 더운 여름날 토르가 망치를 들고 그의 영토 트루드방Thrudvang에서 나오자 마침 몸이 근질근질했던 로키가 그를 발견하곤 재빨리 따라나섰다. 눈치 빠른 로키는 토르가 어디 가는지를 짐작했던 것이다. 토르는 이번에는 요툰헤임을 여행하며 거인들을 사냥할 게 아니라 아예 그들의 성채인 우트가르드로 쳐들어 갈 참이었다.

토르는 로키와 함께 탕그리스니르Tanngrisnir와 탕그뇨스트Tanngnjóstr라는 2마리 염소가 끄는 마차를 타고 아스가르드의 드넓은 이다볼 평원을 지나 무지개다리 비프로스트를 거쳐 마침내 인간들의 세상이자 중간 지대인 미드가르드에 도착했다. 우트가르드는 미드가르드 한 귀퉁이에 있기 때문이다. 때는 마침 주위가 어둑어둑해지는 저녁 무렵이었다. 토르와 로키는 우선 하룻밤을 묵을 곳을 찾아 출출해진 배를 채워야 했다. 한참을 달린 끝에 그들은 마침내 초라한 농가 한 채가 덩그러니 놓여 있는 것을 발견하고 안으로 들어갔다. 그곳은 어떤 농부 부부가 티알피Thialfi와 로스크바Roskva라는 남매를 데리고 사는 집이었다. 농부 부부는 단숨에 토르와 로키를 알아보곤 두려움에 떨며 어찌할 바를 몰랐다.

토르는 그들을 안심시키며 하룻밤만 묵어 갈 테니 저녁 식사로 요기나 할 것을 좀 달라고 말했다. 부부는 정성껏 저녁을 차려 왔지만 상에 올려 있는 것이라곤 고작해야 감자와 채소가 전부였다. 토르는 밥상을 힐끗 쳐다보더니 갑자기 밖으로 나가서는 자신의 마차를 끌고 온 염소 2마리를 잡아 가죽을 벗겨 내고 고기를 뼈째 장작불에 구워 와서 상 위에 올려놓았다. 이어 염소 가죽을 방바닥에 넓게 펼쳐 놓고는 농부 가족에게 당부했다. 고기는 얼마든지 마음대로 발라 먹어도 좋으나 뼈는 절대로 상하지 않게 한 뒤 염소 가죽 위에 올려놓아야 한다고 말이다. 그런데 농부의 아들 티알피가 고기 맛을 본 지가 아주 오래되었던 터라 토르가 시킨 대로 하면서도 뼈의 골수가 너무 아깝다는 생각을 했다.

호시탐탐 토르의 빈틈을 노리던 티알피는 마침내 토르가 잠깐 아버지와 이야기를 나누는 동안에 얼른 가죽 위에서 점찍어 놓았던 염소의 뒷다리 뼈를 들었다. 그다음 이빨로 구멍을 내고 재빨리 골수를 단숨에 빨아 먹은 다음 다시 가죽 위 뼈 무더기 위로 던져 놓았다. 저녁 식사를 마치자 토르와 로키는 피곤이 몰려와 이내 잠이 들었다. 새벽녘에 토르가 아무도 몰래 할 일이 있는 듯 농가에서 제일 먼저 눈을 떴다. 그는 일어나자마자 염소 가죽에 둘둘 말아서 방구석에 밀쳐 두었던 염소의 뼈들을 갖고 밖으로 나가더니 넓게 펼친 다음 묠니르 망치로 가죽의 한 귀퉁이를 살짝 쳤다. 그러자 신기하게도 가죽 위의 뼈들이 저절로 맞추어지더니 점차 뼈에 살이 붙어 지난 밤 먹어 치웠던 염소가 다시 살아났다.

토르는 떠날 채비를 미리 해 두기 위해 염소들을 마차에 매려고 데리고 가다가 그중 1마리가 뒷다리를 저는 것을 발견했다. 화가 머리끝까지 난 토르는 도대체 누가 어제 저녁 염소 고기를 먹으면서 뼈의 골수를 빨아 먹었냐며 집 안을 향해 호통쳤다. 천둥소리처럼 울리는 그의

토르는 염소 한 마리가 뒷다리를 저는 것을 보고 농부 가족 중 누군가가 염소의 다리 뼈를 상하게 했다는 사실을 알아챈다.
로렌츠 프뢸리크, 〈자기 염소가 다리를 저는 것을 발견한 토르Thor Discovers that One his Goats is Lame in the Leg〉, 1895년, 채색: 지식서재.

고함에 낡은 농가가 흔들리며 금방이라도 허물어질 것 같았다. 농가 안에서 태평하게 자고 있던 로키와 농부 부부, 남매가 깜짝 놀라 벌떡 일어났다. 토르가 농부 부부를 계속해서 추궁하자 뒤가 구렸던 아들 티알피가 부모 뒤에서 사시나무처럼 벌벌 떨기만 했다. 아들의 소행임을 눈치챈 농부가 토르 앞으로 나서며 엎드려 용서해 달라며 빌었다. 하지만 토르의 분노는 좀처럼 사그라질 줄 몰랐다. 그는 금방이라도 망치를 들어 농부 가족들뿐 아니라 농가마저도 결딴을 내 버릴 태세였다.

토르의 손이 막 망치 손잡이로 가려는 찰나 농부는 재빨리 토르의 가랑이를 부여잡고 자기가 가진 것을 전부 드릴 테니 제발 목숨만은 살려 달라며 애타게 울면서 다시 한 번 간곡하게 애원했다. 그제야 토르가 분노를 조금 가라앉히며 그렇다면 목숨을 살려 주는 대신 남매를 자신의 하인으로 데려가겠다며 벌떡 일어섰다. 이어 농부에게 우트가르드에 갔다가 돌아오는 길에 찾아갈 테니 마차와 염소들을 잘 부탁한다며 로키와 티알피, 로스크바를 대동하고 농가를 나섰다. 농부는 금쪽같은 자식들과 헤어지는 것이 못내 아쉬웠지만 가족의 목숨을 건진 것만도 천만다행으로 생각할 수밖에 없었다. 이후 토르는 모험을 떠날 때면 티알피와 로스크바를 늘 곁에 데리고 다녔다.

토르 일행은 마차가 없는 터라 저녁 무렵이 되어서야 겨우 미드가르드를 벗어나 요툰헤임이 시작되는 곳에 넓게 펼쳐진 숲을 마주하게 되었다. 그들은 우선 하룻밤 보낼 만한 곳을 찾아 허기를 달랜 다음 아침에 다시 우트가르드를 찾아보기로 했다. 토르는 티알피를 보내 밤을 보내기에 적당한 곳을 찾아보도록 했다. 티알피는 어렸을 때부터 걸음걸이가 아주 빨라 지금까지 미드가르드에 사는 그 누구와도 달리기 시합을 해서 진 적이 없었다. 얼마 후 돌아온 티알피가 커다란 동굴처럼 생긴 집을 하나 발견했다며 일행을 그곳으로 안내했다. 이미 사방이 어두워진 터라 분명하게 보이지는 않았지만, 그 집은 뻥 뚫린 커다란 입구에 문이 없었다. 안쪽으로 들어가 보니 5개의 또 다른 입구가 있는 작은 동굴로 나뉘어 있었다.

그들은 5개의 동굴 중 아무 데나 들어가 농부 집에서 가져온 먹고 남은 음식으로 대충 속을 달래고 잠을 청했다. 하루를 꼬박 걸은 터라 무척 피곤했던 그들은 금세 곯아떨어졌다. 한밤중에 동굴 밖에서 들려오는 굉음에 지진이 난 것처럼 바닥이 흔들리는 바람에 일행은 잠에서 깨어났다. 그들이 자고 있던 조그만 동굴에서 막 빠져나와 넓은 공간으로 나온 순간 갑자기 그 굉음이 멎었다. 그들이 다시 다른 곳은 괜찮을지 모른다는 생각에서 옆 동굴로 들어가 잠을 청했지만 잠이 들려고 하면 그 굉음은 다시 들려왔다. 그들은 그럴 때마다 5개의 작은 동굴들을 옮겨 가며 잠을 청했지만 간헐적으로 밖에서 들려오는 굉음 때문에 제대로 잠을 이룰 수 없었다.

날이 밝자마자 토르는 새벽녘에 굉음이 조금 잦아들었을 때 간신히 잠든 일행을 남겨 둔 채 동굴 안 넓은 공간을 지나 밖으로 나왔다. 주변을 자세히 살펴보다가 소스라치게 놀라고 말았다. 동굴 입구에서 조금 떨어진 곳에 거인 하나가 곤히 잠들어 있었기 때문이다. 토르가 망치를 들고 살금살금 그에게 다가가는 동안 갑자기 그 거인이 코를 골기 시작했다. 토르는 그 소리에 깜짝 놀라 자신도 모르게 비명을 지르며 뒤로 물러서면서 어젯밤 굉음의 정체가 무엇이었는지 비로소 깨달았다. 토르의 비명에 거인이 잠에서 깨어 벌떡 일어났다. 로키와 티알피, 로스크바도 밖에서 갑자기 또 다시 들려오는 굉음에 놀라 잠자던 동굴에서 눈을 비비며 밖으로 기어나왔다.

토르는 오른손에 망치를 단단히 쥔 채 경계를 늦추지 않으면서도 얼핏 동료들이 동굴에서 나오는 광경을 보고는 또 한 번 소스라치게 놀랐다. 그들이 어젯밤 잔 곳은 동굴이 아니라 바로 거인이 아무렇게나 벗어 던져두었던 커다란 장갑 한 짝이었던 것이다. 거인의 몸집은 그처럼 보통 거인들보다 훨씬 컸다. 정신을 차린 토르가 높은 언덕처럼 우뚝 서 있는 거인을 올려다보며 도대체 넌 누구냐고 물었다. 그러자 거

거인은 토르 일행에게 자신을 스크리미르라고 소개한다.
엘머 보이드 스미스, 〈스크리미르Skrymir〉, 1902년, 채색: 지식서재.

자존심이 상한 토르는 잠든 거인을 공격한다. 그 옆에는 토르 일행이 동굴인 줄 알고 잠을 잔 거인의 장갑이 놓여 있다.
프리드리히 빌헬름 하이네, 〈잠든 스크리미르를 공격하는 토르Der schlafende Skrymir, von Thor angegriffen〉, 1882년, 채색: 지식서재.

인은 숲 전체가 울릴 정도로 엄청나게 큰 목소리로 자신은 스크리미르 Skrymir라고 대답했다. 그 말을 듣고 토르는 거인이 자신의 이름값을 톡톡히 해낸다고 생각했다. '스크리미르'는 '큰소리로 말하는 자'라는 뜻이기 때문이다.

스크리미르는 토르의 목적지를 묻더니 자신이 길을 안내하겠다며 선뜻 앞장섰다. 아마 토르의 환심을 사서 그의 망치에 맞아 객사를 당하는 불상사를 피하고 싶었으리라. 스크리미르는 몸집만큼이나 보폭도 아주 컸다. 그래서 이 세상에서 가장 빠른 티알피는 물론이고 토르도 따라가기가 벅찼다. 하지만 스크리미르가 땅에 발을 디딜 때마다 내는 커다란 발자국과 쿵쿵거리는 소리 덕분에 그를 따라갈 수 있었다. 어느덧 해가 뉘엿뉘엿 서쪽으로 넘어가고 있을 무렵 뒤늦게 스크리미르의 발자국을 따라온 그들은 그 거인이 어느 조그만 참나무 숲가에 앉아 있는 것을 발견했다. 그는 토르 일행에게 그곳에서 하룻밤을 보내자며 하루 종일 걸어와서 그런지 무척 피곤해서 자신은 잠이나 잘 테니 우선 요기나 하라며 어깨에 메고 왔던 보따리를 던져 주었다. 이어 가장 큰 참나무를 골라 그 아래에서 금세 잠이 들었다.

토르 일행은 사실 어제 농부의 집에서 가져온 식량이 이미 바닥나서 무척 배가 고팠던 터라 반가운 마음에 거인의 보따리 주변에 옹기종기 모여 앉았다. 하지만 스크리미르의 보따리는 너무나 단단히 동여매 있는지라 그들이 아무리 애를 써도 풀리지 않았다. 이게 모두 거인의 술수라고 생각한 토르는 화가 치밀어 올라 잠들어 있는 거인에게 슬며시 다가가 앞이마를 향해 망치를 날렸다. 그러자 거인은 깜짝 놀라 벌떡 일어나 앉더니 "혹시 나뭇잎이 이마에 떨어졌나?"라고 중얼거리며 이

머리를 쓰다듬었다. 이어 주변을 둘러보며 바로 앞의 토르에게 저녁은 먹었는지 물었다. 토르가 이제 막 먹고 자려고 한다고 둘러대자 거인은 다시 뒤로 벌렁 자빠져 금세 잠이 들었다.

토르는 잠을 청하려고 했지만 도저히 잠을 이룰 수가 없었다. 그는 지금까지 망치로 쳐서 적을 한 방에 쓰러뜨리지 못한 적이 한 번도 없었기 때문에 자존심도 상했고 은근히 걱정도 되었던 것이다. 바로 그때 스크리미르가 코를 골자 그가 밑에서 잠자고 있던 참나무뿐 아니라 그 주변이 온통 심하게 흔들렸다. 거인의 코 고는 소리에 질린 토르는 다시 슬며시 그에게 다가가서는 정수리를 향해 움푹 파일 정도로 힘껏 망치를 날렸다. 그러자 거인은 다시 깜짝 놀라 벌떡 일어나 앉더니 이번에는 "혹시 머리 위로 도토리가 떨어졌나?"라고 중얼거리며 머리를 쓰다듬었다. 이어 주변을 둘러보더니 바로 앞의 토르에게 뭐하고 있는지 물었다. 토르가 자신도 무슨 소리가 들려 막 일어났다며 아직은 한밤중이니 더 자라고 둘러대자 거인은 다시 뒤로 벌렁 자빠져 금세 잠이 들었다.

토르도 일행들이 있는 곳으로 가서 누웠지만 도무지 잠이 오지 않았다. 도대체 망치로 2번이나 힘껏 내리쳤지만 스크리미르가 아무런 상처를 입지 않은 이유는 무엇이란 말인가? 아무리 생각해 봐도 그 영문을 알 수 없었다. 그는 날이 밝기 전 마지막으로 한 번 더 시험해 보는 수밖에 없다고 생각했다. 마침내 그는 스크리미르가 코를 골며 완전히 잠든 것을 확인하고서 다시 그에게 다가가 이번에는 관자놀이를 향해 힘껏 망치를 날렸다. 그러자 거인은 다시 깜짝 놀라 벌떡 일어나 앉더니 이번에는 "혹시 참나무 위에서 새가 내 귀에 똥을 쌌나?"라고 중얼

토르는 거인에게 우트가르드로 가는 길 안내를 받는다.
조지 핸드 라이트, 〈우트가르드로키에게로 향하는 토르의 여행
Thor's Journey to Utgard-Loki〉, 1908년.

거리며 두 손으로 양쪽 귀와 눈 사이를 쓰다듬었다. 이어 주변을 둘러보며 바로 앞의 토르에게 위에서 뭐가 떨어지지 않았는지 물었다.

토르가 자신도 막 일어나는 참이라 잘 모르겠다고 둘러대자 스크리미르는 거인들의 성채인 우트가르드가 가까운 곳에 있으니 어서 떠날 채비를 서두르라고 일렀다. 토르가 일행을 깨우자 거인은 손가락으로 동쪽 방향을 가리키며 자신은 다른 곳에 볼 일이 있어 동행할 수 없지만 그쪽으로 계속 가면 우트가르드가 보일 것이라고 알려 주고는 충고를 하는 것도 잊지 않았다. 자존심이 상하겠지만 우트가르드는 거인들의 본거지인 만큼 자기보다도 키도 더 크고 힘도 센 거인들이 우글거리니 차라리 들어갈 계획을 포기하고 돌아가는 것이 좋겠지만, 그래도 굳이 그곳에 가겠다면 너무 자만하지 말고 겸손하라고 말이다.

토르가 모욕감으로 속이 부글부글 끓어올라 다시 한 번 망치로 내리칠까 말까 저울질하고 있는 사이, 마치 그 마음을 알아차렸다는 듯이 스크리미르는 작별 인사도 없이 얼른 북쪽을 향해 성큼성큼 떠나버렸다. 토르는 멀어져 가는 거인의 뒷모습을 보며 그가 서둘러 길을 떠난 것이 자신에게는 오히려 다행이라고 생각했다. 그에게 다시 망치를 날린들 성공하리라고 어떻게 보장할 수 있겠는가. 또한 이번 네 번째 공격도 실패하면 얄궂은 로키는 얼마나 오랫동안 자신을 놀림감으로 삼겠는가.

토르 일행이 스크리미르가 알려 준 방향으로 한참을 가자 과연 멀리서 거인들의 성채인 우트가르드가 위용을 드러냈다. 거인들의 성채인 만큼 그 크기가 어마어마했다. 로키는 약간 움칠했지만 토르는 전의를 불태우며 굳게 닫힌 성문으로 성큼 다가갔다. 하지만 토르가 아무리 성문을 두드려 보아도 안에서는 아무런 인기척이 없었다. 화가 난 토르가 성문의 두 문짝 틈에 손을 넣어 힘을 쓰자 사이가 약간 벌어졌다. 호리호리한 티알피와 로스크바가 먼저 그 틈을 통해 쉽게 성안으로 들어갔고 로키도 약간 힘들여 성안으로 들어갔지만, 몸집이 큰 토르는 도무지 그 틈으로 들어갈 수 없었다. 토르는 결국 문짝의 판자를 조금 부순 다음 마침내 성안으로 들어갔다.

성문을 통과하자 얼마 지나지 않아 커다란 홀이 나타났다. 홀의 문은 활짝 열려 있는 터라 토르 일행은 그 안으로 성큼 들어섰다. 홀 안에는 그야말로 거인들로 가득했다. 그들은 홀 벽을 따라 줄지어 있는 소파에 앉아 그 앞에 진수성찬을 차려놓고 술을 마시며 잔치를 벌이고 있었다. 그들이 홀 중앙을 지나가자 거인들은 별로 경계심을 보이지 않으면서 토르와 로키, 티알피에게는 야유를 퍼부었고 로스크바에게는 휘파람을 불며 추파를 던졌다.

토르 일행은 홀 맨 앞쪽 화려한 소파에 홀로 앉아서 시중을 받고 있는 자가 거인들의 왕 우트가르드로키Utgard-Loki일 것이라고 짐작하여 그에게 다가가 정중하게 인사를 했다. 하지만 그는 아무런 대꾸를 하지 않고 뭐가 그리 즐거운지 껄껄거리기만 했다.

토르가 재차 자신들을 소개하려고 하자 우트가르드로키는 그제야 웃음을 그치며 그들이 올 것을 이미 알고 있었다는 듯이 그 유명한 토르와 로키가 아니냐며 반갑게 맞아 주었다. 토르는 그의 거만한 태도가 마음에 들지 않았지만 지금은 온통 거인들에게 둘러싸여 있는지라 꾹 참고 있는 수밖에 별도리가 없었다. 우트가르드로키는 마치 토르의 허를 찌르려는 듯이 망치 하나 믿고 겁도 없이 여기까지 찾아온 것을 보면 작은 몸집과는 달리 자신들보다 더 뛰어난 점이 있을 것 같은데 그게 무엇인지 대뜸 물었다. 그러자 갑자기 말문이 막혀 버린 토르 대신 로키가 앞으로 나서며 자신은 이 홀 안의 어떤 거인들보다도 더 빨리 먹어 치울 수 있다고 큰소리를 쳤다.

그러자 우트가르드로키가 좌중에서 로기Logi라는 거인을 부르며 로키와 한 번 겨루어 보라고 명령했다. 곧바로 홀 중앙에 식탁을 하나 옮겨 놓고, 그 위에 엄청난 양의 고기를 올려놓았다. 이윽고 왕의 신호가 떨어지자 로키와 로기가 식탁 양쪽에서 고기를 먹기 시작했다. 로키는 어젯밤 스크리미르의 보따리를 풀지 못한 이래 몇 끼를 굶은 터라 그야말로 게걸스럽게 먹어 댔다. 하지만 로키는 결코 로기의 상대가 될 수 없었다. 로키는 살만 발라 먹고 뼈는 남겨 두었지만 로기는 뼈까지 먹었으며 심지어 식탁까지 일부 먹어 치웠기 때문이다. 게다가 로기는 시간이 흐를수록 식탁의 중앙선을 지나 로키 쪽 식탁까지 잠식하고 있었다. 거인들의 왕 우트가르드로키가 그것을 보고 재빨리 로기의 승리를 선언했다. 주변의 거인들도 손바닥으로 식탁을 거세게 두드리며 왕의 판결에 열렬하게 동조했다.

한껏 기세가 등등해진 우트가르드로키는 이번에는 티알피를 가리키며 무엇을 잘할 수 있는지 물었다. 그러자 티알피는 이 홀 안의 어떤 거인들보다도 더 빨리 달릴 수 있다고 큰소리로 외쳤다. 우트가르드로키는 약간 놀란 듯한 표정을 지으며 그럼 어디 한번 시험을 해 보자며 거인들과 토르 일행을 데리고 홀 밖으로 나와 넓은 공터로 향했다. 왕은 그곳에 도착하자 곧바로 출발선과 결승선을 정하게 했고 거인들 중에서 후기Hugi를 불렀다. 이윽고 왕의 신호가 떨어지자 출발선에 서 있던 티알피와 후기는 전속력을 다해 달리기 시작했다. 그들은 젖 먹던 힘까지 다해 달렸다. 하지만 티알피는 결코 후기의 상대가 될 수 없었다. 먼저 결승선에 도착한 후기는 뒤이어 도착한 티알피의 등을 가볍게 두드리며 자신을 이기려면 좀 더 연습을 해야겠다고 중얼거렸다.

티알피가 억울한 마음이 들어 다시 한 번 시합을 하자고 요청했다. 이번에는 출발선이 결승선이 되고 결승선이 출발선이 되어 재차 시합이 벌어졌지만 결과는 마찬가지였다. 그들은 이번에는 발이 거의 땅에 닿지 않을 정도로 빨리 달렸지만, 후기가 이미 결승선에 도착했을 때 티알피는 쏜 화살이 떨어질 정도의 거리만큼 뒤처져 있었다. 티알피가 여전히 억울한 기색을 보이자 우트가르드로키는 쐐기를 박을 요량으로 그에게 세 번째 시합을 제안했다. 이번에는 아예 결승선을 반환점으로 삼아 돌아오라는 것이다. 티알피와 후기는 다시 출발선에 서서 왕의 신호가 떨어지자 이번에는 다리가 보이지 않을 정도로 빨리 뛰었다. 하지만 결과는 마찬가지였다. 게다가 후기가 반환점을 돌아 출발선에 도착했을 때 티알피는 아직 반환점도 돌지 못한 상태였다.

우트가르드로키는 세 번째 달리기 시합에서는 그럴 필요조차 못 느꼈는지 승리를 선언하지도 않았다. 대신 이번에는 토르를 향해 자랑할 것이 많다는 소문이 자자한데 직접 한 번 나서 보라고 은근히 그의 자존심을 건드렸다. 그러자 토르는 분노를 억누르며 자신은 이 홀 안의 어떤 거인들보다도 더 많이 술을 마실 수 있다고 큰소리를 쳤다. 그러자 우트가르드로키는 다시 거인들과 토르 일행을 이끌고 홀 안으로 들어오더니 측근 중 1명에게 자신들이 축제를 벌일 때 즐겨 사용하는 큰 유리 술잔에 술을 가득 따라 오라고 명령했다. 그 측근이 술이 넘쳐흐

토르는 우트가르드로키와 술 마시는 내기에서 지고 만다.
로렌츠 프룈리크, 〈토르의 술 내기|Thor's Utgard Drinking Challenge〉, 1895년, 채색: 지식서재.

를 정도로 가득 찬 술잔을 가져오자 우트가르드로키는 토르에게 그 잔을 숨쉬지 않고 단번에 마실 수만 있다면 자신들보다 세다고 인정하겠다고 제안했다. 자신들 중에는 두 번에 비우는 자들도 있지만 대부분 세 번에 그 잔을 비운다는 것이다.

토르가 그 잔을 살펴보니 끝자락이 좀 길기는 했지만 전에는 이보다 더 큰 잔에 마셔 본 적이 있었다. 게다가 그는 우트가르드에 온 이후로 아무것도 마시지 않은 터라 무척 목이 말랐다. 그는 얼른 술잔을 높이 들어 주둥이에 입을 대고 꿀꺽꿀꺽 들이켜기 시작했다. 하지만 웬일인지 그가 아무리 마셔 대도 술잔에 술은 여전히 남아 있었고 결국 숨이 막혀 왔다. 그는 숨을 참을 수 있을 때까지 힘껏 술을 들이켜다가 마침내 입을 떼고 급히 숨을 들이쉰 다음 술잔을 확인하고는 깜짝 놀랐다. 술은 처음처럼 차고 넘치지는 않았지만 아주 조금밖에 줄어들지 않았기 때문이다. 그걸 보고 우트가르드로키는 토르가 아주 열심히 마셨지만 술잔의 술을 다 비우려면 아직도 많이 남았다면서 진정한 술꾼이라면 두 번째 시도에는 아마 술잔을 깨끗이 비울 수 있을 것이라고 비아냥거렸다.

토르는 그 말을 듣자마자 홧김에 처음보다 입을 더 크게 벌리고 한참 동안 술을 쏟아부었지만 이번에도 결과는 마찬가지였다. 술잔을 비우기는커녕 처음보다 훨씬 적게 줄어들었을 뿐이다. 우트가르드로키는 그것을 보고 천하의 술꾼 토르가 오늘은 어쩐지 몸 상태가 안 좋은 것 같다며 세 번째 시도에는 아마 반드시 성공할 것이라고 다시 비아냥거렸다. 토르는 그 말을 듣자마자 화가 머리끝까지 치밀어 올라 이번에는 입이 찢어질 정도로 크게 벌리고 다시 술을 입에 계속 쏟아부었다. 하

토르는 우트가르드로키의 고양이를 들어올리려 하지만 고양이는 꿈쩍도 하지 않는다.
돈 필립 크레인Donn Philip Crane, 〈우트가르드로키의 고양이를 들어올리려는 토르Thor Lifting Utgard-Loki's
Cat〉, 1920년대.

지만 토르가 아무리 마셔 대도 술잔은 여전히 묵직했으며 결국 마지
막에 확인해 보니 두 번째보다 더욱더 적게 줄어들었을 뿐이다. 토르는
도대체 그렇게 마셔 대도 술이 줄어들지 않는 이유를 알 수 없어 짜증
이 났다. 그는 결국 더 이상 화를 참지 못하고 잔을 들어 홀 바닥에 내
동댕이치고 말았다.

거인들이 그걸 보고 토르에게 야유를 보내자 우트가르드로키는 그
들을 손짓으로 진정시키며 토르에게 귀가 솔깃한 제안을 하나 했다. 우
트가르드의 젊은 거인들은 자신의 고양이를 땅바닥에서 위로 높이 들
어올리는 묘기를 선보이는데 토르도 만약 그렇게만 할 수 있다면 그

능력을 인정하겠다는 것이다. 그 말이 떨어지기가 무섭게 우트가르드로키의 옥좌 밑에 웅크리고 있던 고양이가 토르 앞으로 나와 반듯이 섰다. 그러자 토르는 두 팔을 고양이 배 밑에 넣고 위로 들어올리려고 했다. 하지만 토르가 아무리 용을 써도 고양이는 꿈쩍도 하지 않았다. 그가 힘을 쓰면 쓸수록 고양이는 네 발을 땅에 고정시킨 채 뱃살을 길게 늘리며 가파른 홍예문(무지개 모양의 문)을 만들었을 뿐이다.

고양이는 힘 하나 안 들이고 가만히 서 있는 데 비해 토르는 얼굴에 핏줄이 보일 정도로 힘을 쓰는 것을 보고 거인들은 박장대소를 터뜨렸다. 토르는 이제 아예 자신의 허리를 고양이 밑에 밀어 넣은 채 고양이 배를 밀어 올리면서 동시에 두 손으로 고양이 뒷발 하나를 잡고 들어올리기 시작했다. 바로 그때 고양이 뒷발이 약간 위로 들렸다. 하지만 토르가 할 수 있는 일이라곤 고작 그것이 전부였다. 그가 아무리 요리조리 별 수를 다 써 봐도 고양이는 더 이상 미동도 하지 않았다. 그걸 보고 우트가르드로키는 토르가 예상했던 것보다는 조금 낫지만 자신이 거느리고 있는 젊은 거인들에 비하면 새 발의 피라면서 다시 비아냥거렸다. 그러자 분노로 얼굴이 붉으락푸르락해진 토르는 이 홀 안의 어떤 거인들보다도 레슬링에는 자신이 있다고 큰소리로 외쳤다.

우트가르드로키는 주변을 둘러보며 아마 젊은 거인들은 체면이 깎일까 봐 토르와 상대하지 않을 테니 어릴 적 자신의 유모였던 노파 엘리Elli를 모셔 오라고 전령에게 명령했다. 그녀는 예전에 자신에게 달려드는 거인의 먹살을 잡고 가볍게 던져 버린 적이 있다는 것이다. 토르는 그 소리를 듣고 분을 이기지 못해 이를 바득바득 갈았지만 지금으로선 그 노파를 이겨 거인들의 코를 납작하게 해 주는 수밖에 별도리가 없었다.

At length he tottered and fell down
on one knee before her

토르는 노파와의 레슬링에서 한쪽 무릎을 꿇고 만다.
찰스 에드먼드 브록, 〈노파 엘리에게 무릎을 꿇는 토르Thor Wrestles Elli at Utgard-Loki's〉, 1930년.

얼마 후 노파가 지팡이를 짚고 들어왔다. 우트가르드로키가 노파에게 토르를 소개하며 레슬링을 한 판 붙어 보겠느냐고 묻자 그녀는 지팡이를 냅다 집어던져 버리더니 팔을 걷으면서 토르에게 성큼 다가갔다.

토르는 노파의 허리띠를 잡는 순간 바로 노파의 힘이 만만치 않다는 것을 감지했다. 토르가 아무리 들어올리려 해도 노파는 마치 땅에 깊숙이 박힌 커다란 바위처럼 꿈쩍도 하지 않았다. 손을 잡으려 하면 거세게 뿌리쳤고, 넘어뜨리려고 다리를 차면 마치 나무 등걸을 차는 것처럼 자신의 발이 더 아팠으며, 목을 잡으려 힘껏 손을 뻗어도 손끝이 겨우 턱밑밖에 닿지 않았다. 토르가 한참을 그렇게 실랑이를 하고 있는 사이 기회를 엿보고 있던 엘리가 재빨리 토르의 허리를 잡고 번쩍 들어올렸다. 토르가 이를 악물고 두 발을 허공에 허우적거리며 노파의 어깨를 잡고 안간힘을 쓰며 매달려 보았다. 하지만 노파가 그의 허리를 쥔 손을 떼는 순간 토르는 발로 땅바닥을 디디면서 그만 균형을 잃고 한쪽 무릎을 꿇고 말았다.

토르가 얼른 일어나서 당혹감을 감추지 못하며 어쩔 줄 몰라 하고 있는 사이 우트가르드로키가 그에게 다가왔다. 왕은 토르에게 실력은 충분히 보았으니 이제 맛있는 음식과 술이나 실컷 먹고 마시자며 자신의 식탁으로 슬그머니 끌어당겼다. 토르가 시합을 시작할 때는 점심이 갓 지난 때였는데 밖에서는 어느덧 땅거미가 내리고 있었다. 토르는 시합을 벌이느라 힘을 많이 쓴 터라 무척 배가 고팠다. 그래서 못 이기는 척 식탁으로 선뜻 다가가며 고개를 돌려 로키와 티알피와 로스크바에게도 오라고 눈짓을 보냈다. 그날 저녁 토르 일행은 우트가르드로키의 식탁에서 최상의 대접을 받았다. 연회가 끝나자 곧바로 홀 바닥에 침구가 깔리고 그들은 시합에서 진 것도 잊은 듯 거인들과 함께 깊은 잠에 빠져들었다.

다음 날 아침 제일 먼저 눈을 뜬 것은 토르였다. 그가 일행을 깨워 막 떠나려고 하는 순간 거인들의 왕 우트가르드로키가 인기척을 느끼고 깨어나서 아침 식사를 하고 가라며 토르를 붙잡았다. 우트가르드로키가 주위에 명령을 하자 언제 준비했는지 다시 진수성찬을 차린 식탁이 들어오고, 그사이 잠이 깬 거인들도 함께 어우러져 다시 한 번 즐거운 향연이 벌어졌다. 마침내 식사가 끝나고 토르 일행이 일어나자 우트가르드로키도 그들을 배웅하기 위해 일어섰다. 토르는 어제의 패배 때문에 여전히 분이 풀리지 않아 기분이 언짢았고, 로키도 잔뜩 풀이 죽어 말이 없었다. 반면에 티알피와 로스크바는 거인들의 소굴에서 살아서 나갈 수 있는 것만도 천만다행이라고 생각하며 속으로 무척 기뻐했다.

우트가르드로키는 성문을 나와서도 토르 일행을 한참 동안 배웅하면서 따라오다가 자신의 성이 보이지 않게 되자 토르에게 작별 인사를 고하며 아직도 자신들보다 우월하다고 생각하는지 물었다. 토르는 고개를 저으며 최고라고 자부한 자신이 2인자로 전락한 것을 인정할 수밖에 없다고 시인했다. 또한 자신이 떠나고 나면 아스가르드뿐 아니라 미드가르드에도 토르가 거인들의 성에 왔다가 코가 납작해져서 돌아갔다고 파다하게 소문이 날 것을 생각하면 참담한 심정이 든다고 말했다. 그러자 우트가르드로키는 토르에게 갑자기 앞으로 자신이 살아 있는 동안에는 절대로 자신들의 성을 보지도 못하고 그 안에 들어오지도 못할 테니 진실을 말해 주겠다며 지금까지와는 달리 진지한 표정을 지었다.

토르가 영문을 몰라 어리둥절하고 있는 사이 우트가르드로키는 만약 토르가 그 정도로 힘이 센 줄 알았다면 절대로 자신들의 성안으로 들이지 않았을 것이라고 말하며, 사실은 어제 토르와 벌인 시합에서 자신이 마법을 좀 썼다고 실토했다. 만약에 그러지 않았더라면 아마 자신들은 모두 토르에게 끝장이 났을 게 틀림없다는 것이다. 이 말에 더욱 어안이 벙벙해진 토르에게 우트가르드로키는 어제 성안으로 들어오기 전 만났던 거인의 정체와 성안에 들어와서 벌인 시합의 진실에 대해서 자세하게 털어놓았다. 우선 그 거인은 사실 자신이 변장한 것이었으며 토르 일행이 먹을 것이 들어 있던 보따리를 아무리 해도 열 수 없었던 것은 자신이 아무도 풀 수 없는 마법의 끈으로 단단히 동여매 놓았기 때문이라는 것이다.

또한 토르가 망치로 거인을 세 번이나 쳤지만 제압할 수 없었던 것은 자신이 마술을 부려 망치로 치려고 할 때마다 근처에 있던 안장 모양의 언덕을 얼른 망치 밑에 갖다 놓았다가 제자리에 돌려놓았기 때문이라는 것이다. 우트가르드로키는 이 말을 하면서 멀리 보이는 성가퀴처럼 세 군데가 움푹 파인 언덕을 손가락으로 가리켜 보였다. 그 말이 사실이라면 그중 가장 깊은 것은 아마 토르가 마지막으로 힘껏 내리칠 때 생긴 홈이리라. 우트가르드로키의 말을 듣고 토르는 자신이 너무 어리숙하게도 쉽게 속아 버렸다는 수치심으로 고개를 푹 숙인 채 차마 얼굴을 들지 못했다. 하지만 계속 이어지는 우트가르드로키의 말을 들어 보니 자신이 속은 건 이게 전부가 아니었다.

우트가르드로키에 의하면 로키가 먹기 시합을 한 상대인 로기는 사실 자신이 마술을 부려 거인으로 만든 활활 타오르는 '불길'이었다. 그

Thor fearlessly walked up to this strange
monster to have a better look at him .

토르는 길 안내를 받았던 거인 스크리미르가 사실은 우트가르드로키가 마법으로 변신한 것이라는 사실을 알
게 된다.
찰스 에드먼드 브록, 〈토르와 거인 스크리미르Thor and the Giant Skrymir〉, 1930년.

래서 로키가 아무리 빨리 먹어 치웠어도 로기는 모든 것을 불태우는 화마처럼 고기뿐 아니라 식탁까지도 집어삼켰다는 것이다. 또한 티알피가 달리기 시합을 한 후기도 사실 자신이 마술을 부려 거인으로 만들어 낸 자신의 '생각'이었다고 했다. 그래서 티알피가 아무리 빨라도 우트가르드로키의 생각을 따라잡을 수 없었다는 것이다. 또한 토르가 아무리 마셔 대도 술잔의 술이 줄어들지 않은 것도 사실 자신이 마술을 부려 기다란 술잔 끝을 바다에 연결해 놓았기 때문이라는 것이다. 우트가르드로키는 그러면서 토르에게 아스가르드로 돌아가면서 바닷물을 한번 살펴보라고 전했다. 토르가 계속 마셔 대는 바람에 상당히 줄어들었다는 것이다.

토르는 더 이상 우트가르드로키의 말을 듣고 싶지 않았다. 하지만 토르가 그만하라고 손사래를 치는 동안에도 이야기는 마치 속사포처럼 계속 이어졌다. 토르가 고양이라 생각하고 들어올리려고 한 것은 사실 바닷속에서 꼬리를 문 채 미드가르드를 휘감고 있는 거대한 뱀 요르문간드였는데, 자신이 마술을 부려 고양이처럼 보이게 했다는 것이다. 그래서 토르가 그 뱀을 너무 높이 들어올리는 바람에 하마터면 녀석의 등이 하늘에 닿을 뻔했다는 것이다. 마지막으로 우트가르드로키에 의하면 토르가 노파라고 생각한 거인 엘리는 사실 자신이 마술을 부려 노파로 만든 '흐르는 세월'이었다. 그 누구도 흐르는 세월은 피할 수 없는 법. 그래서 토르 같은 천하장사라도 그 노파와의 씨름에서 절대 이길 수 없었다는 것이다.

여기까지 듣고 있자니 토르는 더 이상 화를 참을 수 없었다. 그가 막 망치 손잡이에 손을 대려는 순간 우트가르드로키가 그것을 알아채곤 마술을 부려 재빨리 자신의 모습을 감추었다. 그다음 토르에게 하고 싶은 마지막 말을 메아리처럼 뒤에 남기곤 허공 속으로 사라졌다. 토르가 앞으로 자신을 찾아오지 않는 것이 서로 신상에 편할 것이며, 자신은 이미 마술을 부려 신들이 다시는 우트가르드 성채를 찾지 못하도록 해 놨으며, 설령 찾는다 하더라도 해코지를 하지 못하도록 조치를 취해 놓았다는 것이다. 바로 그 순간 토르의 망치가 우트가르드로키의 목소리가 들리는 쪽을 향해 날아갔지만 목표물을 맞히지 못하고 허무하게 다시 돌아왔다. 백발백중의 토르의 망치가 실패한 것은 바로 이때뿐이었다.

토르는 속이 부글부글 끓어올랐다. 그는 씩씩거리며 일행들을 뒤에 남겨 둔 채 혼자서 발길을 되돌렸다. 다시 성채 안으로 들어가 거인들에게 분풀이를 해야 직성이 풀릴 것 같았기 때문이다. 하지만 토르가 왔던 길만큼 다시 돌아가 아무리 눈을 씻고 찾아보아도 도무지 성채는 보이지 않았다. 그의 눈앞에는 광활한 평원만 펼쳐져 있을 뿐이다. 성채가 있던 자리 근처에서 성가퀴처럼 3군데가 움푹 파인 언덕은 보였지만 성채는 그야말로 흔적도 없이 사라지고 말았다. 토르는 하는 수 없이 분을 삭이며 다시 일행이 있는 곳으로 돌아왔다.

그들은 넓은 숲을 지나 요툰헤임을 벗어나 미드가르드로 접어들어서 농부 부부에게 들러 마차와 염소를 되찾은 다음, 무지개다리 비프로스트를 건너 마침내 아스가르드의 트루드방으로 돌아왔다. 토르는 미드가르드의 바닷가에 가서 정말 바닷물이 줄어들었는지 한번 확인해 볼까 하고 잠시 망설였지만 자존심이 도저히 허락하지 않았다. 그것 하나만이라도 그냥 덮어 두는 편이 마음이 편할 것 같았다.

아스가르드에 초대받아 난동을 피운 거인 흐룽그니르

오딘의 궁전은 발라스칼프다. 그는 신들의 왕답게 틈만 나면 그곳에 있는 용상 흘리드스칼프Hlidskjalf에 앉아 아홉 세상에서 무슨 일이 일어나는지 살펴보곤 했다. 그 용상은 현대의 CCTV처럼 아홉 세상에서 일어나는 모든 일을 생중계하여 보여 주었다. 어느 날 오딘은 갑자기 용상에만 앉아 아래를 굽어보는 것에 싫증을 느끼고 불현듯 벽에 걸려 있는 황금 투구를 머리에 쓰고 애마 슬레이프니르에 올라타더니 재빨리 발라스칼프 궁전을 빠져나갔다. 그는 발할라 궁전을 지나 무지개다리 비프로스트를 건너 미드가르드를 쏜살같이 통과하여 금세 거인들의 나라인 요툰헤임으로 들어섰다. 슬레이프니르는 8개의 발을 지닌 터라 또각거리는 말발굽 소리가 요란했지만 그만큼 빠르기도 했다.

오딘은 오래전부터 이렇게 무료할 때를 대비해서 염두에 두었던 거인이 하나 있었다. 그는 바로 거인들 중 가장 힘이 세다는 흐룽그니르Hrungnir였다. 그렇다고 오딘은 그 거인과 힘을 겨루고 싶지는 않았다. 다만 그 거인이 동료들에게 자신의 애마 굴팍시Gullfaxi가 오딘의 애마 슬레이프니르보다 더 빠르다고 떠벌리는 것이 늘 마음에 거슬렸다. 굴팍시는 '황금 갈기'라는 뜻이다. 오딘은 이참에 흐룽그니르와 경마를 벌여 누구 말이 빠른지 본때를 보여 주고 싶었다. 흐룽그니르의 저택은 요툰헤임에서도 아주 외지고 황량한 곳에 있었다. 저택 주변이 온통 드넓은 황무지인지라 경마를 하기에도 안성맞춤이었다. 오딘은 황무지를 한참 달려 마침내 흐룽그니르의 저택에 도착했다.

거인은 오딘의 애꾸눈을 보고 이방인의 정체를 알았지만 시치미를 뚝 떼고 누구냐고 물었다. 오딘이 지긋이 미소만 짓자 흐룽그니르는 대

오딘은 용상 흘리드스칼프에 앉아 아홉 세상에서 일어나는 일들을 살펴보곤 한다.
로렌츠 프뢸리크, 〈오딘Odin〉, 1844년.

뜸 멀리서 달려오는 것을 보니 말이 참 빠르다면서 말을 돌렸다. 아마 오딘의 의중을 눈치채고 미리 선수를 친 것이리라. 이에 오딘은 이 세상에서 자신의 말보다 빠른 말은 없을 것이라고 대답했다. 흐룽그니르가 그것은 혼자만의 생각이며 이 세상에서 가장 빠른 말은 단연코 자신의 애마 굴팍시라고 받아쳤다. 오딘이 무슨 소리냐며 자신의 말은 지금까지 한 번도 시합에서 진 적이 없다고 소리쳤다. 거인이 다시 도대체 굴팍시의 명성을 들어 본 적이 없다니 말이 안 된다고 응수했다. 이렇게 한참 동안 티격태격하다가 마침내 오딘은 흐룽그니르에게 그럼 한번 겨루어 보자며 말에 홀쩍 올라타자마자 박차를 가하며 달리기 시작했다.

흐룽그니르도 재빨리 굴팍시에 올라타서 그 뒤를 쫓았지만 오딘은 벌써 눈에 보이지 않았다. 하지만 흐룽그니르의 굴팍시도 만만치 않았다. 녀석은 금세 슬레이프니르의 꽁무니를 따라잡았다. 그래도 흐룽그니르는 오딘을 추월할 수는 없었다. 오딘이 흐룽그니르와 적당한 간격을 유지하도록 속도를 조절하며 그를 아스가르드로 유인하고 있었기 때문이다. 한참 동안 그렇게 쫓고 쫓기며 달리던 그들은 어느새 요툰헤임과 미드가르드를 지나 무지개다리 비프로스트를 건너 아스가르드의 발할라 궁전 앞까지 달려왔다. 흐룽그니르는 그제야 자신이 승부욕에 너무 사로잡혀 앞만 보고 달려왔음을 의식하고 당황하여 얼른 말을 멈추고 돌아서려 했다. 그 순간 오딘은 그의 등에 대고 굴팍시도 여간 좋은 말이 아닌 것 같다며 은근히 그의 자존심을 세워 주면서, 먼길을 달려오느라 피곤할 테니 자신의 궁전에서 잠시 쉬어 가라고 외쳤다.

흐룽그니르는 마침 목도 마른 터라 선뜻 오딘의 제안을 받아들여 굴

오딘의 궁전인 발할라에서는 전쟁터에서 죽은 영웅들을 위한 연회가 열린다.
카를 에밀 되플러, 〈발키리아에 의해 발할라로 안내되는 전사 영웅들의 영혼Einherjar are Served by Valkyries in Walhalla〉, 1905년.

팍시를 밖에 매어 둔 다음 오딘의 안내를 받으면서 발할라로 성큼 들어
섰다. 오딘이 돌아오자 그의 늑대 게리와 프레키가 마치 집에서 키우는
반려견이 외출한 주인이 돌아올 때처럼 꼬리를 흔들며 반갑게 맞이했
다. 마침 발할라에서는 아스 신들이 그동안 미드가르드의 숱한 전쟁터
에서 전사한 수많은 영웅들과 함께 연회를 즐기고 있었다. 또한 갓 전
사한 영웅들도 발키리아의 안내를 받아 속속 도착하여 연회에 합류하
고 있었다. 거인 흐룽그니르가 들어오자 영웅들이 우렁찬 함성을 지르
며 전투태세를 갖추었다. 하지만 오딘이 이 거인은 오늘 자신의 초대를

받아 손님으로 왔으니 예를 갖추라고 명령하자 모두들 금세 경계심을 풀고 잠잠해졌다.

오딘은 거인을 자신의 옆자리에 앉힌 다음 발키리아에게 토르가 쓰던 커다란 술잔을 2개 가져오라고 명령했다. 토르의 술잔은 발키리아 1명이 하나밖에 들 수 없을 정도로 크고 무거웠다. 흐룽그니르가 그 술잔을 두 손으로 덥석 하나씩 받아들자 오딘이 그 술잔에 술을 따라 주었다. 영웅심이 발동한 거인은 좌중을 한 번 둘러보더니 두 술잔을 하나씩 단숨에 벌컥벌컥 들이켰다. 그것은 토르도 두세 번 꺾어 마시는 엄청난 양이었다. 얼마 지나지 않아 술기운이 돌기 시작한 흐룽그니르는 허풍을 떨기 시작했다. 그는 먼저 오딘을 향해 혀 꼬부라진 소리로 이까짓 발할라 궁전쯤이야 통째로 들어서 단숨에 요툰헤임의 자신의 집으로 옮길 수 있다고 외치면서 술 취한 사람이 그런 것처럼 진짜 할 수 있다는 말을 몇 번이나 반복했다.

그 모습을 보고 식탁에 앉아 있던 신들과 영웅들이 모두 가소롭다는 듯이 박장대소를 터뜨렸다. 거인은 그쪽을 쳐다보며 이까짓 아스가르드쯤이야 한 손으로 바다에 처넣을 수 있다고 외치면서 다시 진짜 할 수 있다는 말을 몇 번이나 반복했다. 그는 술에 너무 취해 '아스가르드'를 '아슈가드'라고 말할 정도였다. 그 모습을 가만히 지켜보던 오딘은 장난기가 발동했는지 그에게 조용히 다가가 그러면 우리 신들은 어떻게 할 셈이냐고 물었다. 흐룽그니르는 약간 흐릿한 눈초리로 신들을 차례차례 둘러보며 자신은 앞으로 아스가르드에 있는 신들을 모조리 죽여 버릴 생각이라고 큰소리치다가, 사랑의 여신 프레이야와 토르의 아내 시프 차례가 되자 그 둘은 죽이지 않고 집으로 데려가 첩으로 삼겠

토르는 술에 취해 주사를 부린 거인 흐룽그니르와 싸움을 벌인다.
로렌츠 프뢸리크, 〈흐룽그니르와 싸우는 토르Thor Fights Hrungnir Naked〉, 1895년, 채색: 지식서재.

다고 대답했다.

　오딘은 이제 더 이상 흐룽그니르의 주정을 보고 즐길 수만은 없었다. 그를 그냥 놔두었다가는 신들과 영웅들이 들고일어날 수도 있었다. 그렇다고 자신이 나서서 그를 제압한다면 손님을 불러다가 홀대했다는 비난을 받을 수도 있었다. 그래서 그는 프레이야에게 눈짓을 해서 흐룽그니르에게 술을 더 권하도록 했다. 그가 만취해서 저절로 쓰러져 잠들게 할 요량이었다. 하지만 거인은 프레이야의 술잔을 연거푸 여러 잔 받아 마셨는데도 불구하고 오딘의 예상과는 달리 전혀 쓰러질 기색을 보이지 않았다. 흐룽그니르는 신기하게도 맨 처음 술에 취한 상태 그대로 계속해서 주사를 부렸다. 오딘은 하는 수 없이 최후의 수단으로 외출한 토르를 부르러 전령을 보냈다.

거인들은 누구나 토르의 망치를 무서워했다. 토르가 흐룽그니르를 혼내 줄 명분도 충분했다. 그가 먼저 토르의 아내 시프를 첩으로 삼겠다며 토르를 모욕했기 때문이다. 얼마 후 오딘의 연락을 받은 토르가 쇠망치를 휘두르며 발할라 궁전으로 부리나케 달려 들어왔다. 그는 발할라가 쩌렁쩌렁 울리도록 흐룽그니르를 향해 이게 무슨 짓이냐고 고함을 지르며 야단을 쳤다. 그는 이미 전령에게서 사정을 전해 들은 터라, 아내 시프의 머리카락이 잘렸을 때보다 더욱 화가 난 얼굴로 거인을 향해 누구 허락을 받고 감히 발할라에 들어와서 행패냐고 다그쳤다. 흐룽그니르는 모든 것이 흐릿하게 보이는 취기에도 토르의 고함소리를 듣고 정신이 바짝 들었다. 자신이 아무리 힘이 세다고 해도 적진에서 토르와 맞붙었다가는 불리할 것이 뻔했기 때문이다. 게다가 오딘을 너무 급히 쫓느라 지금은 무기도 없이 빈손이지 않은가.

흐룽그니르는 우선 이 자리를 피하고 보자고 생각했다. 그래서 손가락으로 오딘을 가리키며 자신을 발할라의 연회에 초대한 것은 바로 오딘이라고 항변했다. 하지만 토르는 그 말에 전혀 아랑곳하지 않고 망치 자루를 만지작거리며 발할라에 들어올 때는 자유롭게 들어왔지만 나갈 때는 그렇게는 안 될 거라고 대답했다. 흐룽그니르는 바로 그 순간 기지를 발휘해서 대담하게 토르에게 도저히 거절할 수 없는 기발한 제안을 하나 했다. 만약 그가 무기도 없는 자신을 지금 공격해서 해를 입힌다면, 그것은 두고두고 아홉 세상 전체의 놀림감이 될 것이니, 차라리 시간과 장소를 정해 자신과 일대일 대결을 하는 것이 어떻겠냐고 말이다. 토르가 막 망치를 들어 날리려고 하는 순간 흐룽그니르가 한 말 중에서 '놀림감'이라는 단어가 갑자기 토르의 신경을 건드렸다. 천하의 토르가 거인뿐 아니라 난쟁이들의 놀림감이 되어서야 되겠는가.

토르는 생각이 이에 미치자 얼른 망치 손잡이에서 손을 떼고 흐룽그니르에게 다가가 일대일 대결을 위한 시간과 장소를 정했다. 그들은 잠시 의논한 끝에 일주일 후 미드가르드와 요툰헤임의 경계를 이루며 흐르는 강가의 넓은 공터에서 대결을 펼치기로 했다. 토르는 지금까지 한 번도 거인의 결투를 받아 본 적이 없었다. 그는 거인을 보면 그냥 달려들어 망치로 때려잡았을 뿐이다. 그만큼 거인들을 믿지 못할 종족이자 타도의 대상으로만 여겼다. 그래서 그는 흐룽그니르가 약속을 지키지 않을까 봐 은근히 걱정이 되어 몇 번이나 약속을 꼭 지키겠다는 다짐을 받고서야 그를 보내 주었다. 흐룽그니르는 발할라에서 나와 애마 굴팍시에 올라타자마자 뒤도 돌아보지 않고 냅다 요툰헤임으로 달려갔다.

흐룽그니르는 집으로 가지 않고 우선 거인들의 성채인 우트가르드에 들러 우트가르드로키 왕에게 지금까지 상황을 보고하고 토르와의 일대일 대결을 위한 대책을 마련했다. 거인들은 흐룽그니르가 발할라에 가서 한 일을 전해 듣고 위대한 업적이라고 치켜세우며 환호성을 질렀다. 아울러 토르와의 싸움에서도 꼭 승리하여 신들의 코를 납작하게 해 달라고 주문했다. 만약 가장 힘센 흐룽그니르가 일대일 대결에서 진다면 미래에 희망이 없다는 것이다. 흐룽그니르와 거인들은 긴 협의 끝에 결투장 근처 강가의 진흙을 이겨 거대한 거인을 만들어 흐룽그니르의 시종으로 삼아, 싸우기도 전에 토르를 겁에 질리게 하여 전의를 상실하게 하자는 데 뜻을 모았다.

거인들은 며칠 밤낮을 쉬지 않고 진흙을 이겨 키는 10마일(약 16킬로미터), 폭은 3마일(약 4.8킬로미터)이나 되는 엄청난 크기의 거인을 만들었다. 그다음 숨을 쉴 수 있도록 가슴 속에 암말의 심장을 이식하고 목쿠르칼피Mokkurkalfi라고 이름 지었다. 이윽고 결전의 날이 되자 흐룽그니르는 결투 장소로 갔다. 흐룽그니르의 가슴과 머리는 돌로 되어 있었다. 그래서일까? 흐룽그니르의 무기도 숫돌이었으며 왼손에 들고 있는 방패도 돌로 만든 것이었다. 약속 시간이 다가오자 마침내 토르가 마차를 타고 시종인 티알피를 대동하고 나타났다. 흐룽그니르는 진흙 거인 목쿠르칼피와 나란히 서서 토르 일행이 가까이 다가오기를 기다렸다. 그런데 흐룽그니르는 돌 방패를 너무 높게 들고 있는 바람에 시야가 가려 앞이 보이지 않았다. 흐룽그니르는 그 사실을 깨닫자 얼른 방패의 볼록한 부분이 위로 올라오게 땅에 던져 놓은 다음 그 위에 올라서서 오른손에 숫돌을 들고 토르가 사정거리 안으로 들어오기를 기다렸다.

하지만 선제공격을 한 것은 토르였다. 그는 흐룽그니르를 발견한 순간 한 발 앞서서 얼른 그를 향해 힘껏 망치를 날렸다. 흐룽그니르도 뒤늦게 쏜살같이 날아오는 토르의 망치를 향해 숫돌을 날렸다. 얼마 후 마치 한 궤도에서 서로 마주보고 달리던 열차처럼 서로를 향해 날아가던 망치와 맷돌은 꽝 하는 소리와 함께 부딪쳤다. 맷돌은 수백 조각으로 부서진 채 사방으로 흩어졌고, 망치는 그 사이를 뚫고 과녁인 흐룽그니르의 앞이마에 박혀 그의 두개골을 정확하게 두 조각으로 갈라놓

았다. 주인 흐룽그니르가 피를 흘리며 쓰러지는 것을 보고 시종인 목쿠르칼피가 놀라 오줌을 질질 싸기 시작했다. 그는 몸집에 비해 심장이 너무 작았기 때문에 가뜩이나 소심하고 겁이 많았던 것이다.

호시탐탐 기회를 노리고 있던, 토르의 시종 티알피가 그때를 놓칠 리 없었다. 그는 바로 그 순간 전속력으로 목쿠르칼피에게 달려가 진흙으로 된 그의 왼쪽 발을 도끼로 마구 후려치기 시작했다. 피할 틈도 없이 습격을 받은 목쿠르칼피는 아픈 발을 들어올리려다 그만 균형을 잃고 천둥소리보다도 더 큰소리를 내며 허무하게 땅바닥으로 꼬꾸라졌다. 그 바람에 티알피와 제대로 한 번 싸워 보지도 못한 채 산산이 부서지고 말았다. 우트가르드 성채에서 흐룽그니르가 승리했다는 소식을 손꼽아 기다리던 거인들은 강가로부터 갑자기 엄청난 굉음이 들려온 뒤 모든 것이 잠잠해지

토르의 망치는 흐룽그니르의 두개골을 부숴 버린다.
카를 에밀 되플러, 〈토르와 흐룽그니르Thor and Hrungnir〉,
1905년.

자 비로소 자신들의 기대가 헛된 희망이었음을 깨달았다. 하지만 토르의 망치에 산산이 부서진 흐룽그니르의 맷돌도 아무런 소용이 없었던 것은 아니다. 맷돌 파편 하나가 토르에게 날아가 하필이면 그의 머리에 깊숙이 박혀 버렸기 때문이다.

토르는 비명을 지르며 피가 철철 흐르는 머리를 두 손으로 감싸면서 넘어졌다. 하지만 엎친 데 덮친 격으로 공교롭게도 바로 그 순간 이마에 망치를 맞고 쓰러지던 흐룽그니르의 육중한 다리 하나가 토르의 목을 내리눌렀다. 토르의 비명소리를 듣고 시종 티알피가 달려가 우선 그의 머리에 박힌 맷돌 파편을 살펴보았으나 너무 깊이 박힌 터라 뽑아내는 것을 포기했다. 이어 그의 목에서 흐룽그니르의 다리를 치워 보려고 애썼으나 꿈쩍도 하지 않았다. 토르가 티알피에게 고통에 겨운 목소리로 얼른 자신의 아들 마그니Magni를 불러오라고 말했다. 마그니는 거인족 여인이었던 야른삭사Jarnsaxa가 토르에게 낳아 준 아들로 '강한 자'라는 이름처럼 천하장사였다. 얼마 후 발 빠른 티알피의 연락을 받고 달려온 마그니는 아버지의 목에서 거인의 다리를 단숨에 치워 버리고 자신이 조금만 더 일찍 왔더라면 이 거인도 해치워 아버지의 짐을 덜어 드렸을 것이라며 안타까워했다.

토르는 이런 아들을 둔 것을 자랑스럽게 여기며 그에게 흐룽그니르의 말 굴팍시를 하사하고 노고를 치하했다. 토르는 신들의 환호성을 받으며 아스가르드의 트루드방으로 돌아왔지만 머리에 박힌 맷돌 파편은 계속해서 그를 고통스럽게 했다. 그는 수소문 끝에 마법의 힘을 빌리기로 하고 미드가르드로 티알피를 보내 마법으로 용하다고 소문이 자자한, 아우르반딜Aurvandil의 아내 그로아Groa를 불러오게 했다. 그녀가

그로아는 마법이 뛰어났지만, 남편 소식에 흥분한 나머지 토르의 치료에 실패하고 만다.
윌리엄 게르솜 콜링우드, 〈그로아의 주문Groa's Incantation〉, 1908년, 채색: 지식서재.

급히 아스가르드로 건너와 토르의 머리에 손을 얹고 마법의 주문을
외우자 단단히 박혀 있던 맷돌 파편이 아주 조금씩 느슨해지고 고통도
점차 가시기 시작했다. 그러던 어느 날 저녁 토르는 그로아가 주문 치
료를 마치자마자 너무 고마운 마음이 들어 그동안 행방이 묘연했던 그
녀의 남편의 소식을 알려 주었다.

　토르는 언젠가 요툰헤임을 떠나 북쪽 태고의 니플헤임 부근을 방랑
하다가 엘리바가르Elivagar라는 얼음 강물에 빠져 허우적대는 아우르반
딜을 구해서 바구니에 넣어 등에 메고 미드가르드까지 데려다준 적이

있었다. 그때 그는 우연히 바구니 밖으로 삐져나온 아우르반딜의 발가락 하나를 만져 보고 꽁꽁 얼어 있는 걸 알고, 그것을 잘라 내어 하늘에 던져 별자리로 박아 주었다. 토르는 그로아에게 이런 말을 해 주며 그녀를 밖까지 배웅하면서 하늘을 쳐다보았다. 이전에 보지 못했던 새로운 별 하나를 손으로 가리키며 바로 자기가 만들어 준 아우르반딜의 별이라고 알려 주었다.

토르는 또한 그로아에게 머지않아 남편이 방랑을 끝내고 집에 돌아올 것이라고 귀띔도 해 주었다. 아우르반딜도 자신에게 그렇게 말했으며, 자신도 그에게 그렇게 권했다는 것이다. 그때부터 그로아의 머릿속은 온통 남편에 대한 그리움으로 가득 차는 바람에 그동안 외우고 있던 주문이란 주문은 모조리 잊어버리고 말았다. 그로아는 그 이후에 토르를 찾아가 치료를 마무리하려고 했지만 남편이 곧 돌아온다는 희망에 너무 흥분한 나머지 주문은 한마디도 안 나오고, 오직 남편 이름만 입 밖으로 튀어나왔다. 이렇게 해서 흐룽그니르의 맷돌 파편은 토르의 머릿속에 영영 남아 있게 되었다.

거인 여인 게르드를 찾아간 커플 매니저 스키르니르

풍작의 신 프레이르가 언젠가 발라스칼프 궁전으로 신들의 왕 오딘을 찾아갔지만 마침 그는 외출 중이었다. 프레이르가 궁전을 막 나서려는데 궁전 한가운데에 있는 아름다운 용상 흘리드스칼프가 눈에 띄었다. 그는 갑자기 호기심이 발동하여 그 용상에 한 번 앉아 보고 싶은 마음이 굴뚝같았다. 앞서 말했지만 이 용상에 앉으면 아홉 세상에서 일어나는 모든 일을 볼 수 있으며 이 특권은 오딘과 그의 아내 프리그만 누릴 수 있었다. 그렇다고 그 규칙을 위반하면 무슨 벌을 받는다는 규정이 있었던 것은 아니었다. 그래서 프레이르가 그 용상에 앉고 싶었던 것은 마치 어떤 회사 사장을 만나러 갔는데 사장이 없으면 그 자리에 앉아 눈을 지그시 감고 사장이 되는 꿈을 꾸는 사람과 같은 심정이었다. 프레이르는 주위를 한 번 둘러보며 아무도 없다는 것을 다시 한 번 확인한 다음 용상으로 다가가 슬며시 앉아 보았다.

프레이르가 용상에 앉는 순간 맨 먼저 눈에 들어온 것은 바로 요툰헤임에 사는 거인 기미르Gymir의 아름다운 저택이었다. 그는 그 저택 바깥을 살펴본 다음 안으로 시선을 돌리니 마침 기미르의 딸 게르드Gerd가 자신의 방 화장대에 앉아 머리를 손질하고 있었다. 그런데 프레이르는 게르드의 모습을 한 번 본 순간 다른 곳으로 시선을 돌리지 못했다. 그녀는 얼굴이 너무 아름다운 나머지 태양처럼 광채가 났으며 게다가 흰색 긴 원피스를 입고 있어 그녀가 발걸음을 옮길 때마다 주위가 환하게 밝아졌다. 그는 한참 동안 게르드의 일거수일투족을 살펴보다가 그만 사랑에 빠지고 말았다. 프레이르는 얼마 후 정신을 차리고 도망치듯 오딘의 궁전을 빠져나와 자신의 궁전으로 돌아왔지만 머리는 온통 게르드에 대한 연정으로 꽉 차 있었다.

그날 이후로 프레이르는 게르드에 대한 사랑의 열망으로 마음을 애태웠다. 어떤 일을 해도 흥이 나지 않았으며 음식도 입에 들어가지 않았다. 그는 오직 오딘의 궁전으로 몰래 들어가 게르드를 한 번 더 보고 싶은 마음밖에 없었다. 하지만 예전에는 운이 좋아 그럴 수 있었을 뿐 이번에 발각되면 만천하에 웃음거리가 될 것이 뻔했다. 프레이르는 모든 음식을 거부하고 침실에 틀어박혀 오로지 게르드만을 생각했다. 누가 면담을 신청해도 만나지 않고 외출도 하지 않았으며 심지어 침실 밖으로 나오지도 않았다.

그러던 어느 날 아버지 뇨르드가 아들을 찾아왔다가 비쩍 마른 몰골을 보고 깜짝 놀라 프레이르의 하인들 중에서 가장 현명한 스키르니르Skirnir를 불렀다. 이어 스키르니르에게 도대체 무슨 이유인지 알아보고 아들을 좀 도와주라고 부탁했다.

스키르니르가 프레이르의 침실로 직접 찾아가 칩거하는 이유를 물어보자 프레이르는 처음에는 말을 돌리며 즉답을 피했다. 그냥 우울하고 답답해서 그런다고 말했을 뿐이다. 하지만 스키르니르의 집요한 질문 공세에 결국 프레이르는 답답한 속내를 털어 놓으며 거인 기미르의 딸 게르드와 자신을 맺어 달라고 부탁했다. 스키르니르는 그 대가로 주인이 아끼는 '스스로 알아서 싸우는 검'을 준다면 반드시 그 결혼을 성사시키겠다고 약속했다. 이 말을 듣고 게르드를 얻기만 한다면야 아까울 것이 하나도 없다고 생각한 프레이르는 자신의 검을 흔쾌히 내주었다. 스키르니르는 프레이르에게 이 밖에도 게르드에게 선물로 줄 청춘의 사과 11개와 오딘의 보물 드라우프니르 반지도 하나 마련해 달라고 부탁했다.

스키르니르는 모든 준비물이 갖추어지자 곧바로 말을 타고 주인의 중매를 위한 여정을 시작했다. 그가 마침내 기미르의 저택에 도착하여 게르드를 만났을 때는 마침 그녀의 아버지 기미르는 집에 없었다. 스키르니르는 자신을 프레이르의 하인으로 소개하고 자신이 찾아온 이유를 소상히 설명했다. 그다음에 먼저 청춘의 사과를 꺼내 놓으며 만약 프레이르의 청혼을 받아들여 준다면 그녀에게 11개 모두 다 선물로 주겠다고 제안했다. 하지만 게르드는 청춘의 사과를 쳐다보지도 않은 채 자신의 사랑은 그 무엇으로도 살 수 있는 것이 아니라며 제안을 거절했다. 스키르니르는 이번에는 드라우프니르 반지 하나를 꺼내 놓으며 만약 프레이르의 청혼을 받아들인다면 청춘의 사과뿐 아니라 이 반지도 얹어 주겠다며 그것은 아흐레 밤이 지나면 똑같은 반지가 8개나 더 생겨나는 신비한 반지라고 설명했다.

게르드는 이번에도 반지를 쳐다보지도 않은 채 똑같은 말로 그 제안을 거절했다. 화가 난 스키르니르는 이번에는 프레이르에게 중매의 대가로 받은 칼을 빼어 들며 게르드에게 만약 프레이르의 청혼을 받아들이지 않는다면 그 칼로 당장 그녀의 목을 잘라 버릴 수도 있다고 위협했다. 하지만 게르드는 눈 하나 꿈쩍하지 않고 당당하게 사랑은 강요한다고 얻을 수 있는 것이 아니며, 만약 자신의 아버지가 돌아오면 당신쯤은 단칼에 해치워 버릴 것이라고 대답했다. 그러자 스키르니르는 그 칼은 보통 칼이 아니라 바로 스스로 알아서 싸우는 칼이라서 그녀의 아버지와 같은 거인 수십 명이 와도 거뜬히 이길 것이라고 말해 주었다. 하지만 게르드의 기세는 꺾일 줄을 몰랐다.

스키르니르는 이제 최후의 수단을 사용할 때가 왔다고 생각하고 자신이 늘 들고 다니던 감반테인Gambanteinn이라는 지팡이를 들어 그녀의 몸에 대고 주문을 걸었다. 감반테인은 마법의 지팡이로 스키르니르가 우연히 숲에서 발견한 이후로 자신의 분신처럼 갖고 다니며 필요할 때마다 활용하여 위기에서 벗어났던 것이다. 그는 그것을 그녀의 어깨에다 대고 온갖 저주를 퍼부었다. 그녀는 앞으로 절대로 사랑을 하지 못할 것이고, 혼자서 쓸쓸하게 살다가 죽을 것이며, 만에 하나 결혼을 하

스키르니르는 게르드를 찾아가서 프레이르의 청혼을 전달하지만 거절당한다.
로베르트 엥겔스, 〈게르드의 마음을 얻기 위해 애쓰는 스키르니르Skirnir wirbt um Gerda〉, 1903년.

더라도 지하세계의 '머리가 셋 달린 괴물' 흐림그림니르Hrimgrimnir의 아내가 될 것이고, 인간이든 신이든 거인이든 그 누구와도 사랑의 기쁨을 나누지 못할 것이라고 말이다.

스키르니르의 저주를 들으며 게르드의 얼굴이 점점 일그러졌다. 특히 그녀는 그 누구와도 사랑의 기쁨을 나누지 못할 것이라는 대목에서 슬픔이 복받쳐 올라 울음을 터뜨리고 말았다. 그녀는 나중에 가정과 정원과 농장의 수호신으로 여겨질 만큼 무엇보다도 좋은 남자를 만나 불같은 사랑을 하여 좋은 가정을 꾸리고 예쁜 자식들을 낳아 정원과 농장을 함께 가꾸며 오순도순 살고 싶은 마음이 강렬했다. 그녀가 사실 프레이르의 청혼을 받아들이지 않은 것은 어렸을 적부터 아버지에게서 받은 교육의 영향이 컸다. 그녀는 아버지로부터 거인들은 철천지원수인 신들과는 절대로 결혼해서는 안 된다는 말을 귀가 닳도록 들으며 커 왔기 때문이다. 그런데 프레이르와 결혼을 안 하면 평생 노처녀로 늙어 죽는다니 어쩌겠는가.

한참을 소리 없이 울기만 하던 게르드는 드디어 큰 결심을 한 것처럼 손수건을 꺼내 눈물을 닦았다. 지금까지 냉담하던 태도와는 달리 얼굴에 살짝 미소를 지으며 스키르니르에게 늦게나마 의자를 내밀며 앉으라고 권했다. 이어 부엌으로 가서 음료수를 가져와 그에게 건네주며 앞으로 9일 뒤 정오에 요툰헤임과 미드가르드의 경계에 위치한 바리Barri라는 숲 한가운데 큰 참나무 밑에서 만나자고 제안했다. 마음이야 지금이라도 당장 그를 따라가고 싶지만 자신이 아버지를 설득하고 신변을 정리하기 위해서는 그 정도의 시간이 필요하다는 것이다. 스키르니르가 돌아가고 정확하게 9일 뒤 게르드는 정말 바리 숲에 나타나

프레이르는 현명한 하인 덕분에 게르드와 무사히 결혼식을 올린다.
카를 에밀 되플러, 〈프레이르와 게르드Freyr and Gerd〉 부분. 1905년.

프레이르와 결혼식을 올렸다. 1년 후 그들 사이에서 아들 퓰니르Fjölnir
가 태어났다.

저주의 반지가 되어 버린 난쟁이 안드바리의 황금 반지

어느 해 겨울이 막바지에 이르렀을 때였다. 겨울 내내 폭설과 강추위
로 미드가르드를 한 번도 둘러보지 못한 오딘은 어느 날 로키를 대동
하고 아스가르드를 나섰다. 그들이 무지개다리 비프로스트를 타고 미
드가르드에 들어서서 세상 구경을 하고 있을 때 멀리서 회니르가 보였
다. 회니르는 원래 아스 신족이었는데 신들을 교환할 때 미미르와 함께
반 신족에게로 간 신이다. 아마 그도 날씨가 풀려서 바나헤임에서 세상
구경을 나온 듯했다. 그들은 서로 반갑게 인사를 나누고 자연스럽게 일
행이 되었다. 그들이 그동안 나누지 못했던 이야기 꽃을 피우는 사이
큰 강을 만나 거슬러 올라가다가 낙차가 큰 곳에 멋진 폭포가 있는 것

을 발견했다.

그들은 그곳에 앉아 아스가르드에서 싸 온 점심을 먹으며 한참 동안 폭포수가 떨어지는 장관을 넋 놓고 구경하고 있었다. 갑자기 로키가 아래쪽 강가를 가리키며 그곳에 뭔가 있는 것 같으니 잘 살펴보라고 속삭였다. 과연 거기에는 수달 1마리가 조금 전 강물에서 잡은 연어를 막 먹으려고 하고 있었다. 로키는 얼른 땅바닥에서 적당한 돌 하나를 주워 그 수달을 향해 잽싸게 날렸다. 정수리에 돌을 맞은 수달은 연어를 미처 맛보지도 못한 채 즉사하고 말았다. 로키가 얼른 그곳으로 달려가서 양손에 각각 수달과 연어를 들고 의기양양하게 돌아왔다. 오딘과 회니르도 저녁에 그것들을 요리해서 먹을 생각으로 덩달아 기분이 좋았다.

세 신은 이후에도 강가를 따라서 경치가 좋은 곳이 있으면 쉬기를 반복하면서 천천히 상류로 올라갔다. 어느덧 해는 서산으로 기울고 주변이 어둑어둑해지기 시작했다. 그때 마침 그들은 멀리 굴뚝에서 연기가 피어오르는 농가를 발견했다. 그 집은 바로 농부이자 마법사이기도 한 흐레이드마르Hreidmar의 집이었다. 그는 그곳에서 오테르Oter, 파프니르Fafnir, 레긴Regin 삼형제, 그리고 링헤이드Lyngheid와 로폰헤이드Lofnheid라는 두 딸과 함께 살고 있었다. 인기척이 나자 흐레이드마르가 현관문을 열고 나왔다. 오딘이 정체를 밝히지 않고 저녁 식사로 같이 먹을 것을 내어 놓을 테니 하룻밤 묵어 가게 해 달라고 부탁했다.

흐레이드마르는 원래 손님들을 홀대하는 사람도 아니었지만 겨울의 끝자락에 먹을 것이 워낙 귀한 터라 그들을 흔쾌히 집으로 받아들였다. 로키는 자리에 앉자마자 얼른 보따리에서 아까 잡은 수달과 연어를 꺼내 놓으며 자기가 점심 때 저 아래 폭포 근처에서 겨우 돌 하나 던저 잡은 거라고 호들갑을 떨며 얼른 요리해서 먹자고 재촉했다. 하지만 흐레이드마르는 수달을 흘깃 쳐다보자마자 얼굴을 일그러뜨린 채 곧장 밖으로 뛰쳐나갔다. 세 신은 도대체 왜 흐레이드마르가 수달을 보고 예의에 어긋난 행동을 보였는지 알 수가 없었다. 그들은 다만 그 이유에 대해 온갖 추측을 하며 그가 돌아오기만을 기다릴 수밖에 없었다.

흐레이드마르는 손님들 방에서 나오자마자 두 아들 파프니르와 레긴을 불러 형 오테르가 죽은 것 같다고 말했다. 형제가 깜짝 놀라며 범인이 누구냐고 묻자 그는 턱으로 가끔 손님들이 묵는 방을 가리켰다. 형제들은 그 방으로 쳐들어가 금방이라도 결판을 낼 태세였다. 흐레이드마르가 그들을 제지하면서 무턱대고 공격할 게 아니라 계획을 세워 기습을 해야 한다고 충고하며 살인자들의 특이 사항을 자세히 말해 주었다. 하나는 애꾸눈에다가 창을 하나 갖고 있으며, 다른 사람은 음흉하게 생겼지만 싸움은 못할 것 같고, 마지막 사람은 막상 싸움이 일어나면 도망갈 '범생이' 유형으로 보인다고 했다.

그들은 묶을 끈 등 모든 준비를 갖춘 다음 살인자들의 방 앞으로 소리 나지 않게 살금살금 걸어가서는 갑자기 방문을 열어젖히고 안으로 뛰어 들어갔다. 세 신이 소스라치게 놀라며 어쩔 줄 몰라 하는 사이 흐레이드마르가 마법을 걸어 그들을 꼼짝 못하게 했고, 계획한 대로 그의 두 아들이 달려들어 단숨에 그들을 포박해 버렸다. 졸지에 두 손 두 발이 묶인 채 포로 신세가 된 신들 중 가장 침착한 오딘이 무슨 행패냐고 소리치자 흐레이드마르가 살인자들 주제에 말이 많다며 조용히 하라고 소리쳤다. 신들이 영문을 몰라 서로의 얼굴을 멀뚱멀뚱 쳐다보기만 하고 있는 사이 흐레이드마르는 그들이 강가에서 잡은 수달은 사실 자신의 큰아들 오테르라고 대답했다. 오테르는 낮에는 수달로 변신해서 강에서 물고기를 잡아 아버지와 동생들을 부양하는 그야말로 이 세상에 둘도 없는 착한 아들이며 좋은 형이라는 것이다.

오딘은 그제야 모든 상황을 알아채고 수달이 사람인 줄 알았다면 어떻게 그를 죽여 태연하게 먹을 것이라고 내어 놓겠냐며 배상금은 원하는 대로 충분히 지불할 테니 제발 용서해 달라고 부탁했다. 오딘의 항변이 충분히 일리 있다고 생각한 흐레이드마르는 그렇다면 자신의 아들 오테르의 시신에 황금 무덤을 만들어 주면 풀어 주겠다고 제안했다. 이어 그는 두 딸을 불러 아직도 방바닥에 널브러져 있는 수달을 건네주면서 가죽이 상하지 않게 통째로 벗겨 사체는 강가 양지바른 곳에 잘 묻어 준 다음, 그 가죽은 잘 씻어서 가져오라고 지시했다. 얼마 후 딸들이 돌아오자 그는 오딘에게 가죽을 건네주면서 그 안에 황금을 가득 채운 다음, 가죽이 전혀 보이지 않게 다시 겉을 황금으로 덮어 달라고 요구했다.

오딘은 잘 알겠다며 옆에 있던 로키에게 귀엣말로 이 사건의 발단이 된 것은 그였으니 알아서 잘 해결하라고 명령했다. 그러자 로키는 흐레이드마르에게 자신이 황금을 가져오겠으니 두 사람만 인질로 삼고 자신은 풀어 달라고 요구했다. 흐레이드마르가 시킨 대로 하자 로키는 야릇한 미소를 지으면서 재빨리 그 방을 빠져나와 칠흑 같은 밤의 장막 속으로 사라졌다. 황금을 가져오는 일이 두 신에게는 화급을 다투는 일이었지만 로키는 그리 서두르지 않기로 했다. 자신은 자유의 몸인데 오딘과 회니르가 묶여 있다는 사실이 그리 기분 나쁘지 않았다. 그는 우선 흘레세이 섬으로 가서 바다의 신 에기르의 아내 란을 만나 긴요

하게 쓸 데가 있으니 그물을 좀 빌려 달라고 부탁했다. 약간 주저하는 란에게 그 그물에 오딘의 생명이 달려 있다고 하자 그녀는 얼른 그물을 내어 주었다.

로키가 그물을 들고 도착한 곳은 난쟁이들의 영토 스바르트알프헤임이었다. 그곳은 자신이 강가에서 수달로 오해하고 죽인 오테르의 아버지 흐레이드마르의 집에서 멀지 않은 곳에 있었다. 또한 미드가르드에서 시작된 그 강은 스바르트알프헤임을 거쳐 바다로 흘러 들어갔다. 로키가 콧노래까지 부르면서 터벅터벅 걸어서 찾아간 곳은 바로 그 강에 있던 난쟁이 안드바리Andvari의 거처인 폭포였다. 로키는 언젠가 스바르트알프헤임을 여행하다가 그곳에서 우연히 안드바리를 알게 되어 친분을 쌓게 되었다. 안드바리는 그 당시 로키와 며칠 지내면서 서로 허물 없는 사이가 되자 자신이 엄청난 황금을 갖고 있다고 비밀을 털어놓은 적이 있는데, 기억력 좋은 로키가 바로 그 생각이 났던 것이다.

그 당시 안드바리는 자신만 아는 근처 동굴에 황금을 숨겨 놓고 자신은 민물꼬치고기로 변신하여 그 강에 있는 폭포 밑 물웅덩이에서 살고 있다며 그곳으로 데려가 변신술을 선보이기까지 했었다. 로키는 기억을 더듬어 그곳으로 찾아가 폭포 밑 물웅덩이에 란에게서 빌려 온 그물을 던지고 천천히 끌어올렸다. 그러자 과연 그물 안에 다른 고기들과 함께 커다란 민물꼬치고기 1마리가 들어 있었다. 녀석은 한참을 입만 뻐끔거리면서 시치미를 뚝 떼고 있더니 결국 숨을 쉬기 위해 원래 모습으로 돌아왔다. 그 순간 로키는 얼른 안드바리의 목덜미를 움켜쥐고 숨통을 죄면서 보물이 있는 동굴로 안내하면 목숨만은 살려 주겠다

안드바리는 엄청난 황금을 모은 난쟁이다.
아서 래컴, 〈니벨룽족에게 금은을 파내게 하는 안드바리(독일어로 알베리히)〉Alberich Drives in a Band of Nibelungs Laden with Gold and Silver〉, 1910년, 《니벨룽의 반지》를 위한 삽화 11번.

고 으름장을 놓았다.

안드바리는 살기 위해 어쩔 수 없이 로키를 자신의 보물창고인 동굴로 안내했다. 로키가 안드바리의 안내를 받아 동굴로 들어섰을 때 눈에 띈 것은 모루와 풀무 등 대장간 시설이었다. 로키가 그에게 예전에 말한 황금은 어디 있냐고 묻자 그는 자신의 작업대 위를 가리켰다. 로키가 그곳을 바라보니 상당한 양의 황금이 쌓여 있기는 했지만 그것으로는 오테르의 무덤을 만들어 주기에는 턱없이 모자랐다. 로키는 다시 안드바리의 멱살을 이전보다 더 세게 틀어쥐면서 황금이 있는 곳을 대라고 다그쳤다. 그제야 안드바리는 비명을 지르며 작업대 위에 있는 벽의 스위치를 가리켰다. 로키가 얼른 그 스위치를 누르자 옆 모루 뒤에서 비밀의 문이 열리고 조그만 공간이 나타났다.

로키가 그곳으로 가 보니 과연 그곳에는 황금이 엄청나게 쌓여 찬란하게 빛을 발하고 있었다. 로키는 안드바리를 시켜 그 황금을 모두 자루에 담도록 했다. 그런데 안드바리는 그것들을 자루에 쓸어 담으면서 로키가 한눈을 파는 사이에 맨 위에 올려져 있던 황금 반지 하나를 재빨리 왼쪽 약지손가락에 끼워 넣었다. 하지만 눈치 빠른 로키가 그것을 놓칠 리 없었다. 로키는 안드바리가 낑낑대며 황금 자루를 끌고 와서 그에게 건네주자 안드바리의 왼손 약지를 가리키며 그 반지는 왜 자루에 넣지 않았는지 나무랐다. 안드바리가 원래 오래전부터 끼고 있던 것이라고 발뺌을 하자 로키는 아까 모든 것을 다 보고 있었다며 얼른 손에서 빼서 자루에 넣으라고 다그쳤다.

그러자 안드바리는 갑자기 로키 앞에 무릎을 꿇더니 손을 비비며 제발 그것만은 남겨 달라고 애원했다. 로키가 그 부탁을 들어줄 리 없었다. 그는 오테르의 무덤을 만들려면 황금을 가능한 충분히 가져가야 한다는 생각뿐이었다. 하지만 안드바리는 무릎을 꿇은 채 여전히 손을 비비며 도무지 일어날 생각을 하지 않았다. 로키는 하는 수 없이 강제로 약지손가락에서 반지를 빼어 자루에 넣은 다음, 작업대로 가서 손수 그 위에 있던 황금도 모두 자루에 쓸어 담았다. 이어 자루를 어깨에 메고 동굴 입구 쪽으로 향했다. 그러자 절망한 안드바리는 로키의 뒤통수에 대고 앞으로 그 황금 반지를 갖게 되는 자는 반드시 파멸하고 말 것이라고 저주를 퍼부었다.

로키는 안드바리의 저주를 대수롭지 않게 생각했다. 그게 실현되든 그렇지 않든 자신과는 아무 상관이 없다고 생각했기 때문이다. 로키가 엄청난 황금 자루를 메고 나타나자 오딘과 회니르는 왜 이렇게 늦었냐며 타박했다. 로키가 황금을 찾아 헤매느라 그랬다고 얼버무리며 안드바리로부터 강제로 빼앗은 황금 반지를 보여 주자 오딘이 자기가 갖겠다며 그것을 낚아채서 약지손가락에 끼웠다. 로키가 돌아왔다는 말을 듣고 흐레이드마르가 두 아들과 함께 그들의 방으로 찾아왔다. 흐레이드마르는 로키가 가져온 커다란 황금 자루를 보고 우선 아들들을 시켜 오딘과 회니르를 포박에서 풀어 주도록 했다. 이어 로키에게 구해 온 황금으로 죽은 오테르의 무덤을 만들어 보라고 요구했다.

로키는 흐레이드마르로부터 오테르의 가죽을 넘겨받아 주둥이를 통해 밑에서부터 차곡차곡 황금을 채우기 시작했다. 주둥이 부분까지 황금이 모두 차자 이번에는 그것을 반듯이 세워 놓고 겉에 황금을 쌓아 가죽이 전혀 보이지 않게 했다. 로키는 황금 무덤을 다 마무리했다고 생각하고 흐레이드마르에게 빈틈이 있는지 한번 살펴보라고 했다. 그는

안드바리의 저주가 스며든 반지는 이후 많은 이들을 불행으로 몰아넣는다.
아서 래컴, 〈시구르드(독일어로 지그프리트)가 주고 간 반지에 입맞춤을 하는 브룬힐드Brunnhilde Kisses The Ring That Siegfried Has
Left〉, 1910년, 《니벨룽의 반지》를 위한 삽화 54번.

아주 꼼꼼하게 황금 무덤을 살펴보다가 맨 위쪽에서 콧수염 하나가 틈새를 뚫고 삐져나온 것을 발견하고 로키에게 이의를 제기했다. 만약 약속대로 그 틈새를 황금으로 메워 놓지 않는다면 계약은 파기된 것으로 알겠다는 것이다.

로키는 흐레이드마르의 불만을 듣자마자 특유의 음흉한 미소를 지으면서 고개를 돌려 오딘의 약지손가락을 쳐다보았다. 오딘은 하는 수 없이 아까 자기 몫으로 챙겨 두었던 황금 반지를 빼어 로키에게 던져 주었다. 로키가 황금 반지로 틈새를 메우자 흐레이드마르는 그제야 만족하며 이제 가도 좋다며 오딘에게 압수해 두었던 창 궁니르도 돌려주었다. 오딘이 일행을 데리고 막 흐레이드마르의 집 대문을 나서려는 순간 로키는 아까 안드바리가 했던 저주의 말이 생각났다. 그래서 몸을 돌려 흐레이드마르 삼부자에게 그 황금의 주인이었던 난쟁이 안드바리의 저주를 그대로 전했다. 앞으로 그 황금 반지를 갖게 되는 자는 반드시 파멸하고 말 것이라고 말이다(이 반지는 이후 오페라 《니벨룽의 반지》와 영화 〈반지의 제왕〉 등 여러 작품의 모티프가 된다).

태어나자마자 천덕꾸러기로 전락한 로키의 세 자식

로키의 아내는 시긴Sigyn이다. 하지만 로키는 심심하면 거인들의 나라인 요툰헤임으로 내려가서 거인족 여인들과 한눈을 팔곤 했다. 그중 앙그르보다Angrboda라는 거인족 여인은 로키에게 두 아들, 늑대 펜리르Fenrir와 왕뱀 요르문간드Jormungand, 딸 헬Hel 등 삼남매를 낳아 주었다. 이 삼남매가 태어나자 우르드, 베르단디, 스쿨드 등 운명의 세 여신은 신들에게 로키의 자식들에게서는 악행 이외에는 아무것도 기대할 것이 없으며, 결국 그들 때문에 신들은 파멸할 것이라는 불길한 예언을 했다. 신들은 이 아이들을 어떻게 할 것인지를 놓고 회의에 부친 결과, 그들이 성장해서 문제를 일으키기 전에 아스가르드로 데려와서 유배를 시키자는 데 의견의 일치를 보았다.

얼마 후 토르, 티르, 헤임달 등 세 신으로 결성된 특공대는 새벽녘에 요툰헤임의 앙그르보다의 집으로 잠입해서 그녀가 저항할 틈도 주지 않고 번갯불처럼 재빨리 로키의 삼남매를 아스가르드로 잡아왔다. 오딘은 우선 왕뱀 요르문간드는 인간들의 세상인 미드가르드를 감싸고 있는 바다에 던져 넣었다. 시간이 흐르자 요르문간드는 점점 자라나서 바다를 한 바퀴 돌아 자신의 꼬리를 물고 있을 정도로 거대한 뱀이 되었다.

왕뱀 요르문간드는 꼬리를 물고 세상 전체를 둘러싸고 있다는 점에서 고대 이집트를 비롯하여 영지주의와 연금술에서 숭배한 우로보로스Ouroboros라는 왕뱀의 후예다. 다만 지혜의 상징이었던 우로보로스와는 달리 요르문간드는 악의 화신으로 전락한다. 우로보로스는 현대의 타로 메이저 카드의 21번째 카드인 '세계'에서 긍정의 아이콘으로 부활한다.

이어 오딘은 헬을 지하세계로 보내 그곳을 지키는 여왕이 되게 했다. 오딘이 요르문간드와 헬을 외진 곳으로 보낸 것은 그런 곳이라면 신들이나 인간들에게 해를 끼치지 못할 것이라고 생각했기 때문이다. 오딘은 마지막으로 늑대 펜리르는 겉으로 보기에 보통 늑대와 별반 다를 게 없었기 때문에 그냥 아스가르드 벌판에 풀어놓고 자신이 직접 감시하기로 결정했다.

로키는 거인족 여인과의 사이에서 늑대 펜리르, 왕뱀 요르문간드, 헬을 낳는다.
윌리 포게니, 〈로키의 자식들The Children of Loki〉, 1920년, 채색: 지식서재.

하지만 펜리르는 자라나면서 점점 포악성을 드러내기 시작했다. 아스가르드에 있는 신들의 궁전을 제집처럼 마음대로 드나들면서 음식을 훔쳐먹기도 했고, 심심하다는 생각이 들면 미드가르드로 내려가 농가를 습격하여 가축들을 잡아먹곤 했다. 또한 인간들의 추격을 피해 달아나다 궁지에 몰리게 되면 그들을 잔인하게 살해했으며, 신들에게 잡혀 우리에 갇히게 되면 강철보다도 강한 이빨로 순식간에 우리를 부수고 달아났다. 펜리르의 행패가 날로 심해지자 어느 날 운명의 세 여신은 다시 신들에게 녀석이 장차 오딘을 죽일 것이라고 경고했다. 신들은 그 말을 듣고 모두 함께 연합작전을 펼쳐 녀석을 잡아 죽이려고도 생각해 보았지만 자신들의 손에, 특히 아스가르드에 더러운 피를 묻힐 수는 없는 노릇이었다.

결국 신들은 산 채로 녀석을 포박하여 요르문간드나 헬을 보낸 곳보다도 더 외진 곳에 유폐시키기로 결정했다. 그들은 우선 레이딩Leyding이라는 아주 단단한 철끈을 만든 다음 그것을 가지고 펜리르를 찾아가서 무지개다리 비프로스트를 수선하기 위해 만든 것인데 이 세상에서 가장 힘이 세다는 그가 시험을 좀 해 달라고 부탁했다. 펜리르는 그 말을 듣고 자신만만한 표정을 지으며 옆으로 벌렁 눕더니 신들에게 그 철끈을 몇 개로 잘라 네 다리를 비롯해서 자기 몸을 마음대로 묶도록 한 다음 온몸에 힘을 주기 시작했다. 신들은 제발 그것이 끊어지지 않기를 바랐지만 녀석이 서너 번 세게 힘을 주자 투두둑 소리를 내며 맥없이 모두 끊어지고 말았다.

　신들은 속으로는 몹시 실망하면서도 겉으로는 짐짓 펜리르의 괴력에 놀라는 척하며 다음에는 좀 더 단단한 끈을 만들어 오겠다며 돌아갔다. 얼마 후 그들은 이번에는 레이딩보다도 2배나 단단한 드로미Dromi라는 철끈을 만든 다음 그것을 가지고 펜리르를 찾아가서 만약 이것도 끊을 수 있다면 펜리르야말로 아홉 세상을 통틀어 가장 힘이 센 것으로 인정하겠다고 치켜세웠다. 펜리르는 그 말을 듣고 지난번과 마찬가지로 자신만만한 표정을 지으면서 옆으로 벌렁 눕더니 신들에게 그 철끈을 몇 개로 잘라 네 다리를 비롯해서 자기 몸을 마음대로 묶도록 한 다음 온몸에 힘을 주기 시작했다. 신들은 제발 그것만은 끊어지지 않기를 바랐지만 처음 것보다 비록 시간은 조금 더 걸렸어도 그것도 결국 투두둑 소리를 내며 맥없이 모두 끊어지고 말았다.

　신들은 속으로는 몹시 실망하면서도 겉으로는 그의 엄청난 힘에 놀라며 다음에는 좀 더 단단한 끈을 만들어 오겠다며 돌아갔다. 얼마 후 글라드스헤임에서 벌어진 대책회의에서 신들은 모두 이제 펜리르를 잡기는 틀렸다며 녀석이 어렸을 때 미리 제압하지 못한 오딘에게 원망의 눈초리를 보냈다. 그러자 오딘은 아직 포기하기에는 이르다면서 마지막으로 못 만드는 것이 없는 난쟁이들에게 정말 단단한 끈을 만들어 달라고 부탁하겠다고 말했다. 그는 당장 프레이르의 전령 스키르니르를 불러 스바르트알프헤임으로 보내 난쟁이들의 왕에게 절대로 끊어지지 않을 끈을 만들어 주면 엄청난 황금을 주겠다는 자신의 제안을 전했다. 왕은 오딘의 제안을 선뜻 받아들여 부하들 중 최고로 숙련된 대장장이들 3명을 골라 그 임무를 맡겼다. 난쟁이들은 땅속 깊은 동굴에 살아서 그런지 태생적으로 땅속에서 나는 황금을 아주 좋아했다.

3명의 난쟁이들은 외진 대장간에 틀어박혀 작업에 몰두한 지 3일 만에 글레이프니르Gleipnir라는 끈을 만들어 왔다. 그런데 이 끈은 첫눈에 봐도 처음의 두 끈에 비해 너무 부실해 보였다. 두께도 훨씬 가늘었을 뿐 아니라 재료도 철이 아니라 식물의 잎인 것처럼 보여 난쟁이라도 마음먹고 한 번 세게 잡아당기기만 하면 금방이라도 끊어질 것 같았다. 스키르니르는 그 끈을 받아들고 걱정스러운 마음에 난쟁이들에게 재료가 무엇인지 물었다. 그러자 그들은 그 끈은 고양이의 발자국 소리, 여자의 수염, 산의 뿌리, 곰의 힘, 물고기의 숨, 새의 침 등 6가지 재료로 만들어졌으며 겉보기에는 아주 약해 보여도 절대로 끊어지지 않는다며 그를 안심시켰다.

스키르니르가 아스가르드로 돌아와서 글레이프니르를 내놓자 신들은 모두 입을 모아 그 강도를 의심했다. 그래서 스키르니르는 3명의 대장장이들에게서 들은 대로 그 끈은 스바르트알프헤임 이외의 다른 곳

신들은 세 번의 시도 끝에 마침내 늑대 펜리르를 포박하는 데 성공한다.
조지 핸드 라이트, 〈펜리르를 포박하는 신들The Gods Bind the Wolf Fenrir〉, 1908년.

에서는 구경할 수도 없고 구할 수도 없는 재료들로 만들어졌기 때문에 절대로 끊어질 염려가 없다고 말해 주었다. 이 세상에서 아예 안 보이고 없는 것을 펜리르가 어떻게 끊을 수 있겠느냐는 논리였다. 신들은 그 말을 한번 믿어 보기로 하고 펜리르를 찾아가서 만약 이것도 끊을 수 있다면 그야말로 아홉 세상을 통틀어 가장 힘이 센 것으로 인정하겠다고 치켜세웠다. 하지만 펜리르는 이번에는 뭔가 불길한 것을 예감한 듯 이런 끈은 너무 약해서 끊어 보았자 자신의 명예에 흠집만 낼 것이라며 선뜻 드러눕지 않았다.

당황한 신들은 그가 지금까지 단단한 철끈을 두 번이나 끊었는데 뭐가 걱정이냐며 만약 그 끈이 끊어지지 않더라도 그를 금방 풀어 주겠다고 약속했다. 그러자 겁쟁이란 소리를 듣는 게 싫었던 펜리르는 자신이 그 끈에 묶여 있는 동안 신들 중 누군가가 담보물로 자신의 입속에 팔 하나를 집어넣고 있으면 그 약속을 믿겠다고 대답했다. 이 말을 듣고 신들이 서로 얼굴만 쳐다보며 나서지 못하고 난감해 하고 있는 사이 맨 뒤에 서 있던 전쟁의 신 티르가 선뜻 앞으로 나서며 펜리르에게 천천히 오른손을 내밀었다. 이윽고 펜리르가 티르의 손을 문 채 옆으로 벌렁 눕더니 신들에게 글레이프니르를 몇 개로 잘라 네 다리를 비롯해서 자기 몸을 마음대로 묶도록 한 다음 온몸에 힘을 주기 시작했다.

하지만 펜리르가 아무리 세게 힘을 주어도 그 끈은 끊어질 줄을 몰랐다. 다급해진 펜리르가 땅바닥에 온몸을 뒹굴면서까지 용을 써 봤지만 그 끈은 꿈쩍도 하지 않았다. 오히려 펜리르가 힘을 쓰면 쓸수록 더욱더 그의 몸을 조여 왔을 뿐이다. 그 순간 펜리르는 결국 신들에게 속았다는 사실을 직감하고 입에 물고 있던 티르의 오른팔을 힘껏 물어뜯

전쟁의 신 티르는 펜리르에게 자신의 한쪽 팔을 내주고 그를 포박하는 데 결정적 역할을 한다.
욘 바우어, 〈티르와 펜리르Tyr and Fenrir〉, 1911년, 채색: 지식서재.

었다. 티르는 고통에 겨워 재빨리 오른팔을 잡아 빼면서 왼손으로는 피가 뚝뚝 떨어지는 손 없는 팔목 끝을 붙잡은 채 펄쩍펄쩍 뛰면서 비명을 질러 댔다. 하지만 신들은 한쪽 손을 잃은 티르의 불행에는 전혀 아랑곳하지 않은 채 기쁨의 환호성을 질렀다. 드디어 눈엣가시 펜리르를 포박해서 유배시킬 수 있게 되어 천만다행이라고 생각했기 때문이다.

신들은 펜리르가 글레이프니르에 온몸이 묶여 꼼짝할 수 없게 된 것을 확인하고도 안심할 수 없었다. 그들은 겔갸Gelgja라는 또 다른 단단한 철끈을 하나 마련하여 한쪽 끝은 펜리르의 몸통 쪽을 휘감고 있는 글레이프니르에 묶고, 다른 쪽 끝은 마치 바늘귀처럼 콜Gjǫll이라는 커다란 석판에 구멍을 뚫고 꿰어서 묶었다. 이어 그 석판을 땅속 깊이 묻으면서 그래도 불안하여 그 위에 트비티Thviti라는 커다란 바위를 하나 올려놓았다. 펜리르는 이 광경을 처음에는 바라만 보다가 마지막으로 온 힘을 다해 한 번 발버둥을 쳐 보았지만 아무 소용이 없자, 이번에는 신들을 노려보며 입을 크게 벌리고 괴성을 질러 대기 시작했다. 바로 그 순간 티르가 재빨리 칼을 뽑더니 녀석에게 달려들어 칼 손잡이는 위턱을, 뽀족한 끝은 아래턱을 받치도록 그의 입에 찔러 넣어 재갈을 물렸다. 그때부터 잠잠해진 펜리르의 입에서 침이 흘러나오기 시작하여 반Van 강이 되었다. 펜리르는 신들과 거인들이 벌이는 최후의 결전인 라그나뢰크까지 그런 상태로 벌을 받았다.

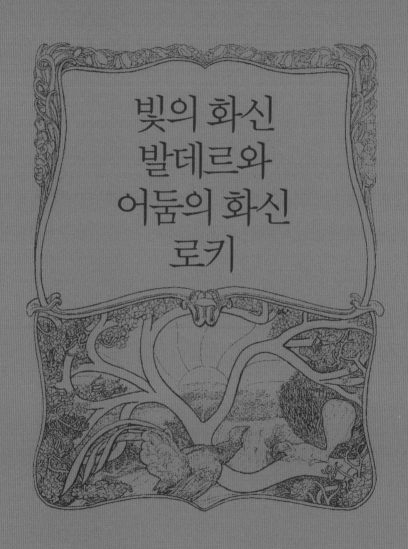

빛의 화신
발데르와
어둠의 화신
로키

로렌츠 프뢸리크, 〈발데르의 죽음Balder's Death〉, 1895년, 원작의 흑백 반전.

장님 호드가 던진 겨우살이를 맞고 죽는 발데르

오딘과 프리그의 아들 발데르는 신들 중 용모가 가장 준수하고 가장 현명했다. 또한 가장 공정하기까지 했기 때문에 신들의 존경과 사랑을 한몸에 받았다. 그래서 신들은 팥으로 메주를 쑨다고 해도 그의 말을 믿을 정도였으며 누구도 그가 내린 결정이나 판결에 이의를 달지 않았다. 어느 날 발데르는 어머니 프리그를 보러 갔다가 깜박 잠이 들었는데 꿈속에서 정체를 알 수 없는 괴물에게 쫓기다가 막 잡히려는 순간에 깜짝 놀라 깨어났다. 프리그는 아들의 꿈을 전해 듣고 불길한 예감이 들어 당장 아홉 세상을 돌아다니면서 그 안에 있는 모든 것들에게 아들 발데르를 해치지 않겠다는 맹세를 받아 냈다. 들짐승과 날짐승뿐 아니라 모든 신들과 인간들과 난쟁이들뿐 아니라 별로 내켜 하지 않는 거인들까지도 설득하여 모두 그 맹세를 받아 냈으며, 모든 식물들이나 바다나 호수나 강에 사는 물고기들에게까지도 그 맹세를 받아 냈다.

프리그는 그래도 마음이 놓이지 않자 생명이 없는 돌멩이나 바위, 그리고 금속이나 심지어 아무 데나 떨어져 있는 나뭇가지에게서도 그 맹세를 받아 내고서야 비로소 안심했다. 프리그로부터 그 소식을 전해 들은 신들은 자신들이 가장 좋아하는 발데르가 정말 모든 위험으로부터 안전한지 그 사실을 확인해 봐야 직성이 풀릴 것 같아 아스가르드의 이다볼 평원 광장에서 그것을 한번 시험해 보기로 했다. 광장은 아스 가르드에 있는 신들이 모두 모여드는 바람에 그야말로 발 디딜 틈이 하나도 없을 정도였다. 모두들 발데르가 어디 있는지 찾느라고 사방을 두리번거리고 있는 사이, 어디선가 와 하는 함성과 함께 왁자지껄하는 소리가 들려왔다. 신들이 그곳을 바라보니 발데르 주변에 있던 신들이 땅에 있는 돌멩이와 막대기를 주워 발데르를 향해 던지고 있었다. 발데르는 그것을 머리와 등에 정통으로 얻어맞고도 아무렇지도 않다는 듯이 두 팔을 양쪽으로 벌리며 어깨를 으쓱해 보였다.

그러자 신들은 계속해서 강도를 더 세게 해서 돌과 나무를 던졌다. 여전히 발데르가 아무런 해를 입지 않자 신들은 점점 대담해져서 아예 발데르를 적당한 거리에 세워 놓고 제대로 던져 보기로 했다. 마음 약한 여신들은 차마 맨정신으로는 못할 짓이라며 포기했지만, 남신들은 대부분 제비를 뽑아 번호표를 받아들고 자기 차례를 기다렸다. 처음에 던진 신들은 마치 연습하듯이 돌이나 막대기를 살짝 던졌지만 순번이 지나갈수록 신들이 던지는 물건이 험악해졌고 강도도 세졌다. 그들은 막대기를 창처럼 뾰족하게 깎아서 던지기도 했으며, 쇠구슬을 던지기도 했다. 단검을 던지기도 했으며 창을 던지기도 했다. 급기야 어떤 신은 아예 발데르의 머리를 과녁으로 삼아 화살을 날리기도 했지만 그에게 털끝만큼도 상처를 입히지 못했다.

거의 모든 신들이 그렇게 발데르를 향해 무기를 던진 다음 발데르가 무사한 것을 확인하고 환호성을 지르며 즐거워하고 있었지만 로키만은 왠지 그게 전혀 마음에 들지 않았다. 그는 축제처럼 3일 동안이나 계속된 소위 '발데르 맞히기 게임'을 멀찌감치 떨어져서 바라보면서 그 모든 공격을 무위로 만들어 버리는 발데르에게 괜히 심술이 났다. 또한 신들이 발데르만 좋아하며 싸고도는 것에 질투심이 폭발했다. 그는 축제 둘째 날 어떻게 하면 신들을 골탕 먹일 수 있을까 하고 밤새 고민하다가 새벽녘에야 묘안이 떠올랐는지 잠시 눈을 붙였다. 아침이 되자 특유의 음흉한 미소를 지으며 자신의 궁을 나섰다. 그가 향한 곳은 바로 오딘의 아내 프리그의 궁전 펜살리르였다.

하지만 로키는 자신의 모습을 그대로 하고 간 것이 아니었다. 프리그의 궁전 앞에서 주위를 한 번 둘러본 다음 주문을 외우더니 대지의 여신 표르긴Fjörgyn(요르드라고도 함)의 모습으로 변신한 다음 궁으로 들어갔다. 표르긴은 천둥의 신 토르의 어머니로 나이가 들어 허리가 많이 꼬부라지고 귀가 무척 어두워 일선에서 물러나 아들의 궁전에서도 거의 방 안에서만 지내고 있었다. 프리그가 그녀를 반갑게 맞이하며 축제가 어땠는지 물었다. 그녀는 기다렸다는 듯이 발데르가 아무런 상처를 입지 않는다고 하더라도 신들이 함부로 무기를 던지는 것은 옳지 않다고 하면서, 그 모든 무기를 받아 내는 발데르가 참으로 불쌍하다며 걱정스러운 표정을 지었다.

프리그는 그 말을 듣더니 그녀의 손을 잡으면서 아들을 걱정해 주어 정말 고맙지만, 자신이 아홉 세상에 있는 모든 것들에게 아들 발데르를 해치지 않겠다는 맹세를 받아 놨으니 걱정하지 말라며 안심시켰다. 노파는 바로 그 순간을 놓치지 않고 프리그에게 정말 아홉 세상에 있는 모든 것들에게 맹세를 받은 것이 확실하냐고 물었다. 만약 하나라도 맹세를 빠뜨렸다면 큰일이라는 투로 말이다. 그러자 프리그는 그제야 뭔가 생각났는지 발할라 궁전 서쪽 숲 한가운데에 우뚝 서 있는 커다

로키는 신들의 사랑을 받는 발데르에게 질투를 느껴, 결국 발데르를 죽음에 이르게 한다.
카를 에밀 되플러, 〈발데르의 죽음Baldrs Tod〉, 1905년.

란 참나무에 기생하는 겨우살이는 찾아가서 만나 보니 너무 여려 보여
서 그럴 필요를 느끼지 못해 맹세를 받지 않았지만, 그까짓 겨우살이
주제에 발데르에게 해코지를 부릴 수는 없을 것이라고 힘주어 말했다.

노파는 프리그가 겨우살이 얘기를 꺼내는 순간 너무 기쁜 나머지
하마터면 탄성을 지를 뻔했다. 그는 자신이 정말 얻고 싶은 정보를 얻
었으니 더 이상 이곳에 머무를 필요를 느끼지 못했다. 그는 프리그에게
아침부터 시간을 너무 많이 뺏어 미안하다며 허둥지둥 작별 인사를 마
치고 얼른 궁 밖으로 나와서는 다시 주문을 외워 원래 모습으로 돌아
왔다. 이어 부리나케 발할라 궁전 서쪽 숲으로 달려가 프리그가 말한
그 참나무로 올라가서 그곳에 기생하는 겨우살이 가지 하나를 뜯었다.
그것을 들고 축제가 벌어지고 있는 이다볼 평원 광장으로 득달같이 달
려갔다. 광장은 축제 마지막 날이라 그런지 더 성황을 이루고 있었다.

아마 첫째 날과 둘째 날에 미처 오지 못한 신들까지 합류해서였을 것이다.

　로키가 주변을 둘러보니 심지어 발데르의 눈먼 동생 호드Hod까지 보였을 정도다. 그는 호드를 보는 순간 번갯불처럼 신들을 골탕 먹일 수있는 좋은 계획을 떠올렸다. 그는 천천히 호드에게 다가가더니 오른손으로 옆구리를 찌르며 아는 체를 했다. 호드가 즉시 로키임을 알아보고 경계심을 늦추지 않고 무슨 일이냐고 물었다. 로키는 아무 일도 아니라면서 넌지시 그도 한 번 발데르 형에게 뭐든지 던져 보라고 권했다. 호드는 자신은 앞을 보지 못하는데 어떻게 그럴 수 있겠냐며 반문했다. 자신은 던질 것을 찾을 수도 없고 과녁인 발데르 형이 어디 있는지도 제대로 가늠할 수 없다는 것이다. 로키가 기다렸다는 듯이 자기가 도와줄 테니 한번 던져 보라며 그의 손에 슬며시 겨우살이를 쥐여 주었다.

호드가 뭐냐고 묻자 아주 여린 겨우살이라 발데르에게 전혀 해가 되지 않을 것이라고 하면서 그를 우선 선수로 등록시켰다. 이어 그의 차례가 될 때까지 게임장의 약도를 자세하게 설명해 준 다음 겨우살이를 들고 어느 방향으로 어느 정도의 세기로 던져야 하는지 실전처럼 몇 번이나 연습을 시켜 주었다. 드디어 차례가 되자 호드는 연습한 것처럼 오른손에 겨우살이를 들고 멀리 서 있는 발데르 형을 향해 힘껏 던졌다. 겨우살이는 허공을 가르며 정확하게 발데르의 가슴을 꿰뚫었다. 아마 로키가 마법을 걸어 호드가 겨우살이를 던지는 순간 단단한 화살로 만들었기 때문일 것이다. 신들은 호드가 던질 때 로키가 거드는 것이 약간 수상하기는 했지만, 이번에도 모두 즐겁게 웃을 준비를 하고 있었다. 하지만 겨우살이를 맞은 발데르가 가슴에서 피를 흘리며 꼬꾸라지자 모두 놀라 한동안 말을 잃었다.

게임장은 일순간 쥐 죽은 듯이 무거운 침묵만이 흘렀다. 신들은 발데르의 시신을 둘러싸고 한참 동안 침통한 표정을 감추지 못하고 아무 말 없이 서 있었다. 그러다 불현듯 생각난 것처럼 일제히 로키와 호드에게로 시선을 향했다. 신들은 비록 호드가 겨우살이를 던지기는 했어도 그 배후에는 로키가 있다는 사실을 확신하고 있었지만 그를 당장 잡아서 죽일 수는 없었다. 신성한 아스가르드는 어떤 피로도 더럽혀서는 안 되기 때문이다. 그래서 신들은 그저 그들을 노려볼 수밖에 없었다. 호드는 눈이 멀어서 신들의 원망 어린 눈초리를 직접 볼 수는 없어 그저 고개를 푹 숙이고 있었지만, 로키는 그것을 더 이상 견디지 못하고 뒷걸음질치며 얼른 그곳을 빠져나왔다.

해변에서 선장으로 치른 발데르의 장례식

로키가 도망치고 나서야 어떤 여신이 참았던 울음보를 터뜨리면서 이다볼 광장에 흐르고 있던 무거운 침묵을 깨뜨렸다. 그것을 신호탄으로 다른 여신들도 함께 울음보를 터뜨렸으며 남신들도 그 대열에 합류하여 흐느끼기 시작했다. 오딘은 가장 사랑하는 자식을 잃은 슬픔에 그 누구보다도 고통스러웠지만 울음을 꾹 참으며 신들을 달래면서 회의장인 글라드스헤임으로 안내했다. 오딘은 자식을 잃은 슬픔보다도 발데르의 죽음이 암시해 주는 암울한 미래가 더 걱정스러웠다. 오딘은 발데르의 죽음을 본능적으로 세계 종말의 전조로 이해하고 있었기 때문이다.

오딘이 사태 수습을 위해 모두 발언을 하려는 순간 아내 프리그가 먼저 나서서 혹시 신들 중 저승까지 내려가서 발데르를 다시 데려올 분이 없는지 물었다. 저승을 지키는 헬 여신에게 발데르의 몸값을 지불하고 다시 아스가르드로 데려와만 준다면 자신의 애정과 호의는 물론이고 원하는 것은 무엇이든지 다 주겠다는 것이다. 여신들이 그 말을 듣고 반색을 하며 좌중을 둘러보는 사이 오딘과 프리그의 또 다른 아들 헤르모드Hermod가 선뜻 그 일을 맡겠다며 앞으로 나섰다. 몇몇 신들도 발데르를 살리는 일에 자원하려 했지만 가장 가까운 동생이 나서자 단념했다.

발데르 부활 작전이 펼쳐지면서 잿빛처럼 변해 버린 신들의 얼굴에서 다시 생기가 돌기 시작했다. 오딘은 하인들을 시켜 먼길을 떠나는 헤르모드에게 자신의 애마 슬레이프니르를 갖다주도록 했다. 아버지로부터 고삐를 넘겨받은 헤르모드는 말에 올라탄 채 땅바닥에 누워 있는 발데르의 시신을 한 번 쳐다보더니 오딘을 비롯한 다른 신들에게 눈

헤르모드는 자신의 형 발데르를 되살리기 위해 저승으로 내려간다.
로렌츠 프뢸리크, 〈헤르모드와 헬Hermod and Hell〉 부분, 1885년, 채색: 지식서재.

짓으로 인사한 다음 말에 박차를 가해 달리기 시작했다. 슬레이프니르
는 글라드스헤임의 대리석 바닥에 힘찬 발자국 소리를 남기며 그사이
밤이 되어 칠흑같이 어두워진 문밖으로 순식간에 사라졌다.

오딘을 비롯한 아스 신들은 그날 밤 글라드스헤임을 떠나지 않은 채
죽어서도 여전히 얼굴에서 빛을 잃지 않은 발데르의 시신을 지키며 그
를 추모했다. 그들은 헤르모드가 과연 지하세계에서 자신들이 그토록
사랑하는 발데르를 아스가르드로 데려올 수 있을지, 비록 고의는 아니

었어도 발데르를 죽인 호드에게는 어떤 벌을 내려야 할지, 또한 발데르를 죽음으로 내몬 장본인 로키에게는 어떤 벌을 내려야 할지, 발데르의 죽음이 앞으로 어떤 파국을 몰고 올지 등 여러 가지 생각들로 밤새 잠을 이루지 못했다. 서서히 동이 트기 시작하자 4명의 젊은 남신들이 발데르의 시신을 운구하고 글라드스헤임을 떠나자 나머지 신들이 그 뒤를 따르기 시작했다. 장례 행렬이 아스가르드의 이다볼 평원을 지나는 동안 그 뒤를 따르는 행렬은 점점 불어났다.

발데르의 시신이 도착한 곳은 아스가르드 바닷가 항구에 있는, 평소 발데르가 애용하던 그의 배 링호른Ringhorn 옆이었다. 신들은 발데르의 장례를 아스가르드의 관례대로 선장船葬으로 치를 생각이었다. 선장이란 시신을 배에 안치한 후 불을 질러 바다에 띄워 보내 수장시키는 것을 말한다. 신들은 우선 링호른을 바다로 띄우기 위해 모두들 힘을 합해 선미에서 힘껏 밀었지만 배는 꿈쩍도 하지 않았다. 어제 발데르가 갑자기 사고로 죽고 나서 너무 슬퍼하느라, 게다가 어젯밤 제대로 먹지도 못한 채 한숨도 자지 않고 죽음을 애도하느라 힘을 모두 소진해서, 배를 바닷가까지 깔아 놓은 통나무 굴림대 위로 옮길 힘이 하나도 남아 있지 않았던 것이다.

오딘은 전령을 보내 천하장사로 알려진 거인족 여인 히로킨Hyrrokin을 오게 했다. 얼마 후 히로킨은 독사로 만든 고삐를 쥐고 커다란 늑대를 타고 나타났다. 오딘은 히로킨이 늑대에서 내리자 늑대를 4명의 베르세르크Berserk족 영웅의 혼령들에게 맡겼다. 늑대는 그들을 보자 흥분하여 달려들었다. 베르세르크족은 원래 늑대의 가죽을 입고 전투를 벌였는데 아마 그 모습을 보고 자신의 적으로 간주했던 것 같다. 베르세르크 영웅들은 처음에는 늑대를 달래 보려 했지만 녀석이 워낙 미친 듯이 난동을 피우자 하는 수 없이 4명이 합세하여 공격해서 녀석의 숨통을 끊어 놓았다.

히로킨은 늑대가 그런 일을 당한 줄도 모르고 으스대며 발데르의 배가 있는 쪽으로 걸어가서는 나 보란 듯이 주위를 한 번 둘러보더니 배의 뒷부분이 아닌 뱃머리를 그것도 두 손도 아닌 한 손으로 살짝 잡아당겨 배를 가뿐히 굴림대 위로 올려놓았다. 주변에 있는 신들이 놀라운 표정을 지으면서 그 광경을 지켜보는 사이 히로킨은 다시 뱃머리를 잡더니 냅다 앞으로 달렸다. 그러자 배 밑에 깔려 있던 통나무 굴림대가 연기와 함께 우당탕탕 큰소리를 내며 구르면서 배를 순식간에 해안가로 밀어냈다. 토르는 장례식에 쓸 발데르의 배를 함부로 다루는 히로킨을 보고 달려가 요절을 내고 싶었지만 다른 신들의 만류로 뜻을 이룰 수 없었다.

한 사람의 인품은 죽은 다음에야 제대로 파악할 수 있다고 했던가. 발데르의 장례식에 참석한 인물들을 보면 발데르가 신들의 세계인 아스가르드뿐 아니라 다른 세계에서도 얼마나 사랑과 존경을 받았는지 알 수 있다. 장례식에는 아스가르드의 신들뿐 아니라 스바르트알프헤임과 요툰헤임에서 온 장례 사절단도 참석했다. 사절단 말고도 개인 자격으로 온 난쟁이들과 거인들도 있었으니 발데르는 그야말로 통합의 상징이었음을 알 수 있다. 인간들도 만약 아스가르드에 올 수만 있었으면 장례 사절단을 보냈을 것이다. 하지만 북유럽 신화에서 인간들은 신들의 세계인 아스가르드에 죽은 영웅 외에는 절대 들어갈 수 없다. 어쨌든 신들은 발데르의 배를 해안 말뚝에 줄로 단단히 묶은 다음 장례

오딘이 죽은 아들 발데르에게 마지막 인사를 건네고 있다.
윌리엄 게르솜 콜링우드, 〈오딘이 발데르에게 하는 마지막 인사Odin's Last Words to Balder〉, 1908년, 채색: 지식서재.

준비를 하기 시작했다.

　신들은 먼저 배 중앙의 돛대를 묶는 기둥 옆에 장작을 가지런히 쌓았다. 그러자 4명의 젊은 남신들이 아까 링호른이 있던 곳에 잠시 내려 두었던 발데르의 시신을 다시 운구해 와 장작 위에 올려놓았다. 그런데 바로 그 순간 남편의 시신을 마지막으로 살펴보던 발데르의 아내 난나가 갑자기 몸을 사시나무 떨 듯 부르르 떨며 쓰러지더니 일어날 줄을 몰랐다. 여신 몇몇이 비명을 지르며 그녀에게 다가가 부축하려 했지만 그녀는 이미 가슴이 시퍼렇게 멍든 채 피를 토하며 숨을 거둔 후였다. 마지막으로 남편의 얼굴을 대하는 순간 슬픔이 북받쳐 올라 심장이 터져 급사한 것이다. 신들은 애통해 하며 상의 끝에 그녀의 시신을 남편 옆에 나란히 뉘었다.

링호른의 화장단에 불을 붙여 바다로 띄워 보내기 전 마지막 의식으로 그 안에 여러 가지 부장품을 넣었다. 우선 발데르와 난나의 장신구들을 비롯하여 부부가 쓰던 생활용품들을 차례로 넣었다. 이어 발데르가 죽은 이후로 먹이도 먹지 않고 물도 마시지 않던 애마도 죽여서 주인 옆에 나란히 뉘었다. 마지막으로 발데르의 아버지 오딘이 링호른 위로 올라가 자신이 항상 끼고 다니며 아끼던 황금 반지 드라우프니르를 천천히 손가락에서 빼어 발데르의 손가락에 끼워 주었다. 아들을 한참 동안 쳐다본 다음 귓가에 대고 마지막 작별 인사를 나누었다.

링호른에서 내려온 오딘이 신호를 하자 시종 하나가 횃불을 들고 링호른에 승선해서 마침내 화장단에 불을 붙이고 내려왔다. 화장단이 활활 타오르자 누군가 배를 말뚝에 묶은 줄을 도끼로 내리쳐 끊었고 배가 천천히 바다 쪽을 향해 나아갔다. 장례식에 참석했던 모든 이들은 눈으로 바람결에 흘러가는 배를 따라가면서, 마치 현대의 화장터에서 관이 불구덩이에 들어가는 순간 가족들이 흐느끼기 시작하는 것처럼, 가장 잘생기고 가장 현명했으며 가장 공정한 신을 떠나보내야만 하는 것에 슬퍼하며 오열하기 시작했다. 모두들 그렇게 링호른이 하늘에 커다란 연기구름을 남기면서 수평선 너머로 사라질 때까지 해안가를 떠날 줄 몰랐다.

헤르모드는 지하세계로 가는 길에 이승과 저승을 가르는 다리를 지키는 모드구드를 만난다.
로렌츠 프뢸리크, 〈말을 타고 헬로 향하는 헤르모드Hermod's Ride to Hel〉 부분, 1885년, 채색: 지식서재.

지하세계로 발데르를 데리러 가는 헤르모드

한편 지하세계로 발데르를 데리러 간 헤르모드는 슬레이프니르를 타고 8일 동안 깊고 어두운 지하세계의 계곡을 달려 저승과 이승을 가르는 꼴 강에 놓여 있는 황금지붕을 씌운 걀라르브루Gjallarbrú 다리에 도착했다. 다리 건너편에는 모드구드Modgudr라는 여인이 다리를 지키고 있었다. 그녀는 다리를 건너온 그를 가로막더니 어제는 다섯 무리나 되는 많은 남자들의 혼령이 이 다리를 지나갔어도 그렇게 큰소리를 내지는 않았다면서, 얼굴빛을 보아하니 죽은 사람은 아닌 것 같은데 도대체 누군데 어디를 그리 급히 가냐고 물었다. 그는 자신은 오딘의 아들 헤르모드인데 얼마 전 죽은 형 발데르를 데리러 간다고 대답하면서 혹시 형이 이 다리를 지나갔는지 물었다. 그러자 모드구드는 발데르가 9일

전 이 다리를 건넜다면서 지하세계를 가려면 북쪽으로 한참 더 가야 한다고 일러 주었다.

헤르모드는 모드구드가 알려 준 방향으로 다시 꼬박 하루를 달려 마침내 성곽으로 둘러싸인 헬의 궁전 엘류드니르Eljudnir에 도착했다. 그가 말에서 내려 가까이 다가가 살펴보니 궁전의 대문은 굳게 닫혀 있었다. 몇 번이나 대문을 세게 두드려 보아도 아무도 나타나지 않았다. 힘껏 밀어도 보았지만 대문은 미동도 하지 않았다. 그는 잠시 난감해 하다가 퍼뜩 묘안이 떠올랐는지 다시 말을 타고 뒤로 한참을 물러섰다. 이윽고 대문에서 충분히 멀어졌다는 생각이 들자 멈추어 선 채 호흡을 한 번 길게 가다듬더니 갑자기 말에 세게 박차를 가하며 전속력으로 달리다가 공중으로 높이 날아올라 대문을 훌쩍 넘었다. 그러고도 다시 마당을 한참 달려서 마침내 궁전 현관에 도착했다.

헤르모드가 말에서 내려 문을 열고 들어가니 궁전은 죽은 혼령들로 가득 차 있었다. 또한 안쪽 깊숙한 곳에는 헬이 옥좌에 앉아 있었다. 헬은 머리를 비롯해서 상체는 아무 이상이 없었지만 하체는 시신처럼 썩어 문드러져 악취를 심하게 풍겼다. 헤르모드가 그녀에게 가까이 다가가 살펴보니 그녀 주변에 있던 혼령들 사이에서 발데르와 형수인 난나가 보였다. 그들은 헬의 옥좌보다는 높지 않았지만 혼령들 중에는 가장 높은 의자에 앉아 있었다. 헤르모드는 반가운 마음에 먼저 두 신에게 눈인사를 보냈다. 이어 헬에게 반갑게 인사를 건넨 다음 발데르가 죽은 이후 아스가르드의 신들이 깊은 슬픔과 절망에 빠져 있으니 발데르를 데려갈 수 있도록 해 달라고 간청했다. 그는 물론 몸값은 얼마든지 내겠다는 오딘과 프리그의 말을 전했다.

헤르모드는 지하세계로 내려가 발데르를 살려 달라고 헬에게 간청한다.
〈헬에 있는 발데르에게 향하는 헤르모드Hermod Riding to Balder in Hel〉, 18세기 아이슬란드 필사본, 레이캬비크, 아르니 마그누손 연구소.

헬은 한동안 아무런 말이 없이 깊은 생각에 잠겨 있었다. 마침내 입을 열어 자신은 발데르가 그렇게 사랑을 받고 있는지 몰랐다며, 몸값은 필요 없으며 만약 자신이 내건 조건만 충족된다면 발데르는 아스가르드로 가도 좋다고 대답했다. 헤르모드가 조건이 뭐냐고 묻자 헬은 만약 아홉 세상에 있는 모든 것들이 죽은 발데르를 그리워하며 울어만 준다면 발데르를 아스가르드로 돌려보내겠다고 약속했다. 하지만 만약 아홉 세상에 있는 것들 중 하나라도 그를 위해 울어 주지 않는 것이 있으면 발데르는 지하세계에 그대로 있어야 된다고 경고했다. 헬은 말을 마치자 차가운 바람을 일으키며 옥좌에서 일어나서는 내실로 들어갔다. 그러자 발데르와 난나가 자리에서 일어나 그에게 다가왔다. 헤르모드는 얼른 달려가서 그들을 와락 껴안고 울면서 비록 잠시 동안이었지만 이별의 아픔을 달랬다.

세 신은 한참 동안 이런저런 이야기를 나누면서 회포를 풀다가 궁전 밖으로 나왔다. 이제 헤르모드가 떠날 시간이 되었던 것이다. 헤르모드도 마음이 바빴지만 발데르 부부도 죽은 자로서 산 자와 마냥 이야기만 나눌 수 없었다. 헤르모드가 말에 오르자 발데르는 장례식에서 아버지 오딘이 자신의 손가락에 끼워 준 드라우프니르 반지를 다시 빼서 그에게 건네주며 자신이 지하세계에서 아내와 잘 있다는 표시로 아버지에게 전해 달라고 부탁했다. 그러자 난나도 머리에 쓰고 있던 두건을 벗어 건네주며 자신을 늘 친딸처럼 사랑해 준 시어머니 프리그 여신에게 전해 달라고 부탁했다. 헤르모드가 막 출발하려고 하는 순간 난나가 갑자기 잠깐만 기다리라며 다시 손가락에서 반지를 빼서 건네주며 늘 웃는 얼굴로 자기를 도와준 프리그 여신의 시녀 풀라Fulla에게 전해 달라고 부탁했다.

헤르모드는 다시 밤낮을 쉬지 않고 말을 달려 아흐레 만에 아스가르드에 도착하여 신들에게 지하세계에 있었던 모든 일을 보고했다. 그러자 오딘과 프리그는 아홉 세상 방방곡곡으로 전령을 보내 그곳에 있는 모든 것들에게 사정을 말하고 발데르를 위해 울어 줄 것을 부탁했다. 그들은 예전에도 한 번 발데르를 해치지 않겠다고 맹세한 적이 있었기 때문에 이번에도 흔쾌히 그를 위해 울어 주었다. 모든 종류의 나무들도 울어 주었고, 모든 종류의 돌들과 바위들도 울어 주었으며, 모든 종류의 산들도 울어 주었고, 모든 종류의 질병들도 울어 주었으며, 모든 종류의 길짐승도 울어 주었고, 모든 종류의 식물들도 울어 주었으며, 모든 종류의 날짐승들도 울어 주었고, 모든 난쟁이들도 울어 주었다. 신들뿐 아니라 심지어 모든 거인들도 울어 주었다.

전령들은 자신들이 맡은 지역을 돌며 발데르를 위해 울어 달라는 부탁을 하고 모두의 승낙을 받아 낸 뒤 한곳에서 모여 빠뜨린 곳이 없다는 것을 서로 확인하고 아스가르드로 돌아오는 중이었다. 우연히 요툰헤임에 있는 동굴 앞에 어떤 거인 여자 하나가 앉아 있는 것을 발견했다. 그들이 여인에게 이름을 묻자 그녀는 토크Thokk라고 대답했다. 그 지역을 맡은 전령이 목록을 살펴보고 그 이름이 보이지 않자 그녀에게 사정을 설명하고 발데르를 위해 울어 달라고 부탁했다. 그러자 여인은 누가 죽든 살든 아무 관심이 없으며 그래서 발데르의 장례식에서도 눈물 한 방울 흘리지 않았다면서 제발 자신에게 무리한 부탁은 하지 말아 달라고 잘라 말했다. 다른 전령들까지 합세해서 애원하자 여인은 귀찮다는 듯이 손사래를 치며 동굴 속으로 들어가 버렸다. 전령들이 아스가르드에 도착해서 이 사건을 보고하자 신들은 발데르가 죽었을 때 보다도 더 안타까워했다.

신들의 연회에서 터무니없는 험담을 퍼붓는 로키

세월이 약이라고 했던가. 발데르가 죽고 얼마쯤 시간이 지나자 신들은 속으로는 뭔가 불길한 예감이 드는 것을 감출 수 없었지만 적어도 겉으로는 평온을 찾기 시작했다. 그들은 아직 호드에게도 심지어 로키에게도 발데르의 죽음에 대한 책임을 묻지 않았다. 처음에는 너무나 슬픈 나머지 그럴 마음의 여유가 없었다. 또한 시간이 흐르고 나니 그것을 들추어 봤자 마음의 상처만 커질 것 같았다. 호드는 그럴수록 더욱 죄의식을 느끼며 자신의 궁전에 틀어박혀 지냈다. 뻔뻔스런 로키도 처음에는 어딘가에 깊이 숨어 있었지만 언제부터인가 슬쩍 신들의 회의에 나타나기 시작했다. 하지만 그는 계속 불안하게 주위를 두리번거리다가 금세 사라지곤 했다. 그러던 어느 날 바다의 신 에기르가 위로할 요량으로 신들을 자신의 궁전으로 초대해서 연회를 베풀었다.

에기르의 궁전에서 벌어진 신들의 연회는 발데르가 죽고 근 1년 만에 열리는지라 거의 모든 신들이 참석했다. 요툰헤임으로 여행을 떠난 토르만 불참했을 뿐이다. 로키도 비록 초대를 받진 않았지만 소문을 듣고 뒤늦게 나타났다. 무지개다리 비프로스트 입구에서 밤낮없이 거인들의 침입을 살피던 헤임달도 오랜만에 회포를 풀려고 일찍부터 와서 자리를 잡고 앉아 있었다. 그 연회에서 신들의 시중을 든 것은 에기르의 하인 피마펭Fimafeng과 엘디르Eldir였다. 그들은 연회석을 분주하게 돌아다니며 술이나 음식이 떨어지기 전에 얼른 채워 놓았다. 또한 신들이 부르면 잽

로키는 신들의 연회에서 신들에게 무시당하자 화를 참지 못한다.
로렌츠 프룈리크, 〈신들과 다투는 로키Loki Quarreling with the Gods〉, 1895년, 채색: 지식서재.

싸게 달려가 그들의 애로 사항을 해결해 주었다. 신들은 그들의 깨알 시
중을 받고 매우 흡족해 하며 입을 모아 칭찬을 아끼지 않았다.

　로키는 신들이 자신을 본체만체하며 자기들끼리 너무 즐거워하는 것
에 깊은 모욕감을 느꼈다. 그렇다고 지금 이 자리에서 그들에게 해코지
할 수는 없었다. 만약 그렇게 한다면 신들에게 바로 붙잡혀서 큰코다칠

게 뻔했기 때문이다. 그래서 그는 신들이 어떤 이야기를 하다가 박장대소하는 사이 슬그머니 일어서서 피마펭 곁으로 가더니 갑자기 칼을 꺼내 그의 가슴을 푹 찔러 버렸다. 그는 신들 대신 그들이 좋아하는 피마펭을 복수의 제물로 삼은 것이다. 피마펭이 비명을 지를 틈도 없이 피를 흘리며 쓰러지자 신들이 깜짝 놀라 벌떡 일어나서 로키에게 삿대질을 하며 무슨 짓이냐고 고함을 질러 댔다. 로키가 당황하며 문 쪽으로 뒷걸음치자 신들은 마치 사냥할 때 짐승을 몰 듯이 그를 압박하여 문밖으로 내쫓았다.

로키는 에기르의 궁전을 나오자마자 뒤도 돌아보지 않고 줄행랑을 쳐 흘레세이 섬의 깊은 숲속으로 몸을 숨겼다. 로키가 쫓겨나자 에기르는 하인들을 시켜 얼른 피마펭의 시신을 치우게 한 다음 연회장을 정돈하고 다시 연회를 속개했다. 술들이 몇 순배 돌아가자 신들은 조금 전의 충격에서 벗어나서 다시 연회를 즐기기 시작했다. 로키는 처음에는 신들이 쫓아올까 봐 숨을 죽이고 숲속에 숨어 있었지만 시간이 흘러도 아무 일이 없자 다시 한 번 신들의 연회장에 가 봐야겠다는 대담하고도 엉뚱한 생각을 하게 되었다. 그는 신들이 자신에게 발데르의 죽음에 대한 책임을 묻지 못한 것도, 조금 전 피마펭을 죽였는데 제대로 응징을 못 한 것도 다 자신이 두려워 그랬을 것이라고 생각했다.

로키는 이런 착각에 빠져서 얼른 은신처에서 나와 에기르의 궁전으로 향했다. 멀리서도 신들이 왁자지껄하며 신나게 떠드는 소리가 들렸다. 그는 우선 궁전 문밖에 숨어 있다가 신들의 심부름을 하기 위해 잠깐 밖으로 나온 피마펭의 동료 엘디르의 목덜미를 움켜쥐고서 신들이 지금 무슨 이야기를 나누며 그렇게 즐겁게 놀고 있는지 물었다. 엘디르는 조금 전 피마펭이 로키의 손에 죽은 것을 직접 목격한 터라 덜덜 덜 떨면서 목숨만 살려 달라고 간청했다. 이어 숨넘어가는 목소리로 신들은 주로 거인들과 싸우면서 있었던 무용담을 이야기하고 있으며 로키에게 지금은 궁전 안으로 들어가지 않는 게 좋을 것이라고 충고했다. 그 말을 듣고 기분이 상한 로키는 그건 상관할 바가 아니라며 엘디르를 땅바닥으로 밀쳐 넘어뜨린 다음 궁 안으로 들어갔다.

로키가 연회장으로 들어서자 신들은 갑자기 하던 말을 멈추고 모두 놀란 표정으로 그를 쳐다보았다. 로키는 그 침묵을 뚫고 당당하게 걸어가면서 아무 일도 없었다는 듯이 태연하게 너무 목이 마르니 누가 술 한 잔만 달라고 소리쳤다. 신들이 여전히 아무 말 없이 모두들 자신만을 무섭게 노려보고 있자 로키는 그들을 빙 둘러보며 큰소리로 욕설을 해대면서 자신이 먼저 말을 꺼냈으면 뭐라고 대꾸를 해야지 왜 꿀 먹은 벙어리처럼 조용히 있냐며 짜증을 부렸다. 시와 음악의 신 브라기가 더 이상 참지 못하고 신이기를 포기하고 온갖 망나니짓을 일삼는 한 너한테 술잔을 건네줄 신은 없다고 소리쳤다. 로키는 그 말을 듣고서도 브라기에게 눈길 하나 주지 않고 오딘을 향해 연회가 벌어지면 항상 함께 마시겠다고 맹세한 의형제를 이렇게 홀대해도 되냐며 항의했다.

오딘은 그 말을 듣고 아들 비다르를 시켜 로키에게 술을 한 잔 따라주도록 했다. 그는 로키가 더 이상 말썽을 피우는 것을 원치 않았기 때문이다. 비다르가 내민 술잔을 얼른 받아든 로키는 기분 좋게 하늘 높이 쳐들면서 그곳에 있던 모든 신들을 위해 건배하자고 외쳤지만 마지막에 브라기만 제외한다는 말을 덧붙였다. 브라기는 로키의 심술에 개의치 않고 앞으로 얌전히 군다고 약속만 한다면 그에게 말 한 마리와

LOKI BEI AEGIRS GASTMAHL

로키는 연회에 참석한 신들에게 닥치는 대로 험담을 퍼부어 신들의 분노를 산다.
카를 에밀 되플러, 〈에기르의 연회에 참석한 로키Loki Bei Aegirs Gastmahl〉, 1905년.

칼 1자루 그리고 팔찌 1개를 선물로 주겠다고 제안했다. 로키가 콧방귀
를 뀌며 모든 신들 중에서 제일 겁쟁이인 주제에 여신들이나 차고 다니
는 팔찌라면 몰라도 무슨 말과 칼이냐며 놀렸다. 더 이상 참을 수 없던
브라기는 에기르의 궁전만 아니라면 목을 비틀어 놨을 텐데 아쉽다고
쏘아붙였다.

그렇다고 가만히 있을 로키가 아니었다. 그는 브라기에게 그렇게 화
가 나면 여신처럼 얌전히 의자에만 앉아 있지 말고 한번 붙어 보자며

싸움을 걸었다. 폭발 직전의 순간 브라기의 아내 이둔이 남편에게 로키는 제멋대로 떠들라고 내버려두고 제발 신성한 궁전에서 싸움만은 하지 말아 달라고 부탁했다. 로키가 그 말을 듣고 이번에는 험담의 화살을 이둔에게 돌려 심지어 오빠의 살인자하고도 몸을 섞는, 아무에게나 몸을 대 주는 화냥년이라고 비난했다. 물론 로키의 말은 전혀 근거가 없는 말이었지만 이둔은 얼굴색 하나 변하지 않고 자신은 더 이상 로키의 말에 대꾸를 하지 않겠다고 잘라 말했다. 풍요와 예언의 여신 게피욘Gefjon이 끼어들어 신들을 모욕하고 비아냥거리는 게 원래 로키의 일인데 왜 그런 것 때문에 신들이 기분 나빠하며 싸우려는지 알 수 없다고 점잖게 그들을 나무랐다.

로키는 이번에는 험담의 화살을 게피욘에게 돌려 어떤 신이 그녀에게 예쁜 목걸이를 주자 선뜻 몸을 허락하는 것을 목격했다고 말했다. 이 말을 듣고 유난히도 게피욘을 예뻐했던 오딘이 벌컥 화를 내며 로키가 이제 완전히 실성한 것 같다며 그를 비난했다. 이에 질세라 로키는 인간들이 전투를 벌일 때 오딘이 자주 나약한 쪽이 이기도록 했다며 너무 불공정하다고 힐난했다. 화가 난 오딘은 로키가 한때 암말로 변신해 마치 여신처럼 아이를 낳아 젖을 물렸다고 비아냥거렸다. 로키도 오딘이 삼세이Samsey란 곳에서 마법을 배울 때 마녀처럼 여장을 하고 주문을 외우지 않았냐고 반문했다. 보다 못한 프리그가 나서서 지나간 일을 새삼스레 들추어내서 얻을 것은 아무것도 없다고 두 신을 나무랐다.

로키는 이번에는 험담의 화살을 오딘의 아내 프리그에게 돌려 남편 몰래 그의 형제인 빌레, 베와 잠자리를 함께했다고 빈정거렸다. 분노한 프리그가 만약 자신의 아들 발데르가 살아서 이 자리에 있었다면 로키는 뼈도 못 추릴 것이라고 쏘아붙였다. 로키는 기다렸다는 듯이 토크라는 거인 여자로 변신하여 발데르를 지하에서 영원히 데려올 수 없게한 장본인이 바로 자신이라며 그녀의 아물지 않은 마음의 상처를 후벼팠다. 프리그는 사실 그 내막을 알고도 신들의 평화를 위해 지금까지모른 척하고 있었던 것이다. 프레이야가 프리그의 안색을 살피면서 용서받지 못할 범죄를 저질러 놓고 자랑질을 하다니 로키가 제정신이 아니라며 그를 나무랐다.

로키는 이번에는 험담의 화살을 프레이야에게 돌려 그녀가 몸을 섞지 않은 신과 인간들은 없을 것이라고 큰소리로 외쳤다. 프레이야가 로키는 입만 열었다 하면 거짓말만 늘어놓는다고 받아친 다음 신들 사이에서 아무리 불화를 일으키려고 해도 결국 목적을 이루지 못하고 얼마지나지 않아 궁전으로 다시 돌아온 것을 후회하며 쫓겨나게 될 것이라고 단언했다. 이에 로키는 프레이야가 한때 자기 오라비인 프레이르와붙어먹다가 신들에게 발각되자 놀란 나머지 방귀를 뀌었다고 놀렸다. 프레이야가 수세에 몰리는 듯하자 그녀의 아버지이자 바다의 신 뇨르드가 구원투수로 나섰다. 그는 로키에게 프레이야가 사랑의 신인데 남편 외에 애인이 있는 것이 무슨 흠이 되며, 오히려 남신으로서 망아지를 낳은 것이 아주 추잡한 짓이 아니고 무엇이냐고 반문했다.

로키는 이번에는 험담의 화살을 뇨르드에게 돌려 신들의 전쟁 이후자식들과 함께 아스 신족에게 잡혀 온 반 신족 인질 주제에 말이 많다고 응수했다. 이에 뇨르드가 자신은 인질이 아니라 자식들과 함께 평화의 사절로 아스 신족에게 온 것이며 자식들인 프레이야와 프레이르는 아스 신족에서 제 역할을 톡톡히 해내고 있어 이제는 없어서는 안

될 존재라고 반박했다. 기분이 상할 대로 상한 로키는 얼토당토않은 거짓말을 지어내서 뇨르드를 공격했다. 프레이르는 사실 뇨르드가 누이와 근친상간을 해서 낳은 자식이라는 것이다. 이 대목에서 전쟁의 신 티르가 나서서 자신의 절친 프레이르는 성품이 고상하고 인간들에게 아주 너그러운 신이라고 치켜세웠다. 티르의 말이 끝나기도 전에 로키가 그에게 닥치라며 오른손을 어떻게 잃었는지 한번 생각해 보고 왼손도 잃지 않으려면 말조심하라고 겁박했다.

티르는 로키의 위세에 전혀 밀리는 기색이 없이 당당하게 자신은 손하나를 잃었지만 로키는 자식을 빼앗겼으니 결국 더 손해를 본 것은 로키라고 대꾸했다. 화가 난 로키는 다시 한 번 티르에게 닥치라며 자신이 그의 마누라를 겁탈해서 아이를 낳았는데 그것도 모르는 바보라고 놀렸다. 바로 그때 프레이르가 나서서 로키를 거짓말만 일삼는 악질 사기꾼이라고 비난하며, 그의 아들인 늑대 펜리르가 온몸이 꽁꽁 묶여 옴짝달싹도 못 한 채 엄청난 고통을 당하고 있는 것을 상기시키며, 당장 아가리를 닥치지 않으면 그 꼴로 만들어 버리겠다고 경고했다. 그러자 로키는 프레이르가 거인 기미르의 딸을 얻기 위해 하나밖에 없는 소중한 무기인 칼을 하인에게 주어 버렸으니 거인들과 전쟁이 터지면 이제 무엇으로 싸우겠냐며 천하의 바보라고 놀렸다.

프레이르의 하인 비그비르Byggvir가 주인이 당하는 것을 보고 더 이상 참지 못하고 벌떡 일어서서 자신이 만약 주인처럼 고귀한 혈통이었다면 로키의 뼈를 분질러 놓았을 것이라고 소리쳤다. 로키는 미천한 하인인 비그비르도 그냥 놓아두지 않았다. 그는 비그비르를 주인의 똥구멍이나 빨아 대는 비굴한 아첨꾼이라고 비난했다. 이에 비그비르가 로키에게 자신은 불의를 보면 절대로 그냥 지나치지 못하는 성격이라고 반박했다. 로키는 코웃음을 치며 장차 신들과 거인들 사이에 전쟁이 터지면 겁쟁이 비그비르는 아마 무서워 벌벌 떨면서 건초더미 속으로 숨어들 것이라고 빈정거렸다. 그동안 신들 사이에서 어떤 논쟁이 벌어져도 좀처럼 입을 열지 않았던 헤임달이 마침내 나서서 로키에게 너무 취해 이성을 잃은 것 같으니 이제 그만 좀 하고 궁전을 떠나 달라고 요구했다.

로키는 이번에는 험담의 화살을 헤임달에게 돌려, 평생 한숨도 자지 못하고 늘 깨어서 신들을 위해 파수꾼 노릇이나 하는 한심한 놈이라고 빈정거렸다. 이에 사냥의 여신 스카디가 나서서 로키에게 지금은 미친 개처럼 멋모르고 신들을 놀리고 있지만 곧 얼음처럼 차가운 아들의 창자에 묶여 늑대 펜리르처럼 바위에 매달리는 처량한 신세로 전락하게 될 것이라고 예언했다. 로키는 그것이 자신의 운명이라면 순순히 받아들이겠다면서 갑자기 말을 돌려 그녀의 아픈 곳을 건드렸다. 그는 스카디에게 아스 신들이 한때 그녀의 아버지 티아지를 죽일 때 가장 큰 역할을 한 것이 바로 자신이었다고 밝혔기 때문이다. 그 순간 스카디는 얼굴빛이 어두워지며 평생 자신의 저주가 따라다닐 것이라고 로키에게 큰소리로 외쳤다.

로키는 스카디에게 지난 번 침실로 자신을 불렀을 때는 참 상냥했는데 지금은 이상하게도 너무 쌀쌀맞게 군다고 투덜거렸다. 이번에는 토르의 아내 시프가 앞으로 나섰다. 그는 로키에게 술잔을 내밀며 아스 신들 중 가장 정숙한 여신이 따라 주는 술을 한 잔 받고 서운한 마음이 있으면 제발 풀라고 권했다. 로키는 기다렸다는 듯이 얼른 그 술잔

로키는 연회장을 난장판으로 만들고 나서 분노한 토르를 피해 도망친다.
로렌츠 프뢸리크, 〈로키의 도망Loki's Escape〉, 1885년, 채색: 지식서재.

을 받아 마시고 난 뒤 시프가 다른 여신들과는 달리 애인을 한 명밖에 두지 않았는데 그게 바로 자신이기 때문에 가장 정숙한 여신인 건 사실이라고 빈정거렸다. 바로 그때 갑자기 땅이 흔들리기 시작하자 프레이르의 하녀이자 비그비르의 아내인 베일라Beyla가 드디어 토르가 요툰헤임에서 돌아오고 있는 것 같다며 이제 이런 난장판도 곧 정리가 되겠다며 기뻐했다.

로키가 그런 베일라를 그냥 내버려둘 리 만무했다. 그는 베일라를 흘겨보며 아스 신족의 하급 여신들 중에서도 가장 사악하고 추악한 년이라고 쏘아붙였다. 바로 그때 연회장 문을 박차고 들어온 토르가 묠니르 망치를 높이 들고 로키에게 당장 아가리를 닥치지 않으면 머리를 가루로 만들어 버리겠다고 경고했다. 로키는 토르에게 왜 괜히 자신에게 화를 내는지 모르겠다며 장차 신들과 거인들 사이에 전쟁이 벌어져 자신의 아들 펜리르가 오딘을 집어삼킬 때 이렇게 큰소리치지는 못할 것이라고 대답했다. 토르는 다시 한 번 로키에게 당장 아가리를 닥치지 않으면 묠니르 망치로 아무도 살지 않는 먼 곳으로 날려 버리겠다고 경고했다. 이에 로키는 거인 스크리미르의 장갑 속에서, 그것도 고작 엄지손가락에서 쭈그리고 주무신 분이 과연 그럴 힘이 있겠냐며 비아냥거렸다.

분노한 토르는 다시 한 번 로키에게 당장 아가리를 닥치지 않으면 묠니르 망치로 뼈를 모두 가루로 만들어 버리겠다고 경고했다. 이에 로키는 거인 스크리미르와 싸워 보기 좋게 패배한 분이 과연 그럴 수 있겠냐며 자신은 토르가 어떤 위협을 가해도 끝내 살아남을 것이라고 말했다. 화가 머리끝까지 오른 토르는 다시 한 번 로키에게 당장 아가리를 닥치지 않으면 묠니르 망치로 이제 정말 지하세계인 헬헤임으로 날려 버리겠다고 경고했다. 그제야 로키는 토르의 참을성이 한계에 도달한 것을 알아채고 자신도 신들에게 퍼붓고 싶은 말을 모두 쏟아 낸 터라 이제 떠나야 할 때가 온 것을 직감했다. 그는 마지막으로 신들의 연회를 주최한 에기르를 향해 앞으로 술은 빚겠지만 다시는 연회를 열지 못할 것이며 머지않아 그의 궁전은 화염 속으로 사라져 버릴 것이라고 악담을 내뱉고 재빨리 연회장을 떠났다.

연어로 변신해 폭포에 숨어 있다 사로잡힌 로키

에기르의 궁전을 떠난 로키는 미드가르드로 숨어들었다. 이제 아스가르드에서는 자신이 설 곳도 숨을 곳도 없다고 생각했다. 그는 미드가르드에서도 숲이 가장 우거진 산속을 향해 걸음을 재촉하면서 불안한 얼굴로 연신 뒤를 돌아보았다. 혹시 신들이 곧바로 추격해 올지 모르기 때문이다. 그는 산속 한가운데에서 마침내 시야가 탁 트인 높은 언덕을 발견하고 그곳에 집을 지었다. 로키의 집은 조망이 아주 좋고 곳곳에 문을 만들어 놓아 사방을 경계하기에는 최적의 장소였다. 그래도 로키는 불안을 감출 수 없었다. 산새가 지붕 위에 내려앉으면서 내는 소리에도, 바람이 집을 스치면서 내는 소리에도, 돌멩이가 굴러 떨어지는 소리에도 깜짝깜짝 놀라기 일쑤였다.

불안에 시달리던 로키는 집 근처 강에서 고기를 잡다가 프라낭 Franang이라는 제법 큰 폭포를 발견하고 그 아래 깊게 파인 연못에서 연어로 변신하여 은거하기로 결정했다. 그는 그때부터 이전에 지은 집은 비워 두고 주로 그 연못 속에서 시간을 보냈다. 물론 폭포 옆에 조그만 움막을 만들어 지내기도 했지만 주로 연어로 변신하여 연못 속에서 헤엄을 치며 지냈다. 사방이 노출되어 있어 위험할 수밖에 없는 움막보다는 차라리 밖이 전혀 보이지 않는 연못 안이 편했다. 그러던 어느 날 오후 로키는 움막 앞에 모닥불을 피워 놓고 요깃거리를 마련하기 위해 근처에 지천으로 깔려 있는 아마 껍질로 그물을 만들었다. 마침내 그물이 완성되자 그는 흐뭇한 마음으로 그것을 쳐다보았다. 그 그물은 망 사이가 아주 촘촘해서 아무리 작은 물고기도 한 번 걸렸다 하면 도저히 빠져나가지 못할 것 같았다.

바로 그때 갑자기 멀리서 신들이 웅성거리는 소리가 들려왔다. 로키는 드디어 올 것이 왔다고 생각하고 얼른 그물을 불 속에 던져 넣은 다음 폭포로 뛰어들어 연어로 변신했다. 그 신들은 바로 오딘이 보낸 로키의 체포조였던 것이다. 그렇다면 신들은 어떻게 로키의 거처를 알 수 있었을까? 그것은 바로 오딘의 궁전에 있는 아홉 세상의 모든 것을 볼 수 있는 오딘의 용상 흘리드스칼프 덕분이었다. 그렇다면 왜 신들은 아스가르드에서 로키가 난장판을 칠 때 현장에서 체포하지 않고 이제야 찾아 나선 것일까? 그것은 성스러운 아스가르드를 전쟁터로 만들어 더럽혀서는 안 되었기 때문이다. 체포조의 대장은 바로 아스 신족에서 가장 현명한 크바시르였다. 그는 로키의 움막과 그 주변을 자세히 살펴보다가 모닥불 속에서 불에 탄 채 선명하게 남아 있는 그물의 형상을 보고 상황을 금세 알아챘다.

크바시르는 토르를 비롯한 여러 신들에게 아무 말 없이 턱으로 폭포의 연못을 가리키며 회심의 미소를 지었다. 이어 그들에게 행여 누가 들을세라 조그마한 목소리로 자신의 계획을 설명한 뒤 잠들기 전 그들과 함께 단단한 아마 껍질로 커다란 그물을 만들어 양쪽에 길게 막대기를 달아 두었다. 그 그물은 폭포 연못의 가장 긴 쪽을 막아도 남을 정도로 길었다. 새벽이 되자 신들은 그물을 갖고 약속이라도 한 듯이 폭포 연못 아래 입구 쪽으로 내려갔다. 먼저 토르가 그물의 한쪽 끝 막대기를 잡더니 다른 신들에게는 그대로 있으라 하고 자신이 폭포 속으로 들어갔다. 이어 반대편 입구에 서서는 그물 끝을 폭포 속에 넣고 맞은편 신들에게도 그렇게 시켰다. 이어 신들은 토르의 신호와 동시에 양쪽에서 그물을 끌어올리기 시작했다.

폭포 속 다른 연어들과 물고기들은 로키가 뛰어들어 연어로 변신하자 심한 불안감을 느끼고 이미 오래전에 입구를 빠져나가 하류로 내려가 버렸다. 폭포 안에는 단지 로키가 변신한 연어 한 마리만 남아 있었다. 신들이 점차 그물로 호수 바닥을 더듬으면서 폭포 위쪽으로 올라오자 로키는 당황하지 않고 이전에 보아 두었던 2개의 커다란 바위 틈에 몸을 숨겼다. 그래서 신들의 그물은 그의 등지느러미를 스치고 지나갔을 뿐이다. 신들이 폭포 위에서 그물을 들었을 때는 예상과는 달리 그 안에는 아무것도 없었다. 신들은 분명 조금 전 손의 감각으로 보아 꽤 커다란 물고기가 그물을 스친 것을 알아챈 터라 아쉬워하며 이번에는 그물 아래에 돌을 달아서 호수 반대 방향을 더듬기로 했다.

신들의 그물이 폭포 바닥에 깊이 드리운 채 구석구석을 샅샅이 더듬으며 내려오자 로키는 당황하기 시작했다. 그는 아예 폭포 입구를 지나 강 아래로 내려갈 생각도 해 보았다. 하지만 폭포 아래쪽 수심은 아주 얕았기 때문에 그것은 더 위험할 수밖에 없었다. 연어로 변신한 자신의 몸통이 밖으로 드러나 더 쉽게 사로잡힐 게 뻔했기 때문이다. 고민하던 로키는 아예 그물을 뛰어넘어 폭포 안쪽으로 더 깊숙이 몸을 숨기기로 했다. 그래서 신들의 그물이 점점 가까이 다가오자 그는 적당한 순간을 노려 갑자기 힘차게 도약해서 그물 가운데 위를 날아 반대편 폭포 속으로 뛰어들었다. 신들은 돌발적인 사태에 깜짝 놀라 모두 비명을 지르며 그만 그물을 놓치고 말았다. 그 와중에 어떤 신들은 넘어져서 온몸이 물에 흠뻑 젖기도 했고, 심지어 엉겁결에 폭포 물을 마시기도 했다.

다시 전열을 정비한 신들은 세 번째로 그물로 폭포 바닥을 훑기 시작했다. 하지만 이번에는 두 번째와는 다르게 신들이 그물 양쪽에만 서 있었던 것이 아니라 가운데에서 토르가 양손을 들고 선 채 그물 바로 위를 잔뜩 노려보며 이전보다 천천히 폭포 입구에서 위쪽으로 이동하기 시작했다. 그러니까 여러 번 거듭할수록 그물을 사용하는 방법이 세밀해지고 발전한 셈이다. 하지만 수면 아래에 있던 로키는 이런 상황을

로키는 연어로 변신해 숨어 있다 토르에게 붙잡힌다.
W. O. 리스W. O. Reese, 〈로키를 붙잡은 토르Thor Captures Loki〉, 1922년.

알 턱이 없었다. 그는 두 번째 방식대로 그물을 피할 심산으로 다시 적당한 순간에 껑충 뛰어올랐지만 반대편 폭포 속으로 떨어지기 전에 그만 토르의 두 손에 꼼짝없이 잡히는 신세가 되고 말았다. 토르는 손안으로 뛰어든 연어를 단단히 붙잡았다. 로키가 아무리 몸을 흔들고 용을 써 보았지만 천하장사 토르의 손아귀를 도저히 빠져나갈 수 없었다.

토르가 움막 옆에 연어를 던져 놓자 로키는 다시 원래 모습으로 돌아올 수밖에 없었다. 토르는 그물을 만들고 남은 끈으로 로키를 꽁꽁 묶었다. 그런 다음 그동안 미루어 두었던 발데르의 원수를 이제야 제대로 갚기로 하고 이미 물색해 둔 미드가르드의 깊은 산속에 있는 음습한 동굴로 로키를 데려갔다. 그동안 다른 신들은 로키의 두 아들 발리 Vali와 나르피Narfi를 찾아 동굴로 데려왔다. 발리의 어머니는 누군지 알려지지 않은 반면, 나르피의 어머니는 시긴이었다. 신들이 계획대로 발리를 늑대로 변신시키자 녀석은 나르피에게 달려들어 날카로운 이빨로 그의 몸을 갈가리 찢어 놓은 다음 울부짖으며 요툰헤임 쪽으로 사라졌다. 얼마 후 로키의 조강지처 시긴도 남편이 있는 곳으로 끌려와 슬피 울기만 했다. 신들은 또한 널찍하고 긴 석판 3개도 구해 왔다.

신들은 이렇게 모든 준비를 마치자 로키의 아들 나르피의 시신에서 창자를 모두 수습한 뒤 특수 약물을 첨가해서 쇠줄보다도 더 단단한 끈으로 만들었다. 이어 그 끈을 세 조각으로 나누어 그중 하나로 로키의 손과 발을 단단히 묶은 다음 석판 하나를 어깨에 대고 팔과 함께 친친 감았다. 두 번째 석판은 허리에 대고 다른 끈으로 친친 감았으며, 세 번째 석판은 무릎 밑에 대고 남은 끈으로 다리와 함께 친친 감았다. 로키를 묶은 창자 끈은 특수 매듭을 지어 놓았기 때문에 누구도 풀 수

로키는 아들의 창자에 묶인 채 독사의 독을 얼굴에 맞는 형벌을 받는다. 이에 로키의 아내 시긴은 그릇처럼 생긴 오목한 돌로 독을
막아 준다.
패튼 윌슨Patten Wilson, 〈로키의 형벌The Punishment of Loki〉, 1908년.

없었다. 로키는 이제 그야말로 옴짝달싹하지 못하는 식물인간 같은 상태가 되어 버린 것이다. 로키의 벌은 이것으로 끝나지 않았다. 얼마 후 사냥의 여신 스카디가 커다란 독사 한 마리를 잡아오자 신들은 동굴 속 종유석에 독사의 입을 벌리게 한 채 묶어 놓아 그 독이 곧바로 로키의 얼굴로 떨어지도록 했다.

이제 로키는 죽은 듯이 누워 있다가 그 독을 고스란히 얼굴로 받아내며 고통으로 신음하는 것 이외에는 아무것도 할 수 없었다. 그렇게 장난기 넘치던 로키가 이제는 신들마저도 약간 불쌍한 마음이 들 정도로 정말 처량한 신세가 되어 버린 것이다. 신들은 로키를 그의 아내 시긴에게 맡긴 다음 그에게 동정하는 마음이 더 생길까 봐 얼른 자리를 털고 일어났다. 신들이 사라지자 시긴은 얼른 동굴에서 그릇처럼 오목한 돌을 찾아내서는 그것을 뱀의 독이 떨어지는 남편의 얼굴 위에 대고 있었다. 이어 돌그릇이 독으로 가득 차면 얼른 그것을 가까운 웅덩이에 버렸다. 그러는 사이 무방비 상태의 얼굴에 독이 떨어지자 로키는 너무 고통스러운 나머지 깊은 신음소리를 내며 얼굴을 일그러뜨렸다.

세상을
몰락시킨 전쟁,
라그나뢰크

로렌츠 프뢸리크, 〈리프와 리프트라시르Lif and Lifthrasir〉, 1895년. 원작의 흑백 반전.

세상의 몰락을 예고하는 여러 징조들

고대 노르웨이어로 '라그나ragna'는 '신'을 뜻하는 '레긴regin'의 복수형이며, '뢰크rök'는 '황혼' 혹은 '파멸'이라는 뜻이다. 그래서 '라그나뢰크'의 글자 그대로의 뜻은 '신들의 황혼'이나 '신들의 파멸'이다. 하지만 북유럽 신화에서 신들의 파멸은 자신들뿐 아니라 거인들과 인간들 그리고 난쟁이들 모두의 파멸을 초래하기 때문에 라그나뢰크는 정확히 말한다면 세상의 종말을 뜻한다. 북유럽 신화는 태초부터 신들과 거인들의 갈등에서 시작되어 그것이 계속 증폭되다가 결국 양측 사이에 총체적인 전면전이 일어나 소위 아홉 세상 전체의 파멸로 끝을 맺는다. 북유럽 신화는 마치 인간이 죽음을 향해 나아가고 있는 것처럼 라그나뢰크를 향해 나아가고 있는 셈이다.

라그나뢰크의 전조는 맨 먼저 인간 세상인 미드가르드에서 나타난다. 라그나뢰크가 다가올수록 인간 세상은 윤리와 도덕이 땅에 떨어지고 말보다 주먹이 앞서는 야만의 시대로 변해 간다. 북유럽 신화는 그런 시대를 '도끼의 시대', '칼의 시대', '늑대의 시대'로 정의를 내린다. 북유럽 신화에 따르면 야만의 시대에는 서로 모르는 사람들뿐 아니라 이웃들마저도 늘 티격태격 분쟁을 일으키며, 친구들은 날마다 서로 폭력을 휘두르고, 부모와 자식들은 만날 불화에 휩싸이며, 형제들은 만나기만 하면 서로 못 잡아먹어서 안달이다. 이런 다툼과 갈등은 점점 한 나라의 계층과 계층, 지역과 지역, 더 나아가서 나라와 나라 사이로 확산되면서 전 세계가 총 3년 동안 엄청난 혼란에 빠진다.

그 후 다시 핌불베트르Fimbulvetr라는 3년 동안의 혹독한 겨울이 계속된다. 이 기간에는 여름은 오지 않고 차가운 폭풍우와 함께 계속해서 눈만 내리기 때문에 대지가 꽁꽁 얼어붙는다. 그 후 태양과 달을 뒤쫓고 있던 늑대 스콜과 하티가 마침내 그들을 따라잡아 마차를 몰던 솔과 마니와 함께 집어삼켜 버리고, 하늘에 떠 있던 모든 별들이 바다로 떨어져 세상이 온통 암흑천지가 되어 버린다. 이어 사방에서 지진이 일어나 대지가 흔들리면서 세상에 있는 모든 하천들이 범람하고, 모든 나무들이 뿌리 뽑히며, 모든 산들이 무너져 내린다. 이 지진 덕분에 늑대 펜리르도 묶여 있던 끈에서 풀려나고, 물이 불어난 바다에서는 왕뱀 요르문간드가 서서히 몸을 풀기 시작하면서 해일이 일어난다.

바로 그 순간 라그나뢰크의 서막을 알리는 수탉들의 울음소리가 세 곳에서 들려온다. 거인들의 나라 요툰헤임에서는 진홍빛 수탉 퍌라르Fjalar가 갈그비드Galgvid 숲에서 울고, 아스 신족의 궁전 발할라 궁전 지붕 위에서는 금빛 수탉 굴린캄비Gullinkambi가 울며, 지하세계인 헬헤임에서는 이름 모를 검붉은 수탉이 운다. 그 소리에 화답을 하듯 지하세계의 문을 지키던 개 가름이 사납게 울부짖으면서 그니파헬리르Gnipahellir 동굴에서 튀어나온다. 위험을 감지한 아스가르드의 수문장 헤임달도 걀라르호른을 공중에 높이 들고 숨을 가쁘게 쉬면서 급히 불어 댄다. 그 뿔피리 소리를 듣고 세계수 이그드라실이 고통스러운 듯 신음소리를 내며 몸을 비튼다.

신들과 거인들의 군대는 비그리드 평원에서 최후의 전쟁을 치른다.
카를 에밀 되플러, 〈오딘과 늑대 펜리르, 프레이르와 수르트Odin und Fenriswolf Freyr und Surt〉, 1905년.

　　마침내 지하세계 여왕 헬의 전용 배로, 죽은 자들의 손톱과 발톱으로 만든 나글파르Naglfar가 헬헤임의 전사들을 가득 싣고 미드가르드에 있는 바다에 나타난다. 아마 지하세계와 바다를 연결해 주는 강을 통해 나왔으리라. 거인들의 왕 흐림Hrym이 부하들을 이끌고 그들을 마중하러 왔다가 헬의 배에 올라 항구로 안내한다. 그 와중에 족쇄에서 풀린 로키도 그들과 합류한다. 요르문간드도 마침내 뭍으로 기어올라 그들에게로 다가간다. 이미 족쇄에서 풀려난 늑대 펜리르도 어디서 소식을 들었는지 그들에게로 달려온다. 불의 나라 무스펠헤임에서는 수르트가 늑대에게 먹혀 사라진 태양보다도 밝은 불칼을 휘두르며 전사들을 이끌고 나타난다. 그들은 모두 항구에 모이자 전열을 정비한 다음 무지개다리 비프로스트로 몰려간다.

무지개다리는 마치 사다리처럼 양쪽 다리 끝을 각각 미드가르드와 아스가르드에 걸쳐 놓고 두 세상을 연결시켜 주고 있다. 적들이 아래 미드가르드 쪽에서 다리를 오르기 시작하자 위쪽에서 그것을 지켜보고 있던 신들의 파수꾼 헤임달은 갈라르호른을 힘껏 불어 신들과 아홉 세상 구석구석에 적들의 공격을 알린 다음 급히 자신의 궁전으로 피신한다. 그들이 마침내 모두 아스가르드로 넘어오자마자 대군의 무게에 힘이 겨웠던지 무지개다리는 폭삭 무너져 내린다. 오딘은 헤임달로부터 적들의 동향을 보고받은 즉시 만반의 준비를 갖춘다. 그는 우선 애마 슬레이프니르를 타고 미미르의 샘으로 달려가 미미르에게 조언을 듣는다. 이어 신들의 회의를 주재하여 전략을 짠 다음 죽은 영웅들의 영혼인 에인헤랴르Einherjar를 소집하여 무장시킨다.

신들과 거인들이 벌인 최후의 전쟁

신들과 거인들을 비롯하여 그들의 적들이 모여 싸운 곳은 바로 아스가르드의 광활한 비그리드 평원이다. 양측 군대는 마치 약속이라도 한 것처럼 그곳으로 속속 모여들기 시작한다. 평원 한쪽에서는 오딘을 총사령관으로 내세우고 아스 신족, 반 신족이 수많은 전사戰死 영웅 에인헤랴르를 대동하고 전열을 갖춘다. 이에 맞서 다른 쪽에서는 불의 거인 수르트를 총사령관으로 내세우고 서리 거인들, 지하세계의 문을 지키는 개 가름을 비롯한 헬의 군대들, 로키와 그의 자식들인 늑대 펜리르와 왕뱀 요르문간드 등이 전열을 갖춘다. 특히 펜리르와 요르문간드는 숨을 거칠게 내쉴 때마다 거대한 입에서 독기를 머금은 입김을 진하게 토해 내면서 비그리드 평원을 온통 희뿌옇게 만든다.

양쪽 군대는 그렇게 한참 동안 서로 마주보며 대치하고만 있다가 어느 순간 갑자기 상대 진영을 향해 전속력으로 달려들더니 무자비하게 싸우기 시작한다. 그 와중에도 신들과 거인들은 서로 자신의 적수를 용케도 찾아낸다. 제일 먼저 오딘이 늑대 펜리르를 향해 돌진하지만 오히려 거대하게 몸집이 불어난 펜리르가 커다란 입을 벌려 오딘을 통째로 삼켜 버린다. 그걸 보고 오딘의 아들 비다르가 펜리르에게 달려들어 아버지의 원수를 갚는다. 이때 그는 한쪽 발로는 펜리르의 아래턱을 밟고, 왼손으로는 그의 위턱을 잡고 녀석의 아가리를 찢어 죽인다. 비다르는 장차 자신이 늑대 펜리르를 대적하게 되리라는 예언을 듣고 미리 그의 강한 이빨에도 찢어지지 않는 특수 신발을 만들어 놓은 터다.

토르는 예전에 한 번 낚시로 잡을 뻔했던 왕뱀 요르문간드에게 달려들어 녀석을 붙잡고 한참을 씨름하다가 결국 망치로 쳐서 죽인다. 하지만 자신도 비틀거리며 겨우 아홉 걸음을 걷고 나서 쓰러져 죽는다. 요르문간드가 싸우면서 뿜어낸 독에 그만 온몸이 중독되어 버렸던 것이다.

프레이르는 불의 거인 수르트에게 용감하게 맞서 싸우다가 불칼을 맞고 쓰러진다. 거인 여자 게르드를 아내로 얻기 위해 천하무적의 칼을 자신의 하인 스키르니르에게 중매료로 주어 수르트의 공격을 제대로

토르는 왕뱀 요르문간드를 죽이지만 자신도 뱀 독에 중독되어 죽고 만다.
카를 에밀 되플러, 〈토르와 미드가르드의 뱀Thor und die Midgardsschlange〉, 1905년경.

막아 낼 수 없었던 것이다. 헤임달은 로키와 싸워 그를 죽이지만 자신
도 목숨을 잃는다. 한쪽 팔밖에 없는 전쟁의 신 티르도 지하세계의 개
가름과 싸워 녀석을 죽이지만 마찬가지로 자신도 목숨을 잃는다.

전투에 참여한 나머지 신들과 에인헤랴르도 서리 거인들, 헬의 전사
들, 불의 전사들과 싸우다가 모두 목숨을 잃는다. 그때 돌연 비그리드
평원의 전쟁터에서 유일하게 살아남은 불의 거인 수르트가 자신의 불
칼을 마음대로 휘둘러 아홉 세상 곳곳에 거대한 불덩이들을 날려 보
낸다. 그러자 천지가 화염에 휩싸인다. 세계수 이그드라실도, 아스가르
드의 궁전도, 미드가르드에 있던 나무들과 집들도 모두 화염에 휩싸인
다. 그 화염 때문에 미드가르드의 모든 강물과 호수는 점점 마르기 시

오딘은 늑대 펜리르와 싸우다 통째로 삼켜진다.
아서 래컴, 〈펜리르와 싸우는 오딘Odin Battling Fenrir〉, 1910년경.

작하고, 바닷물은 지글지글 끓어오른다. 얼마 후 그 화염을 이기지 못하고 대지마저도 굉음을 내며 바닷속으로 가라앉는다. 마침내 신들이나 거인들뿐 아니라 모든 것이 몰락하는 라그나뢰크가 정말 도래한 것이다.

라그나뢰크는 그리스 신화에서 제우스를 총사령관으로 하는 올림포스 신족과 포르피리온Porphyrion을 총사령관으로 하는 거인족인 기간테스Gigantes 사이의 전쟁을 연상시킨다. 기간토마키아Gigantomachia라고 불리는 이 전쟁도 '불타는 곳'이라는 뜻을 지닌 '플레그라Phlegra' 평원에서 벌어지고, 특히 일대일 대결의 양상을 띠기 때문이다. 가령 제우스는 번개를 날려 포르피리온을 죽였고, 아폴론은 화살로 에피알테스Ephialtes의 왼쪽 눈을 맞추어 죽였으며, 디오니소스는 티르소스Thyrsos 지팡이로 에우리토스Eurytos를 때려죽였다. 헤카테는 횃불로 클리티오스Klytios를 태워 죽였고, 아테나는 팔라스Pallas를 죽인 다음 그 껍질을 벗겨 방패로 사용했으며, 헤르메스는 하데스로부터 빌린 마법의 투구를 쓴 채 보이지 않은 상태에서 히폴리토스Hippolytos를 죽였다.

전쟁에서 살아남은 자들과 새로운 희망

라그나뢰크로 모든 것이 끝나는 듯했다. 하지만 아니었다. 얼마 후 희망의 싹이 보이기 시작한다. 먼저 바다에 가라앉았던 대지가 다시 솟아오른다. 그 대지는 불에 탄 잿더미 덕분에 아주 비옥해진 터라 각종 나무들과 식물들의 싹이 파릇파릇 돋아나더니 금세 쑥쑥 자라난다. 또한 모두 죽은 줄 알았던 신들과 인간들 중에서도 생존자들이 나타난다. 인간들 중에서는 리프Lif와 리프트라시르Lifthrasir라는 남녀가 살아

라그나뢰크로 아홉 세상의 모든 것이 몰락한다.
카를 에밀 되플러, 〈라그나뢰크의 마지막 순간The Last Phase of Ragnarök〉, 1905년경.

남는다. 그들은 미드가르드에서 가장 울창하고 깊은 호드미미스 홀트 Hoddmimis Holt 숲에 몸을 숨긴 채 타지 않은 나뭇잎에 맺힌 이슬방울을 먹고 목숨을 부지한다. 얼마 후 이 두 사람은 부부로 맺어져 미드가르 드에 거주하게 될 새로운 인간들의 조상이 된다.

신들 중에서는 오딘의 아들 비다르와 발리(로키의 아들 발리와 동명이 인), 그리고 토르의 아들 모디Modi와 마그니Magni가 살아남는다. 그들은 아버지의 궁전에 있는 깊은 지하실에 몸을 숨겨 목숨을 부지한다.

이어 지하세계에서도 발데르와 호드가 살아남아 아스가르드로 올 라온다. 마지막으로 반 신족에게 인질로 갔던 회니르도 반 신족이 모두 죽자 고향인 아스가르드로 돌아온다. 이 7명의 신들은 그 밖에 살아남 은 다른 신들과 함께 아스가르드의 새 주역이 된다. 그들은 가끔 연회 를 베풀 때마다 오딘 시절을 회상하고 추모하며, 가끔 폐허 속을 뒤져 그 시절의 유품들을 발굴하여 그리움을 달래기도 한다. 이때 토르의 두 아들은 최후의 결전이 벌어졌던 비그리드 평원에서 아버지의 유품 묠니르를 찾아낸다.

희망의 빛은 하늘에서도 나타나 늑대에게 잡아먹혔던 태양과 달이 다시 등장한다. 그들을 집어삼켰던 늑대 스콜과 하티가 불에 타 죽으면 서 다시 토해 냈기 때문이다. 그러자 어디선가 두 신이 마차를 끌고 혜 성처럼 나타나 태양과 달을 싣고 예전의 궤도를 달리기 시작한다. 그 들은 바로 스콜에게 태양과 함께 잡아먹혔던 태양의 여신 솔의 쌍둥이 남매다. 솔은 자신이 장차 스콜에게 잡아먹힐 거라는 예언을 듣고 미리 남매를 낳아 유모를 시켜 아무도 모르는 곳에서 키우고 있었던 것이다. 다시 얼마간 시간이 흐르자 아스가르드와 미드가르드에 새로운 궁전

라그나뢰크가 끝나고 새로운 희망이 보인다.
카를 에밀 되플러, 〈라그나뢰크 이후의 세상After Ragnarök〉, 1905년경.

들이 속속 들어선다. 아스가르드에는 기믈레Gimle, 미드가르드에는 신

드리Sindri라는 최초의 황금 궁전이 세워진다.

뵐숭 가문과
니플룽 가문의
비극

로렌츠 프뢸리크, 〈오딘과 프리그Odin and Frigg〉, 1895년, 원작의 흑백 반전.

뷜숭 가문, 그리스 신화의 탄탈로스 가문

그리스 신화에는 엄청난 음모와 끔찍한 복수로 점철된 탄탈로스Tantalos와 오이디푸스Oidipous라는 두 가문이 있다. 북유럽 신화에도 그에 버금가는 뷜숭Völsung 가문과 니플룽Niflung 가문이 있다. 그리스 신화의 두 가문은 조상과 발원지가 서로 달라 아무 관계가 없다. 이에 비해 북유럽 신화의 두 가문은 핏줄로 서로 연결되어 있다. 니플룽을 독일어로 옮긴 것이 바로 니벨룽Nibelung이다. 그래서 북유럽 신화의 니플룽 가문의 이야기는 바로 리하르트 바그너Richard Wagner의 《니벨룽의 반지》의 원전인 셈이다.

뷜숭 가문의 시조는 시기Sigi다. 시기는 오딘의 아들이지만 어머니의 출신은 알려져 있지 않다. 그는 북유럽의 어떤 나라에서 아마 왕은 아니었지만 신분이 상당히 높은 귀족이었던 것으로 추정된다. 시기는 어느 날 자신보다 사냥을 잘하는 노예에게 질투를 느껴 그를 살해한 벌로 나라에서 추방을 당했다. 하지만 아버지 오딘의 배려로 후날란드Hunaland라는 나라의 왕이 되었다. 후날란드는 프랑크Frank족과 훈Hun족을 기반으로 한 신화적인 나라다.

시기는 오랫동안 후날란드를 잘 통치하여 태평성대로 이끌었다. 하지만 만년에 그의 아들 레리르Rerir가 이웃 나라로 원정을 간 사이 처남

들의 반란으로 살해당하고 나라마저 빼앗겼다. 얼마 후 레리르가 군사들을 이끌고 돌아와 치열한 공방전을 벌인 끝에 결국 삼촌들을 죽이고 아버지의 원수를 갚았다. 그는 아버지의 죽음을 반면교사로 삼아 더욱더 강력한 군주로 거듭났다. 하지만 후사가 없어 신들에게 늘 아들을 하나만 점지해 달라고 기도했다.

신들의 왕 오딘의 아내이자 가정의 여신 프리그가 마침내 레리르의 기도에 응답했다. 그녀는 거인 흐림니르Hrimnir의 딸 흘료드Hljod를 시켜 레리르 부부에게 풍요의 사과를 보내 주었다. 레리르의 아내는 그 사과를 먹고 나서 얼마 지나지 않자 신기하게도 배가 불러 왔다. 하지만 무려 7년 동안이나 임신한 상태로 있었지만 배 속의 아이는 도무지 나올 기미를 보이지 않았다. 그사이 레리르는 갑자기 시름시름 앓더니 세상을 떠나고 말았다.

얼마 후 레리르의 아내는 앞으로 살날이 얼마 남지 않았음을 직감했다. 그래서 곧바로 왕궁의 주치의를 불러 자신의 배를 가르게 하고 그토록 바라던 아들을 낳았지만 자신은 그 후유증으로 그만 몸져눕고 말았다. 바로 이때 갓 태어난 아들은 이미 어머니 배 속에서 7년을 자란 터라 그녀의 병상을 끝까지 지켰다. 또한 어머니가 죽기 바로 직전에는 뺨에 작별의 키스를 해 주었다. 레리르의 이 아들이 바로 뷜숭 가문의 시조 뷜숭이다.

뷜숭 가문의 화근이 된 오딘의 칼

뷜숭은 용맹스런 전사로 자라나 죽은 아버지의 뒤를 이어 후날란드의 왕이 되었다. 이어 프리그 여신의 명을 받고 자신이 태어나도록 풍요의

뷜숭 가문과 니플룽 가문의 이야기는 나중에 리하르트 바그너의 오페라 《니벨룽의 반지》의 바탕이 된다.
아서 래컴, 〈황금을 지켜!Rescue The Gold!〉, 1910년, 《니벨룽의 반지》를 위한 삽화 4번.

사과를 갖다준 흘료드를 아내로 맞이하여 10남 1녀를 두었다. 11남매 중 가장 용감한 시그문드Sigmund와 빼어난 미모를 자랑하는 외동딸 시그니Signy는 막내 쌍둥이 남매다.

뵐숭은 자식들이 모두 성장하자 넓은 궁전 앞마당에 자라고 있던 바른스토크Barnstokkr라는 아름드리 참나무를 가운데 두고 커다란 야외 홀을 지었다. 뵐숭은 그곳에서 자식들과 함께 신하들을 거느리고 만찬과 검술시합을 여는 것을 좋아했다.

언젠가 이웃 나라인 고틀란드Gotland의 왕 시게이르Siggeir가 뵐숭의 초대를 받아 그 홀에서 연회를 즐기다가 공주 시그니를 보고 첫눈에 반해 구혼했다. 시그니는 시게이르가 전혀 마음에 들지 않았다. 하지만 뵐숭은 전략적으로 그의 청혼을 받아들였고, 얼마 후 그 홀에서 시그니의 성대한 결혼식이 거행되었다. 피로연이 한창 벌어지고 있는 도중에 갑자기 허름한 망토를 두르고 차양이 넓은 모자를 깊게 눌러써 애써 애꾸눈을 가린 노인 하나가 나타나더니 바른스토크 참나무에 멋진 칼을 힘차게 박아 넣었다. 이어 그 칼을 뽑는 자가 그 주인이 될 것이라고 큰소리로 외친 다음 바람처럼 사라졌다.

홀 안에 있던 모든 사람들은 그 노인이 바로 뵐숭의 증조할아버지 오딘이라는 사실을 금세 알아차렸지만 전혀 내색하지 않았다. 그 대신 노인이 떠나자 뵐숭을 연호하며 그에게 제일 먼저 칼을 뽑으라고 재촉했다. 하지만 뵐숭은 손님이자 사위인 시게이르에게 우선권을 양보했다. 시게이르가 당연한 처사라고 생각하며 의기양양하게 앞으로 나서서

뵐숭의 쌍둥이 남매인 시그문드는 용맹한 청년으로, 시그니는 아름다운 처녀로 자란다.
아서 래컴, 〈시그니(독일어로는 지글린데)와 시그문드(독일어로는 지그문트)Sieglinde and Siegmund〉, 1910년, 《니벨룽의 반지》를 위한 삽화 18번.

오단은 노인으로 변장하고 피로연에 나타나 바른스토크라 불리는 참나무에 칼을 박아 넣고는, 칼을 뽑는 자가 그 주인이 될 것이라고 외친다.
카를 에밀 되플러, 〈바른스토크에 칼을 꽂아 넣는 노인The Old Man Places a Sword into the Tree Barnstokkr〉, 1905년경.

칼을 뽑으려 했지만 꿈쩍도 하지 않았다. 시게이르는 무척 실망한 표정으로 자기 자리로 돌아가 앉았다.

그제야 뵐숭이 두 번째로 앞으로 나서서 칼을 뽑으려고 했지만 그 또한 시게이르처럼 뜻을 이룰 수 없었다. 이어 뵐숭의 10명의 아들들이 큰아들부터 차례로 앞으로 나서서 칼을 뽑으려고 했지만 연이어 모두 실패하고 마침내 막내인 시그문드만 남게 되었다. 그는 앞으로 나서면서 약간 긴장한 듯 양손을 비벼 땀을 닦아 내더니 칼 손잡이를 잡고 힘껏 잡아당겼다. 그러자 칼은 언제 그랬냐는 듯이 마치 무에 박힌 것처럼 스르르 뽑혀 나왔다. 그걸 보고 모두들 환호성을 지르며 감탄을 금치 못했다.

그 칼이 몹시 탐났던 시게이르가 시그문드에게 다가와 그것을 자신에게 팔라고 제안했다. 칼 값은 달라는 대로 주겠다고도 했다. 하지만 시그문드가 그 제안을 단번에 거절하자 자존심이 상한 시게이르는 앙심을 품고 처남 가족을 모두 죽이고 칼을 빼앗을 결심을 했다. 그러기 위해서는 우선 뵐숭과 그 아들들이 자신의 나라로 와야 했다. 그래서 시게이르는 아내 시그니를 데리고 후날란드를 떠나면서 뵐숭과 그 아들들을 자신의 나라인 고틀란드로 초대했다. 뵐숭은 당연히 그 초대를 감사히 받아들였다.

시게이르가 초대한 날짜가 다가오자 고틀란드로부터 시그니가 보낸 밀사가 후날란드에 도착했다. 밀사가 전해 준 시그니의 편지에 따르면 아무래도 남편이 무슨 흉계를 꾸미고 있는 것 같으니 제발 고틀란드로 오지 말라는 것이었다. 뵐숭은 그 밀사 편으로 딸에게 답장을 보내 그것은 기우에 불과하며 아무리 위험하더라도 한 번 한 약속은 파기할

시그문드는 늑대에게 잡아먹힐 뻔하지만 쌍둥이 남매인 시그니의 꾀 덕분에 살아남는다.
윌리 포게니, 〈시그문드와 늑대Sigmund and the Wolf〉, 1920년, 채색: 지식서재.

수 없다고 전한 뒤, 방문단을 꾸려 아들들을 앞세우고 고틀란드로 향했다.

며칠간의 여정 끝에 뵐숭이 마침내 고틀란드에 도착하자 성대한 환영 만찬이 벌어졌다. 그런데 만찬이 한창 벌어지고 있는 사이에 갑자기 고틀란드의 군사들이 만찬장에 난입하더니 뵐숭을 비롯한 그 아들들을 모두 포박하고 시그문드의 칼을 빼앗았다. 뵐숭 일행이 전혀 손 쓸 틈이 없었던 그야말로 번개 작전이었다. 이때 뵐숭은 현장에서 바로 죽임을 당했다. 하지만 그 아들들은 시그니의 간청이 받아들여져서 온몸이 꽁꽁 묶인 채 깊은 숲속에 버려졌다. 그곳에 살고 있는 무서운 늑대의 먹이가 되도록 하기 위해서였다.

뵐숭의 아들들은 그렇게 하루에 한 명씩 숲속에서 늑대에게 잡아먹했다. 9명의 아들들이 차례로 그렇게 죽고 시그문드 혼자만 남았을 때였다. 시그니는 자신의 충복을 그 숲속으로 보내 오라버니의 얼굴과 입에 꿀을 잔뜩 발라 두도록 했다. 마침내 열 번째 날 예의 그 늑대가 다가와서 시그문드를 잡아먹으려다가 달달한 맛에 현혹되어 얼굴과 입에 묻은 꿀을 정신없이 핥았다. 호시탐탐 공격할 기회를 노리고 있던 시그문드는 늑대의 혀가 자신의 입 근처에서 날름거리는 순간 갑자기 그것을 이빨로 물고 늘어지면서 혈투를 벌여 녀석을 해치웠다. 시그문드는 늑대와 싸우는 와중에 자연스레 포승줄도 풀게 되었다. 그는 더욱더 깊은 숲속으로 들어가 은신처를 마련해 대장장이 기술을 익히면서 살아갔다.

복수를 위해 근친상간으로 아들을 낳은 시그니

충복을 통해 오라버니의 은신처를 알고 있었던 시그니는 어느 날 감시의 눈을 피해 시그문드를 찾아가 감격적인 해후를 했다. 이어 궁으로 돌아가면 아홉 살이 된 자신의 첫째 아들을 보낼 테니 살인 병기로 키워 함께 아버지와 형제들의 복수를 해 달라고 부탁했다. 만약 아들이 그럴 재목이 되지 못하거든 없애 버려도 좋다는 당부도 덧붙였다.

얼마 후 시그니가 충복을 딸려서 첫째 아들을 보냈다. 하지만 시그문드가 실을 꿴 바늘로 그 아이의 옷소매를 피부와 함께 꿰매 시험해 보니 그에게는 복수를 하기에는 용기와 인내력이 턱없이 모자랐다. 시그문드는 시그니의 요청대로 그를 죽였다. 연락을 받은 시그니가 1년 뒤 역시 아홉 살이 된 둘째 아들을 보냈다. 하지만 둘째 역시 복수를 하기에는 용기와 인내력이 턱없이 부족했다. 시그문드는 그도 또한 죽였다.

몹시 낙망한 시그니는 여자 마법사를 찾아가 시그문드를 도와줄 사람을 찾을 방도를 물었다. 그러자 그녀는 순수한 뵐숭 핏줄만이 시그문드의 조력자가 될 수 있다고 대답했다.

시그니는 이 말을 듣고 바로 그 여자 마법사에게서 변신술을 배워 숲속의 요정으로 변신하여 시그문드를 찾아가 사흘을 함께 지냈다. 그다음 궁으로 돌아와 10개월 후 아들을 낳아 신표틀리Sinfjötli라고 이름 지었다. 시그니는 신표틀리가 아홉 살이 되자 시그문드에게 보냈다. 그런데 신표틀리는 앞선 두 아들과 사뭇 달랐다. 바늘이 자신의 피부를 꿰어도 눈썹 하나 까딱하지 않았기 때문이다. 신표틀리는 시그문드의 지도 아래 두려움을 전혀 모르는 전사로 자라났다.

이처럼 시그니가 복수를 위해 근친상간으로 아들을 낳았다는 점에서 뵐숭 가문은 특히 그리스 신화의 탄탈로스 가문을 빼닮았다. 탄탈로스의 손자 티에스테스Thyestes도 형 아트레우스Atreus에게 복수하기 위해 신탁에 따라 딸 펠로페이아Pelopeia를 범하여 아이기스토스Aigisthos라는 아들을 낳아 살인 병기로 키워 목적을 달성하기 때문이다.

9년 후 시그문드는 마침내 살인 병기로 키운 신표틀리와 함께 시게이르의 궁전으로 숨어들어 우여곡절 끝에 시게이르 왕을 암살하고 궁전을 불태웠다. 그제야 시그니는 시그문드에게 신표틀리의 출생의 비밀을 알려 준 다음, 자신의 평생 목표인 아버지와 오빠들의 복수를 완수했으니 이제는 여한이 없다고 했다. 이어 자신이 비록 시게이르와 마지못해 결혼을 했지만 이제는 기꺼이 그와 함께 죽겠다며 활활 타오르는 불길 속으로 순식간에 뛰어들어 장렬하게 산화했다.

자기 후손의 시신을 직접 운구하러 온 오딘

누이를 잃은 시그문드는 슬픔을 억누르며 자신의 칼을 찾은 다음 신표틀리를 데리고 후날란드로 돌아가 왕위에 올랐다. 또한 이웃 나라의 공주 보르그힐드Borghild를 아내로 맞이하여 헬기Helgi와 하문드Hamund라는 두 아들을 두었다. 그 후 한참 동안 후날란드에 태평성대가 이어졌다. 그러던 어느 날 신표틀리와 보르그힐드의 남동생이 한 여자에게 동시에 구혼을 했다가 두 사람 사이에 결투가 벌어져 신표틀리가 왕비의 동생을 죽이는 사건이 일어났다.

보르그힐드는 시그문드에게 살인을 저지른 신표틀리를 나라에서 당장 추방해 달라고 요청했다. 하지만 시그문드는 아들 편에 서서 그의 살인을 정당방위로 규정하고 왕비에게는 처남의 죽음에 대해 충분한 보상을 해 주겠다고 약속했다. 하지만 그것으로 동생을 잃은 왕비의 원한은 풀어지지 않았다. 이윽고 시그문드의 처남의 장례식이 거행되고 상주인 보르그힐드가 사람들에게 술을 따라 주는 의식이 베풀어질 때가 되었다. 그녀는 순서에 따라 신표틀리 앞에 오자 그에게도 술을 가득 따른 잔을 건넸다.

신표틀리는 그 술잔에 독이 들어 있을 것이라고 생각하고 정중하게 거절했다. 그러자 옆에 앉아 있던 시그문드가 그 잔을 받아들고 단숨에 들이켰다. 보르그힐드가 거기서 그만둘 리 없었다. 그녀는 신표틀리에게 다시 또 다른 잔을 건넸다. 신표틀리는 마찬가지 이유로 또 다시 정중하게 거절했다. 그러자 시그문드가 다시 그 잔을 받아들고 단숨에 들이켰다. 이걸 보고 보르그힐드가 신표틀리에게 자신의 잔을 남이 마시게 한다고 힐난하며 다시 세 번째로 잔을 건넸다.

오딘은 뱃사공으로 변신하여 자신의 후손인 신표틀리의 시신을 직접 운구한다.
요하네스 게르츠Johannes Gehrts, 〈신표틀리의 시신을 가져가는 오딘Odin Takes the Corpse of Sinfjötli〉, 1883년, 채색: 지식서재.

    시그문드가 이번에는 웬일인지 신표틀리를 향해 고개를 끄덕이며 그 잔을 마시라는 시늉을 했다. 그는 두 잔을 연거푸 들이켠 뒤라 약간 술에 취해 판단력이 흐려졌던 것이다. 아버지가 권하자 신표틀리는 얼른 그 잔을 받아 마셨고, 그가 예상한 대로 바로 그 자리에서 피를 토하며 쓰러져 죽고 말았다. 분노한 시그문드는 보르그힐드를 두 아들과 함께 궁에서 내쫓았다. 그렇다면 왜 독이 든 술을 먹고 신표틀리는 죽었는데 시그문드는 살았을까? 그것은 아마 오딘의 후손으로서 신표틀리보다는 시그문드에게 더 진한 신의 피가 흐르고 있었기 때문일 것이다.

시그문드는 신표틀리의 시신을 안고 홀로 장례를 치르기 위해 강가로 나갔다. 나루터에는 마침 애꾸눈을 한 뱃사공이 손님을 기다리고 있었다. 시그문드가 강어귀에 있는 화장장에 좀 데려가 달라고 하자 뱃사공은 자신의 배는 한 사람밖에 탈 수 없으니 시신부터 먼저 운구하고 오겠다고 말했다. 그가 아들의 시신을 건네자 뱃사공은 그것을 받아 조심스럽게 배에 뉘어 놓고 노를 젓더니 순식간에 사라졌다. 오딘이 뱃사공으로 변신하여 자기 후손인 신표틀리를 발키리아 대신 직접 발할라로 데려간 것이다.

북유럽의 최고 영웅으로 성장한 시구르드

시그문드는 그 후 에일리미Eylimi 왕의 딸인 효르디스Hjördis와 재혼하여 시구르드Sigurd라는 아들을 하나 두었다. 얼마 후 이웃 나라에서 훈딩Hundings족이 쳐들어오자 시그문드는 시게이르에게서 되찾은 칼을 들고 나가 용감하게 싸운 끝에 승리를 거의 눈앞에 두고 있었다. 그런데 그 순간 갑자기 창을 든 애꾸눈의 전사가 말을 타고 혜성처럼 나타났다. 시그문드는 곧바로 그의 앞을 가로막고 일대일 대결을 펼쳤다. 하지만 자신의 칼로 창을 막다가 갑자기 칼이 몇 조각으로 부러지면서 그 여파로 말에서 떨어지는 사고를 당했다. 그 광경을 보고 애꾸눈의 전사는 바람처럼 사라졌다.

그 후 시그문드는 자신을 에워싼 적군과 말도 무기도 없이 한참을 싸우다가 그만 치명적인 부상을 당하고 말았다. 그런데 그 전사는 도대체 누구였을까? 애꾸눈이라는 사실로 이미 짐작을 했겠지만 그는 바로 오딘이었고 시그문드의 칼을 박살 낸 것은 바로 오딘의 창 궁니르였다. 그는 시그문드의 시대를 서둘러 마감하고 그의 아들이자 장차 북유럽 신화의 최고 영웅이 될 시구르드의 시대를 예비하기 위해 그의 목숨을 손수 거두러 왔던 것이다. 시그문드는 결국 그때 당한 부상의 후유증으로 죽어 가면서 아내에게 부러진 자신의 칼 조각들을 모두 모아 두었다가 나중에 아들 시구르드가 장성하면 다시 검으로 만들어 쓸 수 있도록 그에게 물려주라고 유언했다.

효르디스는 남편의 장례를 치른 다음 남편과 애꾸눈 전사가 싸우던 곳에 가서 부러진 칼 조각들을 찾아 소중하게 간직해 두었다. 얼마 후 효르디스는 바이킹족의 왕 흐얄프레크Hjalprek의 청혼을 받아들여 그의 아내가 되었다. 그녀가 전남편 시그문드와의 사이에서 낳은 시구르드도 어머니를 따라가 흐얄프레크의 궁전에서 어린 시절을 보냈다. 흐얄프레크 왕은 양아들 시구르드가 일곱 살이 되자 그를 자신의 스승이자 아버지의 스승이기도 했던 대장장이 레긴Regin에게 맡겨 교육을 시키도록 했다. 마치 그리스 신화에서 아킬레우스Achilleus가 영웅들의 스승이었던 켄타우로스Kentauros족 케이론Cheiron 밑에서 교육을 받은 것과 같다.

어쨌든 레긴의 이름을 들으니 어렴풋이 기억이 나지 않는가? 그는 바로 수달로 변신한 아들 오테르를 죽인 오딘 일행으로부터 보상금으로 엄청난 양의 보물을 받아 낸 농부 마법사 흐레이드마르의 세 아들 중 하나였다. 그렇다면 그들은 그 후 어떻게 되었을까? 흐레이드마르의 아

파프니르는 보물을 혼자 차지하기 위해 아버지를 죽이고 동생을 집에서 내쫓는다. 그것으로도 안심하지 못해 용으로 변해 보물을 지킨다.
아서 래컴, 〈용으로 변신해 보물을 지키는 파프니르In Dragon's Form Fafnir Now Watches the Hoard〉, 1910년, 《니벨룽의 반지》를 위한 삽화 41번.

들 파프니르와 레긴은 보물에 눈이 멀어 아버지를 죽이고 그것을 차지했다. 그 보물의 원래 주인 난쟁이 안드바리의 저주가 시작된 것이다. 하지만 파프니르는 그 보물을 동생 레긴과 나누지 않았다. 오히려 동생을 집에서 쫓아낸 다음 자기만 아는 깊은 숲속 동굴에 보물을 숨겨 두었다.

파프니르는 그렇게 하고도 보물을 빼앗기지 않을까 하는 불안감을 떨쳐 버릴 수 없었다. 그래서 그는 그 보물 속에서 우연히 발견한 마법의 두건을 써서 입에서 불까지 뿜어 대는 무시무시한 용으로 변신한 다음, 날마다 동굴 안에 틀어박혀 보물을 지켰다. 그는 근처에 있는 강가로 물을 마시러 나갈 때 이외에는 결코 동굴을 떠나지 않았다. 아울러 동굴에 접근하는 사람은 누구든지 가차 없이 불을 뿜어 죽여 버렸다. 마법의 두건은 머리에 쓰면 무엇이든지 원하는 대로 변신시켜 주는 정말 신기한 두건이었다.

한편 형에게 배신당해서 추방당한 레긴은 유명한 대장장이이자 전사들의 조련사가 되어 복수의 칼을 갈고 있었다. 그는 시구르드가 자신의 제자로 들어오는 순간 그가 자신의 복수를 해 주겠지만 자신도 그 손에 죽을 운명이라는 것을 예감했다. 하지만 그는 형에게 복수를 할 수만 있다면 죽음도 두렵지 않았다. 그는 시구르드에게 칼 쓰는 법, 창 쓰는 법 등 전술뿐 아니라 대장간 일, 의술, 웅변술 등 모든 지식을 알려 주어 그야말로 북유럽 신화판 아킬레우스처럼 완벽한 전사로 키워 냈다. 이어 그에게 새아버지 흐얄프레크 왕을 찾아가 말을 한 필만 얻어 오라고 시켰다. 전사에게 말은 필수품이었기 때문이다.

흐얄프레크는 시구르드의 청을 듣더니 당장 왕실 마구간지기를 불러 그에게 직접 원하는 말을 고르게 하라고 명령했다. 시구르드가 마구간 지기가 알려 준 대로 왕실의 말들이 풀을 뜯고 있는 목장으로 가고 있을 때였다. 갑자기 그의 앞에 허름한 망토를 두르고 차양이 넓은 모자를 깊게 눌러써 애써 애꾸눈을 가린 노인이 나타났다. 이어 그에게 말을 고를 때 우선 강물 속에 집어넣고 거침없이 물살을 거슬러 올라가는 녀석을 고르라고 귀띔해 주고는 바람처럼 사라졌다. 시구르드가 목장에 도착하여 그 노인이 시킨 대로 시험해 보니 과연 그중 한 마리가 유독 눈에 띄게 앞장서서 씩씩하게 물살을 거슬러 올라갔다.

시구르드는 그 말을 타고 흐얄프레크 왕에게 돌아가 소유를 인정받은 다음, 말에게 그라니Grani라는 이름을 붙여 주었다. 그 말은 바로 다리가 8개 달린 오딘의 말 슬레이프니르의 후손이었으며, 애꾸눈의 노인은 바로 오딘이었다. 오딘은 자신의 후손이자 기대주인 시구르드에게 말을 한 필 선사하고 싶었던 것이다.

용을 죽이고 저주받은 반지를 차지한 시구르드

시구르드가 그라니를 타고 돌아오자 레긴은 이제 때가 되었다고 생각했다. 이에 시구르드에게 자신의 기구한 사연을 들려주며 용으로 변신한 자신의 형 파프니르를 죽여 복수를 해 달라고 부탁했다. 시구르드는 스승에게 반드시 한을 풀어 드릴 테니 먼저 용을 죽일 수 있는 칼을 만들어 달라고 요청했다.

레긴은 그날부터 갖은 정성을 들여 칼을 한 자루 만들었다. 하지만 시구르드가 강도를 시험해 보기 위해 칼을 모루에 세게 내리치자 단번에 두 동강이 나고 말았다. 레긴은 또 다시 심혈을 기울여 칼을 만들었

지만 결과는 마찬가지였다. 시구르드는 두 번째 칼도 모루에서 두 동강이 나는 광경을 보는 순간 갑자기 어머니가 갖고 있다고 들었던 몇 조각으로 부러진 아버지 시그문드의 칼이 생각났다. 그는 얼른 어머니에게 달려가서 사정을 말하고 그 칼 조각을 가져와서 손수 녹여 정성스럽게 새로운 칼을 만들기 시작했다.

마침내 칼이 완성되자 시구르드는 이전의 두 칼처럼 모루에 세게 내리쳐 봤다. 그러자 이번에는 칼이 아니라 모루가 두 동강이 났다. 신이 난 시구르드는 강가로 뛰어가 강물 속에 그 칼을 넣고 한참을 기다렸다. 그때 마침 강물에 떠내려오던 양털 뭉치가 칼날과 부딪치자마자 바로 둘로 갈라졌다. 시구르드는 흡족한 표정을 지으며 그 칼에 그람Gram이라는 이름을 붙여 주었다. 이렇게 모든 준비를 마치자 시구르드는 명마 그라니를 타고 명검 그람을 허리에 찬 채 레긴을 앞세우고 파프니르가 사는 동굴을 찾아 나섰다.

레긴은 동굴이 가까워지자 겁이 났는지 시구르드에게 그곳을 자세히 설명해 준 다음 아주 멀리 떨어진 곳에 숨어 있었다. 시구르드가 동굴 쪽으로 가는 동안 갑자기 숲속에서 애꾸눈을 한 노인이 다시 나타났다. 노인은 시구르드에게 용을 잡으려거든 녀석이 갈증 나서 근처 강가에서 끈적끈적한 몸을 씻으며 물을 마실 때를 노리라고 했다. 용이 강으로 나가면서 만들어 낸 반질반질한 길에 구덩이를 파고 매복해 있다가 녀석이 몸을 끌면서 그 위를 지나갈 때 배 밑을 그람으로 찔러 처치하라는 구체적인 방법까지 알려 준 다음 바람처럼 사라졌다.

시구르드는 노인이 귀띔해 준 방법대로 용을 해치웠다. 그러자 그람

시구르드는 아버지의 칼 조각을 녹여 단단한 칼 그람(《니벨룽의 반지》에서는 노퉁)을 만드는 데 성공한다. 아서 래컴, 〈노퉁! 노퉁!Nothung! Nothung!〉, 1910년, 《니벨룽의 반지》를 위한 삽화 43번.

시구르드는 애꾸눈 노인이 알려 준 방법을 써서 용으로 변신한 파프니르를 죽인다.
아서 래컴, 〈파프니르를 죽이는 시구르드Sigurd Kills Fafnir〉, 1910년, 《니벨룽의 반지》를 위한 삽화 44번.

시구르드는 죽은 용의 피로 목욕을 해서 상처 입지 않는 몸을 갖게 된다. 하지만 피가 쏟아지는 순간 나뭇잎 하나가 등에 떨어지면서 그곳만 유일한 약점으로 남았다.
아서 래컴, 〈파프니르의 피를 맛보는 시구르드(독일어로 지그프리트)Siegfried Tasting the Blood of Fafnir〉, 1910년, 《니벨룽의 반지》를 위한 삽화 45번.

을 맞고 깊게 갈라진 용의 배에서 피가 폭포수처럼 쏟아져 나와 구덩이를 가득 메웠다. 시구르드는 자연스럽게 용의 피로 목욕을 하게 되어 온몸이 마치 강철로 도금을 한 것처럼 전혀 상처를 입지 않게 되었다. 하지만 피가 쏟아지기 시작하는 순간 보리수 나뭇잎 하나가 바람결에 날아와 그의 등에 떨어졌다. 그래서 마치 그리스 신화에서 지하세계의 스틱스 강물에 젖지 않은 '영웅 아킬레우스의 발뒤꿈치'처럼 그곳만 유일하게 상처를 입을 수 있는 약점으로 남게 되었다.

시구르드는 구덩이에서 나오자 다시 한 번 용의 죽음을 확인한 다음 멀리서 숨어 있던 스승 레긴을 찾아가 임무를 완수했다고 알렸다. 그러자 레긴은 용의 심장 맛을 봐야 직성이 풀리겠다며 시구르드에게 한 조각만 잘라 구워서 갖다 달라고 부탁했다. 시구르드가 죽은 용의 사체로 돌아가 심장을 조금 자른 뒤에 녀석이 단말마의 비명을 지르며 입에서 뿜어낸 불로 주변에 자연스럽게 생겨난 장작불에 올려놓고 구웠다. 잠시 후 시구르드는 심장 조각이 다 익었는지 살펴보려고 손으로 만져 봤다가 불길에 닿고 말았다. 그 순간 손이 너무 뜨거워 얼른 입에 갖다 대는 바람에 엉겁결에 심장 조각에 묻어 있던 용의 피를 맛보게 되었다.

용의 피가 시구르드의 목으로 넘어가자마자 정말 놀라운 일이 벌어졌다. 시구르드는 근처에 있는 새들이 지저귀는 소리를 알아듣게 되었다. 시구르드가 잠시 귀를 기울여 보니 녀석들은 레긴이 시구르드를 죽이려고 한다고 했다. 이어 그전에 시구르드가 얼른 레긴을 죽이고 파프니르의 보물을 차지해야 하는데, 시구르드가 그것을 알고 있는지 몹시 걱정된다고도 했다. 시구르드는 새들의 말을 신의 계시로 생각하고 레긴에게 돌아가 불에 익힌 용의 심장 조각을 건네면서 다짜고짜 칼을 뽑아 내리쳐서 단칼에 죽여 버렸다.

레긴을 죽인 시구르드는 파프니르의 동굴로 들어가서 우선 안드바리의 반지(안드바라나우트Andvaranaut)를 손에 끼고 마법의 두건을 챙겼다. 그다음에 나머지 보물은 모두 말에 실어 다른 동굴에 숨겨 두었다.

여전사 브룬힐드에게 결혼을 맹세한 시구르드

시구르드는 이제 어디로 가야 할지 다시 새들의 이야기에 귀를 기울여 보았다. 그러자 녀석들은 저 멀리 힌다르팔Hindarfjall 산 정상에 활활 타오르는 불길에 둘러싸인 채 아리따운 여전사가 갇혀 있는데, 용감무쌍한 영웅만이 그 불길을 뛰어넘어 그녀를 아내로 얻을 수 있다며, 시구르드가 혹시 그 영웅이 아닌지 모르겠다고 했다. 시구르드는 새들의 이야기를 듣자마자 바로 애마 그라니에 올라타고 박차를 가해 여전사가 있는 곳을 향해 달렸다.

그 여전사는 원래 부들리Budli라는 왕의 딸이었으나 오딘에 의해 발키리아로 발탁되어 하늘로 올라간 브룬힐드Brunhild 공주였다. 발키리아는 원래 신들의 왕 오딘의 말에 절대 복종을 해야 했다. 하지만 브룬힐드는 햘름군나르Hjalmgunnar와 아그나르Agnarr라는 두 왕이 싸울 때 오딘의 명령을 어기고 자신의 마음에 드는 아그나르 왕에게 승리를 안겨 주었다. 이에 오딘은 그녀를 인간으로 격하시켜 힌다르팔 산 정상에 있는 성에 가두고 잠에 빠뜨렸다. 또한 성 주변을 활활 타오르는 불길로 둘러싼 다음 그것을 용감하게 뛰어넘는 영웅만이 그녀를 아내로 삼을 수 있도록 했다.

브룬힐드는 발키리아로 발탁되었으나 오딘의 명령을 거역하는 바람에 불길에 휩싸인 성안에 갇혀 깊은 잠을 자는 벌을 받는다.
가스통 뷔시에르Gaston Bussière, 〈브룬힐드Brunhild〉, 1897년.

시구르드는 오딘의 벌을 받아 갇혀 있던 여전사 브룬힐드를 구해 내고 결혼을 약속한다.
아서 래컴, 〈잠들어 있는 브룬힐드(독일어로 브륀힐데)에게 다가가는 시구르드Siegfried Comes Across the Sleeping Valkyrie Brünnhilde〉, 1910년, 《니벨룽의 반지》를 위한 삽화 47번.

시구르드는 힌다르퍌 산 정상에 도착하자마자 그야말로 전혀 망설이지 않고 말을 타고 단숨에 그 불길을 뛰어넘었다. 신기하게도 불의 고리 안쪽은 불길이 전혀 없었다.

시구르드는 말을 타고 넓은 뜰을 지나 궁전에 도착했다. 궁전 안으로 들어가는 현관문은 활짝 열려 있었지만 주변에 개미 새끼 하나 보이지 않았고 인기척도 전혀 들리지 않았다. 시구르드가 말에서 내려 녀석을 현관에 세워 두고 궁전 안으로 조심스럽게 들어섰다. 용상 앞에 놓여 있는 침대 위에는 갑옷과 투구 등으로 완전무장을 한 전사가 반듯이 누워 죽은 듯이 자고 있었다. 시구르드가 짚이는 데가 있어 서둘러 그 전사의 투구를 벗기자 과연 새들의 말처럼 금발머리의 아리따운 브룬힐드 공주의 얼굴이 드러났다. 하지만 브룬힐드 공주는 머리에서 투구가 벗겨져도 여전히 깨어날 줄 몰랐다.

시구르드가 잠시 난감해 하다가 이내 침착하게 그녀의 가죽 신발부터 정강이 보호대 등 갑옷을 천천히 벗겨 내기 시작하자 흰 눈처럼 새하얀 원피스가 드러났다. 시구르드가 마지막으로 가슴 보호대를 걷어내자 브룬힐드는 한 번 숨을 깊게 내쉬더니 갑자기 예쁜 눈을 번쩍 떴다. 그 순간 그녀의 눈과 시구르드의 눈이 마주치면서 격렬한 사랑의 불꽃이 일어났다. 그들은 열정적인 포옹과 함께 진한 입맞춤을 나누었다. 이어 시구르드는 브룬힐드에게 생명이 다할 때까지 그녀만을 사랑하겠다고 맹세하며 약혼의 증표로 손가락에 안드바라나우트를 끼워 주었다. 브룬힐드는 영웅 시구르드에 의해 영원한 잠에서 깨어난다는 점에서 그림Grimm 동화의 『잠자는 숲속의 공주』를 빼닮았다.

세계 각국의 신화에 등장하는 영웅의 공통점은 고생을 자초한다는 것이다. 그들은 모두 한곳에 머무르는 것을 싫어하여 끊임없이 무엇인가 할 일을 찾아낸다. 시구르드도 마찬가지다. 그가 용으로 변신한 파프니르를 죽이고 엄청난 보물을 얻고서도 모험을 계속한 것도, 천생의 배필 브룬힐드를 만나고서도 모험을 끝내지 못하는 것도 바로 그 때문이다. 그래서 시구르드는 브룬힐드와 꿀처럼 달콤한 하룻밤을 보내고 난 다음 날 아침, 브룬힐드에게 앞으로 남은 모험을 모두 마치고 돌아와서 반드시 그녀를 아내로 삼겠다고 약속하고 또 다시 길을 떠났다. 브룬힐드는 나중에 혼자서 시구르드의 핏줄인 아슬라우그Aslaug라는 딸을 낳아 키운다.

망각의 약을 먹고 구드룬과 결혼한 시구르드

시구르드가 그다음에 도착한 곳은 니플룽족의 시조인 규키Gjuki 왕의 궁전이었다. '니플룽'은 고대 노르웨이어로 '안개'라는 뜻이다. 규키 왕은 그림힐드Grimhild 왕비와의 사이에 세 아들 군나르Gunnar, 호그니Hogni, 구토름Guthorm과 외동딸 구드룬Gudrun 등 총 4명의 자녀를 두었다. 그들 중 구토름은 그림힐드의 전남편의 자식이었다. 그림힐드는 시구르드를 보고 첫눈에 외동딸 구드룬의 남편감으로 낙점했다. 그래서 슬며시 마음을 떠보았으나 시구르드가 썩 내키지 않은 눈치였다. 이에 마법사이기도 했던 그림힐드는 망각의 약이자 사랑의 묘약을 만들어서 음료수에 탄 다음 구드룬을 시켜 시구르드에게 건넸다.

시구르드는 그 약을 마시자마자 곧바로 브룬힐드를 새까맣게 잊어버리고 그 순간에 바로 앞에 있는 구드룬과 사랑에 빠져 곧바로 그녀와 결혼식을 올렸다. 아울러 그녀의 두 오빠 군나르, 호그니와 함께 칼로

그림힐드는 시구르드를 사윗감으로 낙점한 뒤 그에게 망각의 약을 먹이고 딸과 결혼시킨다.
아서 래컴, 〈시구르드에게 마법의 약을 건네는 그림힐드Grimhild Gives Magic Potion to Sigurd〉, 1910년, 《니벨룽의 반지》를 위한 삽화 53번.

손바닥에 상처를 내어 거기서 짜낸 피를 모두 합쳐 술에 타 함께 마시고 의형제를 맺은 다음 절대로 서로 배반하지 않겠다고 굳게 맹세했다. 1년 후 시구르드의 아내 구드룬은 시그문드Sigmund와 스반힐드Svanhild 남매를 낳았다. 시그문드라는 이름은 시구르드가 죽은 아버지의 이름을 따라 지은 것이다.

시구르드의 속임수로 군나르와 결혼한 브룬힐드

세월이 흘러 규키 왕이 죽고 군나르가 왕위를 이어받았다. 그는 나이가 마흔 살이었는데도 아직 미혼이었다. 그림힐드는 아들에게 계속 결혼을 재촉하다가 어느 날 힌다르팔 산 정상에서 불길에 싸여 잠들어 있다는 여전사의 사연을 소개하며 한번 그녀에게 도전해 보라고 권유했다.

군나르는 그런 여자라면 자신의 신붓감으로 제격이라고 생각하고 시구르드를 비롯한 형제들을 대동하고 그 산으로 향했다. 하지만 산 정상에 도착하자 군나르의 말은 활활 타오르는 불길을 보고 지레 겁을 집어먹은 나머지 도약은커녕 뒷걸음질치기에 바빴다. 이에 비해 시구르드의 말 그라니는 불길을 전혀 두려워하는 기색이 없이 주인이 명령하면 언제든지 그것을 뛰어넘을 만반의 준비를 한 채 늠름하게 서 있었다. 그걸 보고 군나르가 시구르드에게서 말을 빌렸다. 그것을 타고 그 불길을 뛰어넘을 요량이었다. 하지만 그라니는 자신의 등에 탄 주인이 바뀌자 태도를 돌변하여 꿈쩍도 하지 않았다.

시구르드가 하는 수 없이 군나르에게 마법의 두건을 이용해서 그를 대신해서 자신이 직접 브룬힐드의 결혼 승낙을 받아 오겠다고 제안했다. 그의 의도를 눈치챈 군나르의 허락이 떨어지기가 무섭게 시구르드는 얼른 마법의 두건을 쓰고 군나르로 변신을 한 뒤 애마 그라니를 타고 불길을 훌쩍 뛰어넘어 성안으로 들어갔다. 브룬힐드는 소문과는 달리 성안에 앉아 있었다. 시구르드가 기억은 못 하지만 자신이 이미 오래 전에 잠들어 있던 그녀를 깨웠기 때문이다. 하지만 시구르드와 브룬힐드는 전혀 서로 알아보지 못했다. 시구르드는 그림힐드의 마법의 묘약 때문에 브룬힐드를 기억하지 못했고, 브룬힐드는 마법의 두건으로 바뀐 연인의 얼굴 때문에 시구르드를 알아보지 못했던 것이다.

브룬힐드는 자신을 찾아온 군나르를 보고 실망을 금치 못했다. 그 불길은 이미 한 번 만난 적이 있는 시구르드가 아니면 다시 넘어올 사람이 없다고 생각했기 때문이다. 하지만 그 불길을 넘어온 사람이 구혼을 하면 받아들이라는 오딘의 명령은 거스를 수 없는 법. 그녀는 군나르가 무릎을 꿇고 자신에게 구혼을 하자 그것을 받아들이고 그날 밤 자신의 옆자리를 허락했다. 하지만 시구르드는 그날 밤 자신과 브룬힐드의 사이에 명검 그람을 뽑아 뉘어 놓았다. 자신이 아니라 군나르가 나중에 그녀와 첫날밤을 보내야 했기 때문이다. 브룬힐드가 그것을 이상하게 생각하자 자신의 나라에서는 결혼식을 올리기 전에 그렇게 해서 여자의 정조를 지켜 주는 것이 관습이라고 둘러댔다.

다음 날 평소보다 일찍 일어난 시구르드는 브룬힐드에게 작별 인사를 고하면서 그녀가 손가락에 끼고 있던 반지 안드바라나우트를 빼서 자신이 기념물로 챙기고, 그 대신 약혼반지라면서 군나르에게서 받은 다른 황금 반지를 끼워 주었다. 그러자 브룬힐드는 앞으로 열흘 후에 니플룽 족의 왕궁으로 가서 군나르 왕의 아내로서 의무를 다하겠다고 약속했다. 시구르드는 다시 말을 달려 훌쩍 불길을 뛰어넘어 군나르에게 돌아와 원래 모습으로 변했다. 그다음 구혼이 성사되었음을 알리고 그동안 성안에서 있었던 일을 소상하게 보고했다. 그는 아내 구드룬에게만 오빠 군나르가 여전사를 신부로 얻게 된 비밀을 알려 주고 전리품으로 챙긴 안드바라나우트 반지도 그녀에게 선물로 주었다.

자신을 속인 시구르드를 죽게 만든 브룬힐드

열흘 후 마침내 브룬힐드가 니플룽의 궁전에 도착했다. 시구르드와의 사이에서 태어난 딸 아슬라우그는 누구에게 맡겼는지 데려오지 않았다. 그녀는 궁전으로 들어서자마자 군나르 옆에 아내와 함께 앉아 있는 시구르드를 보고 소스라치게 놀랐다. 그녀는 원망 어린 눈초리로 시구르드를 쏘아보았지만 그림힐드의 마법의 약에 취한 시구르드가 그것을 알아차릴 리 없었다. 그러던 어느 날 시구르드가 혼자 궁전을 산책하다가 우연히 브룬힐드를 만났다. 그녀가 너무 매섭게 쏘아보자 그도 얼떨결에 마치 레이저 광선처럼 강렬한 그녀의 눈빛을 보고 말았다. 바로 그 순간 시구르드가 마신 그림힐드의 마법의 약이 힘을 잃으면서 과거에 브룬힐드와 함께한 꿀처럼 달콤한 하룻밤이 주마등처럼 머리를 스치고 지나갔다. 시구르드는 머리에 번개를 맞은 듯 큰 충격을 받았지만 브룬힐드에게 알아보지 못해 미안하다는 말밖에 할 말이 없었다.

브룬힐드도 이미 결혼한 마당에 어쩌겠는가. 그들은 그렇게 서로의 배우자에게 충실하기로 했다. 그렇게 시구르드와 브룬힐드의 관계는 정리되는 듯했다. 하지만 어느 날 군나르의 아내 브룬힐드와 시구르드의 아내 구드룬이 라인 강으로 목욕하러 갔다가 말다툼이 벌어졌다. 브룬힐드가 막 라인 강에 발을 담그려는 순간 구드룬이 자신이 먼저 강에

들어갈 권리가 있다고 우겼기 때문이다. 그 이유는 간단했다. 바로 자신의 남편이 오빠인 브룬힐드의 남편보다 더 용감하다는 것이다. 한참을 서로 티격태격해도 결론이 나지 않자 구드룬은 마침내 브룬힐드에게 밝혀서는 안 될 비밀을 폭로했다. 이전에 활활 타오르는 불길을 넘어 그녀에게 구혼한 것은 오빠가 아니라 바로 오빠로 변신한 자신의 남편이었다고 말이다.

브룬힐드는 분노하며 그 증거를 대라고 고래고래 소리를 질렀다. 그러자 구드룬은 남편에게서 받은 반지 안드바라나우트를 내밀었다. 그 반지를 보자 브룬힐드는 경악했다. 그녀는 목욕도 그만두고 그길로 자신의 궁으로 달려와 방 안에만 틀어박혀 지냈다. 남편인 군나르가 그녀를 위로하기 위해 찾아와도 꿀 먹은 벙어리처럼 아무 말도 하지 않았다. 군나르는 하는 수 없이 시구르드에게 브룬힐드를 좀 설득해 보라고 부탁했다. 시구르드가 찾아와 그녀에게 그토록 두문불출하는 이유를 묻자 마치 기다렸다는 듯이 그녀의 말문이 봇물처럼 터지기 시작했다. 그녀는 오열하며 지금까지 시구르드에게 하고 싶었지만 하지 못하고 가슴속 깊이 담아 두었던 말을 용천수처럼 쏟아 내기 시작했다. 그녀는 먼저 생명이 다할 때까지 자신만을 사랑하겠다고 한 맹세는 어디로 갔는지 반문했다. 또한 반드시 돌아와서 자신을 아내로 삼겠다던 약속은 어디로 갔는지 따져 물었다. 아울러 그가 없는 사이에 태어난 딸은 보고 싶지도 않은지 캐물었다. 시구르드는 모든 것이 자신의 잘못임을 알기에 입이 열 개라도 할 말이 없었다. 또한 브룬힐드의 슬픔을 이해하고도 남기에 그 말들을 듣는 내내 가슴이 터질 듯이 아파 왔다.

연적 관계인 브룬힐드와 구드룬이 강으로 목욕을 하러 갔다 싸움을 벌이고 만다.
안데르스 소른, 〈브룬힐드와 구드룬Brynhild och Gudrun〉, 1893년.

브룬힐드는 자신을 속인 시구르드를 죽이는 데 성공하지만, 그의 시신을 태우는 불 속으로 뛰어들어 함께 죽는다.
찰스 어니스트 버틀러Charles Ernest Butler, 〈시구르드와 브룬힐드Sigurd and Brunhild〉, 1909년.

　브룬힐드는 마지막으로 최근에 라인 강에서 구드룬과의 사이에서 벌어진 말다툼을 이야기하며 안드바라나우트가 왜 그녀의 손에 있는 건지 추궁했다. 이때 그녀의 목소리는 거의 절규에 가까웠다. 사태의 심각성을 깨달은 시구르드는 브룬힐드에게 그때 기억력을 상실하여 본의 아니게 그녀를 속이게 된 것을 용서해 달라며 그저 빌기만 했다. 심지어 구드룬과 헤어지고 그녀에게 돌아가겠다고도 했다. 하지만 브룬힐드는 손사래를 치며 그를 잊은 지 오래라며 혼자 있고 싶다고 말했다. 시구르드가 떠나자 브룬힐드는 아무리 생각해도 사태를 이 지경으로 만든 시구르드를 그냥 둘 수 없었다. 모든 것이 시구르드 탓이라고 생각하니 그에 대한 분노가 하늘 끝까지 치밀어 올랐다. 그녀는 결국 남편 군나르를 불러 자신의 소원이니 시구르드를 좀 죽여 달라고 부탁했다. 하지만 이전부터 시구르드와 브룬힐드의 관계를 의심하고 있었던 군나르는 그를 죽이고 싶어도 죽일 수 없었다. 시구르드와 의형제를 맺으면서 이미 서로 배신하지 않기로 맹세했기 때문이다.

브룬힐드는 시동생 호그니에게도 부탁을 해 봤지만 그도 군나르처럼 서로 배신하지 않기로 맹세했기 때문에 시구르드를 죽일 수 없었다. 이제 브룬힐드를 도와줄 사람은 시구르드와 맹세를 하지 않은 구토름밖에 없었다. 결국 군나르는 선뜻 내켜 하지 않는 구토름을 계속해서 설득한 끝에 마침내 시구르드를 죽여 주겠다는 약속을 받아 냈다. 얼마 후 구토름은 모두가 잠든 한밤중에 시구르드의 방에 잠입하여 침대에서 엎드려 자고 있는 그의 등에 칼을 꽂았다. 그가 용의 피로 목욕할 때 바로 보리수 잎이 하나 떨어져서 치명적인 약점으로 남아 있던 곳이었다. 하지만 구토름이 돌아서서 막 방문을 나서려는 순간 아직 숨이 붙어 있던 시구르드가 마지막 남은 힘을 다해 늘 머리맡에 놓아두었던 명검 그람을 날려 구토름의 뒤통수를 정통으로 맞혀 스스로 복수했다.

브룬힐드도 이런 복수극을 보고만 있었던 것은 아니다. 구토름이 시구르드의 방으로 들어가던 바로 그 시각에 그녀도 시구르드와 구드룬의 아들 시그문드의 방에 들어가서 그를 살해했기 때문이다. 브룬힐드는 자신이 그토록 바라던 복수가 이루어지자 시구르드, 구토름, 시그문드의 시신을 함께 화장단 위에 올려놓고 불을 지피도록 했다. 이어 화장단의 불이 최고조에 이르자 갑자기 그 속으로 뛰어들었다. 자격 미달의 군나르를 남편으로 맞이한 것이 수치스러웠던 것일까? 아니면 첫사랑 시구르드를 막상 죽이고 나니 무척 후회스럽고 그리웠던 것일까? 참으로 사랑이란 것은 알다가도 모를 일이다.

오빠들을 죽인 새 남편에게 복수한 구드룬

군나르는 시구르드를 죽이자마자 기다렸다는 듯이 그의 엄청난 보물도 모두 가로챘다. 그렇다면 시구르드는 자기만 아는 동굴에 숨겨 두었던 보물을 언제 가져왔을까? 시구르드는 구드룬과 결혼할 당시만 해도 과거를 모두 잊은 터라 안드바라나우트 반지와 마법의 두건 이외에는 자신이 소유하고 있던 보물의 존재를 새까맣게 모르고 있었다. 하지만 시구르드는 브룬힐드의 레이저 광선 같은 눈초리를 맞고 기억을 되찾자마자 오래전에 자신이 동굴에 숨겨 두었던 보물을 생각해 내곤 그것을 찾아와 자신의 거처에 보관하고 있었다. 군나르가 시구르드를 죽이는 데 일조한 것도 사실 그의 엄청난 보물이 탐나서였다.

구드룬은 남편의 장례식 때 너무 깊은 슬픔에 빠진 나머지 실어증에 걸려 멍하니 앉아 있기만 했다. 그녀는 소리 내어 울지도 않았다. 장례식이 끝난 뒤 구드룬은 남편을 죽음으로 내몬 형제들을 원망하며 어린 딸 스반힐드만을 돌보며 지냈다. 그녀에게 스반힐드는 시구르드의 분신이나 마찬가지였다. 그녀는 시구르드가 생각날 때면 딸을 끌어안고 슬품을 삭였다. 그러던 어느 날 훈족의 왕 아틀리Atli가 그녀에게 청혼을 했다. 그녀는 오직 남편의 피로 얼룩진 니플룽 궁전을 떠나야겠다는 일념으로 그토록 사랑하던 스반힐드마저도 떼어놓은 채 아틀리의 청혼을 받아들여 훈족의 나라로 훌쩍 떠나 버렸다.

하지만 아틀리가 구드룬을 아내로 맞이한 데에는 그럴 만한 이유가 있었다. 그는 아내를 이용해서 군나르가 차지한 시구르드의 보물을 모두 빼앗을 계획이었던 것이다. 이윽고 몇 개월 후 아틀리는 군나르에게 전령을 보내 형제들을 모두 자기 나라로 초대했다. 구드룬은 남편의 음모를 눈치채고 충복을 미리 급파하여 오빠들에게 위험하니 제발 오지 말라는 편지를 보냈다. 하지만 그 충복은 그녀를 배신하고 아틀리를 찾아가 모든 사실을 털어놓았다. 아틀리는 명령을 내려 구드룬이 오빠들에게 보내는 편지를, 너무 보고 싶으니 제발 하루라도 빨리 와 달라는 내용으로 위조하여 전달하게 했다.

군나르와 호그니는 구드룬의 가짜 편지를 받고 나니 마음이 급해져 예정보다 일찍 떠날 채비를 했다. 모든 준비가 갖추어지자 그들은 마지막으로 시구르드의 모든 보물을 둘만이 아는 라인 강 바닥에 묻은 다음, 만약 앞으로 훈족의 나라에 가서 불행한 사태가 발생해도 그것을 절대 발설하지 않기로 맹세했다. 출발 전날 아내들이 어젯밤 꿈이 아주 불길하다며 남편들에게 절대 가지 말라고 애원했다. 하지만 그들은 아내들의 경고를 무시하고 니플룽 왕국을 출발하여 긴 여정 끝에 마침내 아틀리의 나라에 도착했다. 아틀리는 그들을 위해 성대한 환영식을 베풀어 주었지만 식장 곳곳에 중무장한 정예 병사들을 배치하여 공포 분위기를 조성했다.

이윽고 술잔이 몇 순배 돌아가면서 분위기가 최고조에 이르자 아틀리는 갑자기 군나르에게 험악한 표정을 지으며 시구르드의 보물을 자신에게 모두 넘기라고 요구했다. 군나르가 단칼에 그 요구를 거절하자 아틀리는 자기 주변에 배치해 두었던 정예 병사들을 불러 당장 그와 호그니를 체포하라고 명령했다. 군나르가 이에 순순히 응할 리가 없었다. 그는 동생 호그니와 함께 칼을 뽑아 들고 아틀리의 정예 병사들에게 대적하면서 수십 명을 베었지만 물밀듯이 달려드는 그들을 도저히 당해낼 재간이 없어 결국 체포되고 말았다. 아틀리는 군나르와 호그니를 각각 다른 감옥에 가두고 시구르드의 보물을 감춘 곳을 캐물었다.

군나르와 호그니는 아틀리가 아무리 심한 고문을 가해도 입을 열지 않고 모르쇠로 일관했다. 그러던 어느 날 군나르가 마치 고문에 지친 것처럼 아틀리에게 호그니의 심장을 가져오면 보물이 어디 있는지를 알려 주겠다고 제안했다. 아틀리가 그 말을 믿고 반색을 하며 즉시 호그니를 죽여 그의 심장을 접시에 담아 오자 군나르는 껄껄껄 웃으면서 이제 그 보물이 있는 곳을 아는 사람은 자기 혼자뿐이며, 자신은 절대로 그 장소를 말해 주지 않겠다고 외쳤다. 분노한 아틀리는 군나르를 독사가 우글대는 구덩이에 처넣어 물려 죽게 했다.

구드룬은 측근들로부터 오빠들이 참혹하게 살해당했다는 이야기를 전해 듣고 남편에게 처절하게 복수하기로 결심했다. 그녀는 어느 날 아틀리와의 사이에서 태어난 어린 두 아들을 아무도 없는 숲속으로 데려가서 칼로 참혹하게 죽인 다음 그들의 해골로 2개의 예쁜 술잔을 만들었다. 이어 그들의 심장을 도려내 잘게 썬 다음 맛깔스런 불고기로 요리하여 접시에 담았다. 이뿐 아니었다. 그녀는 아들들의 피를 섞어 포도주 몇 병을 만들었다. 구드룬은 이것들을 모두 주안상에 차려서 남편에게 들고 가 아양을 떨면서 권했다. 아틀리는 아무것도 모른 채 아들의 해골로 만든 잔에 아들들의 피로 만든 포도주를 따라 마시면서 배가 고팠는지 아들들의 심장으로 만든 불고기를 먹기 시작했다.

주안상에서 포도주 병이 모두 비고 불고기가 모두 동나자마자 구드룬은 아틀리에게 조금 전 포도주를 따라 마신 술잔이 무엇이었는지, 포도주 안에 무엇이 들어 있었는지, 그리고 불고기로 알고 먹은 것이 무엇이었는지 알려 주었다. 아틀리는 그 말을 듣자마자 심하게 구역질을 하고 몸을 뒹굴며 괴로워했다. 구드룬은 바로 그 순간 미리 준비해 간 칼로 아틀리를 난도질하여 살해했다. 그리스 신화에는 동생 필로멜라Philomela를 겁탈하고 그것을 감추기 위해 혀까지 뽑아 버린 남편 테레우스Tereus를 응징하기 위해 아들 이티스Itys를 살해하고 아들의 살을 불고기로 요리하여 남편에게 먹인 프로크네Prokne 이야기가 있다. 구드룬의 이야기는 이 프로크네 이야기를 연상시킨다. 그렇다면 구드룬이나 프로크네의 경우처럼 과연 모성애보다 형제애가 우선일까?

딸과 아들들의 죽음에 불 속으로 뛰어든 구드룬

구드룬은 남편을 죽이고 나서야 비로소 아무 죄 없는 어린 두 아들을 희생시킨 것에 대한 양심의 가책이 밀물처럼 몰려왔다. 피투성이가 된 채 비명을 지르던 그들의 모습이 자꾸만 눈앞에 아른거렸다. 날마다 죄책감에 시달리며 밤잠을 이루지 못하던 구드룬은 어느 날 한밤중에 미친 듯이 궁 밖으로 뛰쳐나가 바닷가 절벽에 올라서더니 그대로 바다에 몸을 던졌다. 하지만 구드룬이 눈을 떠 보니 근처 바닷가 모래밭에 누

워 있었다. 바다에 떨어지자마자 기절한 그녀를 파도가 실어다 놓은 것이리라. 구드룬은 아직 죄 많은 자신에게도 이 세상에 할 일이 남아 있음을 예감하고 그게 무엇인지 곰곰이 생각해 보았다. 그제야 그의 눈앞에 그리운 얼굴이 불현듯 떠올랐다. 바로 아틀리와 재혼하기 위해 떼어놓고 온 어린 딸 스반힐드였다.

구드룬은 그동안 스반힐드를 새까맣게 잊고 산 자신을 원망하며 즉시 자신이 살던 니플룽족의 나라로 가서 딸과 감격적인 해후를 했다. 딸은 벌써 훌쩍 자라 정말 예쁜 아가씨가 되어 있었다. 구드룬은 무엇보다도 유일하게 남은 혈육인 스반힐드와 함께 꺼져 가는 니플룽 가문의 명맥을 살리고 싶었다. 그녀는 이웃 나라의 요나쿠르Jonakur 왕이 청혼하자 그것을 받아들여 딸과 함께 그의 나라로 건너갔다. 요나쿠르 왕에게는 사별한 전처와의 사이에서 태어난 함디르Hamdir, 소를리Sorli, 에르프Erp 등 장성한 세 아들이 있었다. 구드룬은 그들과 한동안 행복한 나날을 보냈다. 요나쿠르 왕의 아들들도 새어머니를 진심으로 존경하고 스반힐드를 막내로 인정하고 진심으로 아꼈다.

그러던 어느 날 고트족의 왕 요르문레크Jormunrek가 스반힐드의 미모가 빼어나다는 소문을 듣고 그녀에게 구혼하여 요나쿠르 왕의 허락을 받아 냈다. 얼마 후 요르문레크 왕은 스반힐드를 데려오기 위해 자신의 아들 란드베르Randver를 단장으로 하는 결혼사절단을 보냈다. 이 사절단에는 요르문레크 왕의 심복으로 야심만만한 모사꾼이었던 비키Bikki라는 재상도 들어 있었다. 그는 우연히 란드베르가 새어머니 스반힐드를 대면하는 순간 미모에 반해 흠칫하는 모습을 목격하고 회심의

라파엘전파 화가 에드워드 번존스Edward Burne-Jones는 구드룬이 복수를 끝내고 아틀리의 궁전을 불태우는 장면을 그림으로 남겼다.
에드워드 번존스, 〈아틀리의 궁전을 불태우는 구드룬Gudrun Setting Fire to Atli's Palace〉, 1897년.

미소를 지었다. 그는 이번 기회에 그동안 호시탐탐 노리고 있던 왕위를 차지할 심산으로 스반힐드를 호송하여 오는 귀국길에 란드베르에게 그녀는 늙은 아버지보다는 오히려 젊고 잘생긴 그에게 더 제격이라며 은근히 욕망을 부추겼다.

란드베르는 그 말을 듣자마자 기다렸다는 듯이 사실 자신은 스반힐드를 처음 보는 순간 사랑에 빠졌으나, 그것은 이루어질 수 없는 사랑임을 알기에 깊은 절망에 빠져 있다며 금세 속내를 내보였다. 비키는 다정하게 그의 등을 다독이며 귀국하면 자신과 함께 천천히 머리를 맞대고 그 해결책을 한번 찾아보자며 위로했다. 하지만 그는 왕국에 도착하자마자 요르문레크 왕을 찾아가 왕자와 스반힐드가 귀국길에 서로 사랑에 빠져 이미 하룻밤을 보냈다고 거짓으로 고자질을 했다. 분노한 왕은 아들을 불러 전후 사정도 알아보지 않은 채 비키에게 명령하여 당장 왕자를 체포하여 교수형에 처하도록 했고 스반힐드도 사나운 야생말들의 우리에 던져 넣어 말발굽에 짓밟혀 죽게 했다.

스반힐드는 이때 말들이 자신을 향해 달려오자 두 눈을 부릅뜨고 노려보았다. 그러자 평소에는 죄수에게 그토록 사납게 달려들었던 녀석들이 이번에는 그녀의 눈에서 나오는 독기가 무서워 눈을 내리깔고 마치 네 발이 땅바닥에 얼어붙은 것처럼 꿈쩍하지 않았다. 그래서 형리들은 스반힐드의 눈을 보자기로 가린 다음 형을 집행해야 했다. 얼마 후에 이 소식을 듣고 분노한 구드룬은 세 의붓아들들에게 누이의 복수를 해 달라고 부탁했다. 그들은 스반힐드와 피는 하나도 섞이지 않았지만 친동생 못지않게 사랑했기에 새어머니의 부탁을 흔쾌히 들어 주었다. 구드룬은 그들에게 어머니 그림힐드에게서 배운 마법으로 돌 이외에는 그 어떤 무기도 꿰뚫지 못하는 무적의 몸을 만들어 주었다.

요르문레크 왕은 엄청난 괴력을 지닌 터라 삼형제의 합동 작전이 꼭 필요했다. 그래서 삼형제는 왕의 팔과 다리와 머리를 각각 하나씩 맡기로 계획을 세웠다. 그런데 왕의 궁전으로 가는 도중 그들 사이에 사소한 일로 말다툼이 벌어져 결국 두 형이 막내인 에르프를 목 졸라 살해하고 말았다. 둘만 남은 형제는 얼마 후 궁전에 도착하여 한밤중에 왕의 침실에 잠입한 다음 계획한 대로 깊이 잠들어 있던 왕의 팔과 다리를 잡고 단숨에 잘라 버렸다. 왕은 사지에서 피를 흘리며 죽어 가면서도 삼형제 중 죽은 막내가 해치우기로 했던 머리가 온전한지라 마지막 남은 힘을 다해 호위병들을 불렀다. 순식간에 새까맣게 몰려든 호위병들이 도망치던 형제의 길을 가로막으면서 양측 사이에 싸움이 벌어졌다.

형제는 비록 수적으로는 호위병들과 전혀 비교가 되지 않았지만 믿는 구석이 있었기 때문에 절대 물러서지 않고 용감하게 맞서 싸웠다. 과연 시간이 흐를수록 형제를 겹겹이 에워싼 왕의 호위병들은 죽어 나가는데 정작 형제는 무수한 칼과 창의 공격을 받고도 상처 하나 입지 않고 멀쩡했다. 그 순간 갑자기 애꾸눈을 한 노인이 말을 타고 나타나더니 호위병들에게 형제를 향해 돌을 한번 던져 보라고 큰소리로 외친 다음 바람처럼 사라졌다. 호위병들이 그 말을 듣고 얼른 주변에 흩어져 있던 돌을 주워 던지자 기세등등하던 형제는 웬일인지 그 돌 세례를 맞자마자 단박에 꼬꾸라지더니 곧 돌무덤에 갇혀 최후를 맞이했다. 얼마 후 이 소식을 들은 구드룬은 원통한 마음을 이기지 못하고 딸이 쓰던 모든 가구와 물품들을 밖에 쌓아 놓고 불을 지른 다음 불길이 최고조에 달했을 때 그 속으로 뛰어들어 장렬하게 산화했다.

나가며

구드룬이 죽음으로써 니플룽 가문의 대는 영원히 끊어졌다. 그녀의 딸 스반힐드가 죽음으로써 이미 뷜숭 가문의 대도 영원히 끊어졌다. 뷜숭 가문의 이름은 오딘의 손자 레리르의 아들 뷜숭에서 유래했다. 하지만 니플룽 가문의 이름은 어디에서 유래했는지 정확하게 알 수 없다. 아마 니플룽 가문의 시조인 규키 왕의 아버지나 할아버지의 이름이 니플룽일 수 있다. 우리 책에서는 다루지 않았지만 규키의 아들들 중 호그니의 아들 이름이 니플룽인 것을 보면 그럴 가능성이 아주 크다. 손자가 할아버지나 증조할아버지의 이름을 그대로 쓰는 경우가 종종 있기 때문이다. 뷜숭 가문의 시구르드도 구드룬과의 사이에서 낳은 아들에게 할아버지의 이름을 따라 시그문드라고 붙여 주지 않았던가.

북유럽 신화에서 니플룽 가문은 부르군트족의 일파로 알려져 있다. 부르군트는 'Burgund'를 독일어 발음대로 쓴 것으로, 영어로는 버건디 Burgundy라고 한다. 프랑스의 부르고뉴Bourgogne라는 지역 이름도 부르군트에서 유래한 것이다. 부르군트족은 스칸디나비아에 기원을 둔 게르만족의 일파다. 그래서 니플룽 가문은 게르만족의 일파인 셈이다. 앞서 언급했듯이 니플룽을 독일어로 옮긴 것이 바로 니벨룽이다. 독일 중세 서사시 『니벨룽의 노래Das Nibelungenlied』에서 니벨룽은 북유럽 신화에서처럼 왕가나 왕의 이름이거나 혹은 아버지의 유산을 놓고 싸우는 형제 중 하나의 이름이거나 아버지의 이름이다. 하지만 바그너의 《니벨룽의 반지》에서는 난쟁이 혹은 난쟁이 가문의 이름이다.

간혹 《니벨룽의 반지》를 《니벨룽겐의 반지》로 옮기는 경우가 있는데, 그것은 잘못된 것이다. '니벨룽' 다음에 붙인 'en'은 앞뒤 단어를 이어 주는 역할만을 하기 때문이다.

뵐숭과 니플룽 가문의 이야기에서 신들의 왕 오딘이 처음과 마지막을 장식하는 것이 이채롭다. 그는 바른스토크라는 참나무에 칼을 박아 넣어 자신의 후손이자 뵐숭의 아들 시그문드라는 영웅을 세상에 화려하게 데뷔시키지만, 마지막에는 소를리와 함디르 형제를 죽게 만들어 니플룽 가문의 최후를 마무리한다. 오딘은 이외에도 몇 번 더 등장하여 존재감을 과시한다. 이것은 세상 모든 일이 결국 최고의 신 오딘의 의지 안에서 이루어지고 있다는 것을 보여 주기 위함일 것이다. 특히 마지막에 오딘이 요르문레크 왕의 호위병들에게 형제를 죽이려면 돌을 던지라고 외치는 대목은 그리스 비극에서 극중에 갑자기 신이 나타나 모든 갈등을 해결해 주는 '기계장치의 신deus ex machina'을 연상시킨다.

북유럽 신화는 이 세상을 두 가지 거시적인 관점에서 바라본다. 하나는 신들과 거인들을 끊임없는 대결의 관계로 설정함으로써 이 세상을 선과 악이 치열하게 싸우는 전쟁터로 규정한다는 것이다. 아울러 신들과 거인들의 최후 결전인 라그나뢰크에서 신들을 살아남게 하여 이 전쟁에서 결국 선이 승리한다고 확신한다. 특히 라그나뢰크에서 신들뿐 아니라 거인들과 난쟁이들과 인간들에게까지도 가장 사랑을 받았던 발데르가, 그것도 자신을 죽인 형제 호드와 함께 다시 살아난다는 점은 우리에게 암시하는 바가 크다.

다른 하나는 인간이 몰락하는 가장 근본적인 원인은 바로 황금에 대한 탐욕이라는 것이다. 뷀숭 가문과 니플룽 가문의 몰락도 난쟁이 안드바리의 보물에 대한 탐욕에서 비롯된다. 만약 로키가 안드바리에게서 보물을 빼앗을 때 반지 하나만이라도 남겨 주었더라면 '그 황금 반지를 갖게 되는 자는 반드시 파멸하고 말 것'이라는 저주는 받지 않았을 것이다. 하지만 로키는 그 반지 하나마저도 빼앗았고, 결국 나중에 그 보물을 차지한 뷀숭 가문의 시구르드와 니플룽 가문의 군나르는 비참한 최후를 맞이한다.

훈족의 왕 아틀리도 마찬가지다. 그도 만약 시구르드의 보물에 대해 탐욕을 품지 않았더라면 처참하게 죽지 않았을 것이다. 북유럽 신화를 바탕으로 한 영화 〈반지의 제왕〉 시리즈나 바그너의 오페라 《니벨룽의 반지》에서 반지가 상징하는 것도 바로 황금이다. 두 작품에서 반지는 모든 갈등과 충돌의 원인이며, 그 반지가 사라질 때 비로소 세상에 평화가 찾아온다. 따라서 북유럽 신화는 황금만능시대를 살아가는 우리에게 몰락을 자초하게 될 탐욕을 여기서 당장 멈추라고 준엄하게 경고하고 있는 셈이다.

참고 문헌

Arnulf Krause(Herausgeber, Kommentator, Übersetzer), *Die Edda des Snorri Sturluson*(Stuttgart: Reclam Verlag), 1997.

Erich Ackermann(Herausgeber), *Das große Buch der nordischen Götter- und Heldensagen*(Köln: Anaconda Verlag), 2016.

Karl Simrock(Übersetzer), *Die Edda: Nordische Götter- und Heldensagen*(Hamburg: Nikol Verlag), 2014.

Manfred Stange(Herausgeber), *Die Edda: Götterlieder, Heldenlieder und Spruchweisheiten der Germanen*(Wiesbaden: Marix Verlag), 2015.

Paul Herrmann(Autor), *Nordische Mythologie*(Köln: Anaconda Verlag), 2011.

Waldtraut Lewin(Autor), *Nordische Göttersagen*(Bindlach: Loewe Verlag), 2016.

Walter Hansen(Autor). *Die Edda: Germanische Göttersagen aus erster Hand*(Berlin: Ueberreuter Verlag), 1992.

Walter Hansen(Herausgeber), *Die Edda: Die germanischen Göttersagen*(Rheinbach: Regionalia Verlag), 2019.

안인희, 『안인희의 북유럽 신화』 1, 2, 3, 웅진지식하우스, 2011.
이경덕, 『처음 만나는 북유럽 신화』, 원더박스, 2018.
최순욱, 『북유럽 신화 여행』, 서해문집, 2012.

닐 게이먼, 박선령 옮김, 『북유럽 신화』, 나무의철학, 2017.
다케루베 노부아키, 박수정 옮김, 『켈트·북구의 신들』, 들녘, 2000.
모리세 료, 김훈 옮김, 『북유럽 신화 사전』, 비즈앤비즈, 2014.
스노리 스툴루손, 이민용 옮김, 『에다 이야기』, 을유문화사, 2013.
요시다 아쓰히코, 서수지 옮김, 『처음 시작하는 북유럽 신화』, 서수지 옮김, 책비, 2019.
이케가미 료타, 『도해 북유럽 신화』, AK(에이케이)커뮤니케이션즈, 2012.
임한순 외 옮김, 『에다: 게르만 민족의 신화, 영웅전설, 생활의 지혜』, 서울대학교출판문화원, 2015.
케빈 크로슬리-홀런드, 서미석 옮김, 『북유럽 신화』, 현대지성사, 1999.
헬렌 A. 거버, 김혜연 옮김, 『북유럽 신화, 재밌고도 멋진 이야기』, 책읽는귀족, 2015.

찾아보기

도판 작가 찾아보기

이 도서는 한국출판문화산업진흥원의 '2019년 출판콘텐츠 창작 지원 사업'의
일환으로 국민체육진흥기금을 지원받아 제작되었습니다.

그림이 있는 옛이야기 2

그림이 있는 북유럽 신화

초판 1쇄 발행 | 2019년 8월 23일
초판 2쇄 발행 | 2020년 7월 30일

지은이 김원익
발행인 강혜진 · 이우석

펴낸곳 지식서재
출판등록 2017년 5월 29일(제406-251002017000041호)

주소 (10909) 경기도 파주시 번뛰기길 44, 1동 401호
전화 070-8639-0547
팩스 02-6280-0541
블로그 blog.naver.com/jisikseoje
네이버 포스트 post.naver.com/jisikseoje
페이스북 www.facebook.com/jisikseoje
트위터 @jisikseoje
이메일 jisikseoje@gmail.com

© 김원익, 2019

ISBN 979-11-961289-3-7(04100)
      979-11-961289-1-3(세트)

북유럽 신화의 아홉 무대

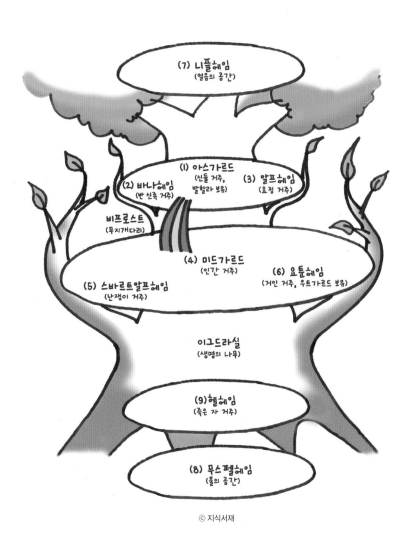

(7) 니플헤임
(얼음의 공간)

(1) 아스가르드
(신들 거주,
발할라 보유)

(2) 바나헤임
(반 신족 거주)

(3) 알프헤임
(요정 거주)

비프로스트
(무지개다리)

(4) 미드가르드
(인간 거주)

(6) 요툰헤임
(거인 거주, 우트가르드 보유)

(5) 스바르트알프헤임
(난쟁이 거주)

이그드라실
(생명의 나무)

(9) 헬헤임
(죽은 자 거주)

(8) 무스펠헤임
(불의 공간)

© 지식서재

태초에 신들의 왕 오딘은 세상을 9개의 공간으로 나누었다. 이때 기준으로 삼은 것은 그 공간에 누가 거주하느냐 하는 점이었다. 9개의 공간이 각각 무엇인지는 전해지는 원전에 따라 조금씩 차이를 보인다. 예를 들면, 난쟁이들이 거주하는 공간을 어떤 원전에서는 스바르트알프헤임이라고도 하고, 또 다른 원전에서는 니다벨리르라고도 한다. 여기서는 가장 자주 사용되는 구분에 따랐다.

(1) 아스가르드Asgard : 신들이 거주하는 공간으로, 아스 신족의 궁전인 발할라가 있다. 인간, 거인, 난쟁이들이 사는 지상과는 무지개다리인 비프로스트로 연결되어 있다.

(2) 바나헤임Vanaheim : 반 신족이 거주하는 공간으로, 반 신족은 태초에 아스 신족과 전쟁을 벌여 패배했기 때문에 이후로 북유럽 신화의 무대에 거의 등장하지 않는다.

(3) 알프헤임Alfheim : 요정들이 거주하는 공간이다.

(4) 미드가르드Midgard : 인간들이 거주하는 공간이다. 미드가르드는 태초의 거인 이미르의 살로 만들어진 대지의 한가운데를 차지하고 있으며 이미르의 피로 만들어진 광활한 바다에 둘러싸여 있다.

(5) 스바르트알프헤임Svartalfheim : 난쟁이들이 거주하는 공간으로, 손재주가 좋은 난쟁이들은 이곳에서 대장간을 운영하며 놀라운 작품들을 만들어 낸다. 오딘의 창인 궁니르, 토르의 망치인 묠니르도 이곳에서 탄생한다. 난쟁이들이 사는 곳은 출처마다 다르게 말하는데, 어떤 출처에서는 니다벨리르Nidavellir라고도 한다.

(6) 요툰헤임Jotunheim : 거인들이 거주하는 공간으로, 거인들의 성채인 우트가르드가 있다.

(7) 니플헤임Niflheim : 대지 북쪽으로 한없이 이어진 얼음의 공간이다.

(8) 무스펠헤임Muspellheim : 대지 남쪽으로 끝없이 펼쳐진 불의 공간이다. 이곳의 수장인 거인 수르트가 수르트알로기라는 불칼을 높이 빼 들고 지키고 있다.

(9) 헬Hel(헬헤임Helheim) : 죽은 자들의 공간이다. 헬은 이 공간의 명칭이자 이곳을 지배하는 여신의 이름이기도 하다. 헬헤임은 '생명의 나무' 이그드라실의 가장 깊은 뿌리에 놓여 있다. 원전에 따라 헬헤임의 위치를 니플헤임의 끝자락이라고도 하는데, 이럴 경우 이야기의 흐름에 혼선과 모순이 생기기도 한다.